JN495023

# 북한주민의 질병관과 질병행태

서울대학교통일학연구총서 28

# 북한주민의 질병관과 질병행태

**초판 1쇄 인쇄** 2015년 12월 10일
**초판 1쇄 발행** 2015년 12월 15일

**지은이** 김석주 · 이왕재 · 박상민 · 이혜원 · 최희란
**펴낸곳** 서울대학교출판문화원
**펴낸이** 성낙인

**책임 편집** 이라미
**디자인** 장혜원

**출판등록** 제15-3호

**주소** (08826) 서울 관악구 관악로 1
**대표전화** 02-880-5252 | **팩스** 02-888-4148
**마케팅팀(주문상담)** 02-889-4424, 02-880-7995
**이메일** snubook@snu.ac.kr
**홈페이지** www.snupress.com

**ISBN** 978-89-521-1686-4 94510
978-89-521-1029-9 (세트)

© 김석주 외 · 2015

지은이와의 협의하에 인지는 생략합니다. 잘못된 책은 바꾸어 드립니다.
이 책의 무단 전재나 복제 행위는 저작권법 제98조에 따라 처벌받게 됩니다.

서울대학교통일학연구총서 28

# 북한주민의 질병관과 질병행태

김석주
이왕재
박상민
이혜원
최희란

서울대학교출판문화원

# Illness Model and Illness Behavior of North Korean People

Seog Ju Kim
Wang Jae Lee
Sang Min Park
Haewon Lee
Hui Ran Choi

Seoul National University Press

# 서울대학교통일학연구총서를 내면서

냉전체제가 와해되고 남북교류가 증대하면서 21세기 한반도의 창조적 미래구상이 절실히 요청되고 있다. 우리의 희망과는 달리 남북관계는 여전히 불안정하고 국제정세 또한 유동적이지만, 상호적대적인 분단체제는 더 이상 유지되기 어려운 상황임이 분명하다. 민주화와 경제발전을 성공적으로 이룩한 우리 사회의 역량을 바탕으로 이제 통일한국의 미래를 기획하고 추진하는 일이 핵심적인 시대적 과제로 부각되고 있다.

어떤 형태의 통일이 바람직할 것인가에 대해 완전한 합의를 얻기는 쉽지 않다. 통일이 이루어질 시기를 예측하기도 어려우며, 통일과정이 반드시 점진적이거나 평화적일 것이란 보장도 없다. 우리가 원치 않는 방식으로 통일문제에 맞부딪치게 될 가능성도 얼마든지 있다. 그럼에도 불구하고, 아니 그렇기 때문에 통일에 대한 연구는 더욱 총체적인 시야에서 체계적으로 이루어져야 한다. 실제로 통일과정에 돌입했을 때 그 전 과정을 적절히 관리할 역량이 갖추어지지 못하면 오히려 심각한 갈등과 후유증을 겪을 우려가 크기 때문이다.

통일논의가 구체화되고 정책적 실현가능성이 높아질수록 그에 적합한 전문성과 책임성을 갖추기 위해 노심초사해야 하는 것이 한국 지식인의 책무일 것이다. 반세기 이상 남북한 주민이 경험해온 상이한 제도와 관행을 적절히 통합하고 전쟁의 상처와 오랜 대립에서 비롯되는 적대감과 이질성을 극복하기 위해서는 고도의 전문성과 기획력이 무엇보다도 필요하다. 한반도 통일을 바람직한 동북아지역 질서와 연계시키고 보다 나은 공동체를 구현하는 일도 지식인들의 높은 식견과 섬세한 대응역량이 없이는 불가능하다.

서울대학교는 2003년부터 통일학연구 지원사업을 시작하였고, 우리 사회의 지적 대응능력을 키우는 데 진력하고 있다. 서울대학교의 통일연구 사업은 북한에 대한 지역연구 차원을 넘어서 통일과정 전반에서 고려되어야 할 쟁점들을 학제적으로 분석하는 데 목적을 둔다. 따라서 정치, 경제, 사회, 역사, 문화, 환경의 영역은 물론이고 농학과 의학, 과학기술과 예술 및 체육에 이르기까지 광범위한 영역을 포괄한다. 이 일을 총괄하는 서울대학교 통일평화연구원은 국내외의 연구기관 및 연구자들과 교류하면서 종합학문으로서의 통일학을 정립하고자 애쓰고 있다.

서울대학교통일학연구총서는 이러한 학문적 노력의 결실이다. 이 총서가 우리 시대 최대의 과제인 분단극복과 통일한국을 향한 역사적 장정에 긴요한 지적 자산이 되기를 기대한다. 또한 소모적인 이념 논란을 지양하고 창조적인 대안과 정책적 지혜를 탐색하는 이성적 도구로 활용되기를 바란다. 끝으로 통일연구의 시대사적 중요성을 인식하고 서울대학교 통일연구 사업의 제도적 바탕을 마련해 주신 정운찬 전 총장님과 변함없이 이 연구 사업을 지원, 격려해 주신 이장무 전 총장님, 그리고 종전의 통일평화연구소를 통일평화연구원으로 승격하여 새로운 도약과 발전의 기틀을 마련해 주신 오연천 총장님께 깊은 감사를 표한다.

2011년 9월

서울대학교 통일평화연구원

# 머리말

진단과 치료를 받는 행동양식인 질병행태와 개인이 질병을 설명하는 방식인 질병관은 보건의료체계나 사회문화적 요소의 영향을 크게 받는다. 북한의료에는 무상의료, 의사담당구역제도, 정성의학운동, 한의학 강조, 전통문화 잔류, 사상성 강조, 경제적 빈곤, 의료자원 부족 등과 같이 남한과 전혀 다른 모습이 있다. 이에 따라 북한주민 역시 남한과 다른 질병관과 질병행태를 보일 가능성이 높다. 통일 후 의료자원 및 의료제도의 통합도 단순하지 않지만 의료, 문화에 비해서는 상대적으로 통합 시간이 짧고 예측 가능하다. 반면 오랜 기간 내재화된 질병관과 질병행태는 통일 이후 제도나 재정이 바뀌어도 지속될 가능성이 높다. 남한주민의 질병행태에만 기반을 둔 보건의료 통합은 한계를 가질 수 있다. 이에 따라 저자들은 통일 이후 효율적인 보건의료 통합을 위해 북한주민의 질병관과 질병행태 파악이 필요하다고 판단하였다.

저자들은 2012년 통일평화연구원의 연구 지원을 받아 북한주민의 질병관과 질병행태에 중심을 둔 포괄적인 연구를 수행하기로 하였다. 또한 관련 문헌, 남한 의료진, 북한 의료진, 북한주민(환자), 남한주민(환자)의 다양한 관점을 포괄한 연구를 수행하였다. 이 책에서는 아래 세 가지 조사 결과를 기술하였다. 첫째, 간접적으로 북한주민의 질병관과 질병행태를 추정할 수 있는 문헌 고찰 결과를 기술하였다. 둘째, 대북 의료 지원 실무자, 북한이탈주민 진료 및 의료 지원 경험자, 북한에서 진료 경험이 있는 새터민 의료진에게 실시한 심층면담 결과를 기술하였다. 셋째, 북한이탈주민과 남한주민에게 실시한 질병관과 질병행태에 대한 설문조사 결과를 기술하였다. 이를 바탕으로 북한주민의 질병관과 질병행태를 추정하고 향후 방향성에 대해 논의하였다.

본 연구에서 제시된 북한주민의 질병관과 질병행태의 특성이 대북 보건의료 지원 방안 및 북한이탈주민 보건의료 지원과 같은 많은 보건의료 영역에서 활용되기를 기대한다. 특히 향후 북한주민의 질병관과 질병행태의 변화 방향을 예측하거나 통일 이후 북한의 보건의료제도 정립과 보건교육 정책 수립에 본 연구가 도움이 되기를 바란다.

끝으로 본 연구가 진행되는 데 많은 도움을 주신 대북 의료 지원가, 북한이탈주민 의료 지원가, 새터민 의료인 여러분, 서울대학교 의과대학 통일의학센터 연구원 여러분, 서울대학교 통일평화연구소 관계자분들께 심심한 감사를 표한다.

2015년 11월

김석주

# 차례

## 제4장 북한이탈주민의 질병관과 질병행태 설문 결과분석



## 제5장 결론

## 표차례



## 그림 차례

# 제1장

# 서론

## 1. 북한주민의 질병관과 질병행태 연구의 필요성

질병행태란 증상이 있을 때 진단을 얻고 적절한 치료책을 찾기 위한 건강 관련 행태를 뜻한다. 넓은 의미의 질병행태는 증상이 없을 때 질병을 예방하고 찾아내기 위한 건강행태와 이미 진단이 내려진 질병이 있을 때 건강을 되찾고 질병을 중지시키기 위한 치료를 받는 환자역할행태를 포함한다. 이러한 질병행태는 보건의료제도, 지배적 사회문화, 개인적 경험, 개인적 특성, 생명과 건강에 대한 가치관 등 다양한 요소의 영향을 받게 된다.

질병관 혹은 질병 설명 모델은 질병의 원인, 경과, 치료 필요성, 예방 필요성 등을 설명하는 개개인 각자의 방식이나 모델을 의미한다. 개개인의 질병관은 주관적이다. 객관적, 의학적, 과학적 설명 모형이나 의료 전문가의 설명 방식과는 전혀 다를 수 있다. 즉 과학적으로 밝혀진 질병의 원인과 경과는 개개인의 질병관에 따른 질병의 원인과 경과와 전혀 다를 수 있다. 질병관의 차이에 따라 같은 의학적 현상을 위험 신호로 인지하기도 하고, 인지하지 않기도 한다. 질병관 차이에 따라 신체장애, 정신장애, 스트레스를 다르게 받아들이기도 한다. 질병관 역시 제도나 문화, 개개인의 특수 경험의 영향을 강하게 받는다.

질병관과 질병행태는 다양한 사회문화적 요소의 영향을 받지만, 특히 보건의료체계나 보건의료 문화의 영향을 강하게 받는다. 북한의 경우 무상의료, 의사담당구역제도, 정성의학운동, 한의학 강조, 전통 문화 잔류, 사상성 강조, 경제적 빈곤, 의료자원 부족 등과 같은 독특한 모습이 있다. 이에 따라 북한주민 특유의 질병관과 질병행태 역시 독특한 모습을 보일 가능성이 있다.

북한이탈주민은 통일 후 최우선 투자 분야를 보건의료로 답하였다(백지은 2004). 통일 후 의료자원의 재분배과 의료제도의 통합도 단순한 일은 아니지만, 의료 문화에 비해서는 상대적으로 통합 시간이 짧고 예측이 가능하다. 질병행태나 질병관의 경우 오랜 기간 심리적으로 내재화되어 무의식적으로 작동하는 경우도 많다. 질병관과 질병행태는 주변의 제도나 물자 상황이 바뀌었다고 바로 바뀌지 않고 상당히 오랜 기간 작용한다. 북한 보건의료의 특수성으로 인해 북한주민 특유의 질병관이나 질병행태가 형성되어 있을 가능성이 높다. 만약 북한주민이 남한주민과 전혀 다른 질병행태나 질병관을 가지고 있다면, 남한주민의 질병행태에 기반을 둔 의료자원 및 제도의 통일은 한계를 가질 수밖에 없다. 기존에 생각하던 합리적인 자원 배분과 제도 통합이 통일 후 북한에서는 질병행태의 차이로 인해 전혀 예상치 못한 결과를 낳을 수도 있다. 따라서 통일 이후 효율적인 보건의료 통합을 위해 북한주민의 질병관과 질병행태에 파악이 필요하다.

북한의 보건의료 현실이나 제도, 의료 윤리에 대해서는 많은 연구가 있었다. 그럼에도 불구하고 북한주민의 질병행태나 질병관에 대한 연구는 상대적으로 부족하여, 북한의 보건의료제도와 윤리에 대한 연구를 통해 추정하는 경우가 많았다. 따라서 저자들은 북한주민의 질병관과 질병행태에 중심을 둔 포괄적이고 체계적인 연구를 수행하려고 하였다. 행동 연구나 가치관 연구의 특성상 집단의 관점이나 의견에 따라 다른 결과 도출이 가능하므로, 남한 의료진, 북한 의료진, 북한주민(환자), 남한주민(환자) 모두에 대한 조사를 포함하여 다양한 관점을 포괄하려고 하였다. 또한 북한주민의 질병관과 질병행태 형성 과정과 향후 방향성을 평가하기로 하였다.

## 2. 북한주민의 질병관과 질병행태 조사방법

이 글에서는 문헌 고찰, 심층면담, 설문조사 등 세 가지 방식으로 조사한 북한주민의 질병관과 질병행태를 기술하였다.

### 1) 문헌 고찰

현재까지 북한주민의 질병관과 질병행태를 중심으로 한 문헌은 많지 않다. 따라서 북한주민의 질병관과 질병행태 현황과 발생 기전을 간접적으로 추정할 수 있는 문헌들을 고찰하기로 하였다.

우선 정확한 이해를 위해 질병관과 질병행태에 대한 이론적 정의와 관련 문헌을 고찰하였다.

북한의 경우 민족을 중시하고, 해외와의 교류가 차단되어 있어 전통문화적 특성이 많이 남아 있다. 서구화된 남한주민에 비해 북한주민의 질병관과 질병행태는 한국인의 전통적 행동양식이나 의식구조의 영향을 더 크게 받을 수 있다고 저자들은 가정하였다. 따라서 북한주민의 질병관과 질병행태 형성에 전통적 가치관의 영향을 추정하기 위해 한국인의 전통적 질병관과 질병행태는 관련 문헌을 고찰하였다. 한국인의 전통적 질병관, 질병행태와 북한주민의 질병관, 질병행태의 관련성을 고찰하였다.

북한의 보건의료체계나 사회제도는 다른 사회주의 국가와 유사한 점이 많다. 북한주민의 질병관과 질병행태는 사회주의 국가의 문화에 영향을 받을 수 있다고 저자들은 가정하였다. 따라서 북한주민의 질병관과 질병행태 형성에 사회주의적 보건의료제도의 영향을 추정하기 위하여 사회주의 국가 국민들의 질병관과 질병행태 관련 해외 문헌을 고찰하였다. 또한 과거 사회주의 국가 국민의 질병관, 질병행태와 북한주민의 질병관, 질병행태의 관련성을 고찰하였다.

북한은 다른 빈곤 국가에 비하여 보건의료제도가 잘 확립되어 있으나, 경제적으로는 역시 빈곤하며, 다른 가난한 국가처럼 보건의료를 위한 물적 자원(약품, 기구, 인프라) 공급이 어렵다. 저자들은 북한주민의 질병관과 질병행태 역시 보건의료 물자의 부족이나 경제적 어려움의 영향을 받을 수 있다고 가정하였다. 따라서 북한주민의 질병관과 질병행태 형성에 빈곤과 보건의료 시스템 붕괴의 영향을 추정하기 위하여 빈곤 국가 국민의 질병관과 질병행태 관련 문헌을 고찰하였다. 또한 빈곤 국가 국민의 질병관, 질병행태와 북한주민의 질병관, 질병행태의 관련성을 고찰하였다.

질병관이나 질병행태처럼 문화적인 특성은 공식적인 보고로 드러나지 않는 경우도 많다. 북한의 공식적인 발표나 기사를 그대로 받아들이기보다는 그 내용에 전제되어 있는 함의를 찾아내는 것이, 실제 북한주민의 질병관과 질병행태를 짐작하게 하는 경우도 있다. 이 글에서는 2010년과 2012년『로동신문』의료 관련 기사 일부를 발췌하여 질병관과 질병행태를 간접적으로 나타낼 수 있는 내용을 고찰하였다.

비록 북한주민의 질병관과 질병행태를 중심으로 한 연구는 많지 않지만, 북한 보건의료제도나 현실에 대해서는 다양한 연구가 있다. 정확성과 신뢰성은 보장하기 어렵지만 북한 보건의료 현실에 대한 북한 당국이나 국제사회의 보고도 있다. 이 글에서는 북한 의료제도나 현실에 대한 기존의 보고들을 취합할 것이며, 북한 의료제도나 현실이 북한주민의 질병관과 질병행태에 미치는 영향에 대해 고찰할 것이다.

현재 남한에는 2만 5,000명 이상의 북한이탈주민이 있다. 물론 남한과 제3국에서의 경험 때문에 북한이탈주민이 전체 북한주민을 대변하는 데는 한계가 있다. 그러나 질병관이나 질병행태는 상황이 바뀌어도 장기간 심리내적으로 작동하는 편이므로 북한이탈주민의 질병관과 질병행태는 간접적으로 북한주민의 질병관이나 질병행태를 나타낼 수 있다. 이 글에서는 북한이탈주민의 보건의료 이용 실태, 질병관, 질병행태 등에 대한 문헌을 고찰하였고, 이를 통해서 북한주민의 질병관과 질병행태를 간접적으로 추정하려 하였다.

### 2) 전문가 심층면담

심층면담의 대상으로 다음 세 대상을 각각 선정하였다. 첫 번째 대상은 대북 의료 지원 실무자로 북한에서 직, 간접적으로 경험한 북한주민의 질병관과 질병행태에 대해 심층면담을 하였다. 두 번째 대상은 북한이탈주민 전문 진료 및 의료 지원 경험자로서 그들이 직접 경험한 북한이탈주민의 질병관과 질병행태에 대해 심층면담을 하였다. 세 번째 대상은 북한에서 진료 경험이 있는 북한 출신 새터민 의료진으로서 그들이 북한에서 직접 경험한 북한주민의 질병관과 질병행태에 대해 심층면담을 하였다. 이렇게 서로 다른 위치와 관점의 세 면담군의 의견을 종합하여 북한주민의 질병관과 질병행태에 대한 조금 더 객관화된 자료를 얻고자 하였다.

심층면담은 총 29명을 모집하여 진행하였다. 대북 의료 지원 전문가는 8명을 면담하였고, 북한이탈주민 전문 진료 및 의료 지원 경험자는 11명을 면담하였다. 북한 출신 새터민 의료진은 10명을 면담하였다.

심층면담은 질문지를 이용한 반구조화(semi-structured) 면담으로 진행하였다. 심층면담 질문지에는 다음과 같은 내용이 포함되었다. 질문 내용은 면담군의 세 가지(대북 의료 지원, 북한이탈주민 의료 지원, 새터민 의료인) 특성에 따라 다소의 차이가 있었다.

1. 의료기관 이용행태(이용 시기, 전원)
2. 질병 및 건강 지식(정보원, 자가판단, 정보 신뢰, 민간요법, 대민 교육)
3. 투약 및 검사 행태(비순응, 남용, 검사 관련 심리)
4. 의사-환자 관계(정성의학, 의사의 권위, 의사의 재량권, 환자의 순응도, 진단서 관련 행태, 증상 표현 방식, 진료 방식, 시술 동의서)
5. 건강 증진 행태(질병 예방 행동, 금연, 절주, 운동, 예방적 치료)
6. 한의학 관련 행태(태도, 신뢰감)
7. 특수질환 행태(신체장애, 만성질환, 스트레스, 전염병, 수술 관련 행태)

8. 임종 관련 행태(말기 환자 진료, 고지)
9. 고난의 행군 이후 변화

### 3) 북한이탈주민 대상 설문조사

설문조사는 일반 주민(환자)의 입장에서 본 북한주민의 질병관과 질병행태, 그리고 그 형성 요인을 파악하기 위해 실시되었다. 설문대상은 2007년 이후 북한에서 본인이나 가족이 질환을 앓은 경험이 있는 북한이탈주민과 대조군으로 남한주민을 모집하였다. 환자 입장을 주로 모으기 위해 의사, 한의사, 간호사, 약사 등 의료진은 대상군에서 제외하였다. 설문조사에는 북한이탈주민 200명과 남한주민 200명이 참여하였다.

설문 내용은 ① 문헌 고찰과 심층면담을 통해 도출한 북한주민의 질병관과 질병행태를 검토하고, ② 국내외 표준화되어 통용되는 질병행태와 질병설명 모델 설문지를 검토하고, ③ 연구진 회의를 통하여 필요한 요인을 추출하는 단계를 거쳐 설문지를 구성하였다. 최종 설문지는 북한이탈주민용과 남한주민용이 다르게 구성되었으며 다음과 같다.

1. 질병상태 및 의료 이용(북한이탈주민, 남한주민)
2. 질병의 원인(북한이탈주민, 남한주민)
3. 건강과 질병에 대한 통제 소재(북한이탈주민, 남한주민)
4. 건강 습관(북한이탈주민)
5. 의사-환자 관계(북한이탈주민, 남한주민)
6. 고난의 행군 전후 변화(북한이탈주민)
7. 의료기관(치료자) 선택(북한이탈주민)
8. 건강 경험(북한이탈주민)
9. 병원 치료 경험(북한이탈주민)
10. 탈북 정보(북한이탈주민)

11. 인적 정보(북한이탈주민, 남한주민)

설문 수거 이후 통계 분석을 실시하였다. 우선 남한주민과 북한이탈주민의 질병관과 질병행태 차이를 통계 분석하였다. 이후 북한이탈주민의 북한에서와 남한에서의 질병관과 질병행태에 차이가 있는지 통계 분석을 실시하였다. 마지막으로 북한이탈주민의 질병관과 질병행태에 유의한 관계를 보이는 인자를 도출하였다.

# 제2장

# 북한주민의 질병관과 질병행태에 관한 문헌 고찰

## 1. 일반적인 질병관과 질병행태에 대한 이론적 고찰

### 1) 질병 설명 모델

질병관이란 질병의 원인, 경과, 치료 필요성, 예방 필요성 등에 대한 개개인의 설명 모형을 뜻하며, 다른 말로 질병 설명 모델(explanatory model)이라 부른다. 질병관의 차이에 따라 동일 현상을 위험 신호로서 인지할 수도 있고, 인지하지 않을 수도 있다. 즉, 질병관의 차이에 따라 이상 상태에 대한 인식도가 다를 수 있다. 개인의 질병관은 제도, 문화, 개인 경험 등에 영향을 받기 때문에 실제적인 의학적 필요도나 전문가의 설명 모델과도 다를 수 있다. 설명 모델을 통해 환자가 병의 발생 원인과 치료 가능성, 자신에게 미칠 영향 등에 대해 어떻게 이해하고 있는지 알 수 있다.

#### (1) 클라인먼의 설명 모델

클라인먼(A. Kleinman)은 질병(disease)이란 신체적으로 나타나는 병리적인 변화에 대한 개인의 주관적 해석이라고 생각하였다. 개인은 소속 사회에 영향을 받으므로, 질병이란 개인적이기도 하지만 사회문화 영역과도 연관이 있는 개념으로 보았다. 즉 질병을 개인, 사회, 문화적 반응의 사회적 구성물로 보았다. 그는 질병에 대한 이해를 위해 원인(etiology), 증상 발현의 시기와 양태(time and mode of onset of symptoms), 병리 기전(pathophysiology), 과정(course of sickness), 치료(treatment) 등에 대한 8개 질문을 고안하였다(Kleinman 1976).

- 무엇이 당신의 문제를 일으켰다고 생각합니까?
- 그것이 왜 그때 시작했다고 생각합니까?
- 당신의 질병이 당신에게 어떠한 영향을 미친다고 생각합니까?
- 당신의 병이 얼마나 심각합니까? 이 병이 얼마나 지속될 것으로 생각합니까?
- 어떠한 종류의 치료를 받아야 한다고 생각합니까?
- 이 치료로부터 얻길 바라는 가장 중요한 결과는 무엇입니까?
- 당신의 질병이 당신에게 초래한 주요 문제는 무엇입니까?
- 당신의 질병에 대해 어떠한 점이 가장 두렵습니까?

언급한 바와 같이 질병관이란 개인의 주관적인 해석이기 때문에 실제적인 의학적 필요도와는 차이가 있다. 이러한 차이 때문에 의사가 환자를 이해하고, 효율적으로 의사소통하며, 최고의 만족도를 이끌어 낼 수 있는 치료법을 고안하는 데에 어려움이 생길 수 있다. 따라서 위의 질문들을 통해 환자와 의사 간의 질병에 대한 이해의 차이를 해결하고자 하였다.

### (2) 레벤탈의 상식 모델

사회심리학자인 레벤탈(H. Leventhal)은 건강을 위협하는 메시지가 어떻게 사람들의 건강 증진 활동을 이끌어 낼 수 있는지에 대한 실험을 진행하였다(Leventhal et al. 2003). 그는 예일 대학 4학년 학생을 대상으로 파상풍의 위험과 예방접종의 중요성을 설명하는 책자를 나누어 주었다. 이들을 두 집단으로 나누어서 한 집단에는 파상풍에 대한 공포를 크게 자극하는 자료를 제공하였고, 다른 집단에는 파상풍에 대해 낮은 수준의 공포만을 자극하는 자료를 제공하였다. 그 결과 예방접종을 하는 사람의 숫자는 두 집단에 차이가 없었으며 실험대상 학생의 3%만이 예방접종을 하였다. 그 후 약간의 변화를 추가하여 두 번째 실험을 진행하였다. 두 번째 실험에서는 대학 보건소의 위치를 알려 주는 지도를 책자에 포함시키고, 주사를 맞을 수 있는 확실한 시간대를 작성해 주었다. 그 결과 실험 대상 학생의 28%가 예방접종을 하는 획기적인 변화가 일어났다. 이 실험을 통해서 공포 자극의 정도는 건강 증진 활동을 실천하는 것에 크게 차이를 주지 않으며, 질병의 위험을 추상적으로 학습시키는 것보다는 구체적이고 개별적인 조언을 추가할 때 건강 증진 활동이 보다 적극적으로 일어날 수 있다는 것을 알 수 있다. 레벤탈은 사람들이 어떻게 질병의 위험을 인식하고 그것에 대해 어떻게 반응을 조절하는지를 이론화하기 시작하였고, 그 결과 상식 모델(Common-Sense Model, CSM)을 고안하였다.

레벤탈은 일반 사람들의 질병 모델을 식별(identity), 원인(cause), 지속시간(time-line), 결과(consequences), 치료/통제 가능성(curability/controllability)의 다섯 가지 구성요소로 설명하였다(Leventhal et al. 2003). 식별은 진행될 것으로 보이는 증상과 상황을 인식하고 식별하는 것을 말한다. 사람들은 자신들의 증상에 특정한 이름을 붙이려는 경향이 있다. 한 번 이름을 붙이고 나면 다양한 증상을 그 병의 증거로만 해석하려는 행동을 보이기도 한다. 원인은 자신의 증상의 원인을 지각하는 것이다. 전문가뿐만 아니라 가까운 사람이나 자신의 경험에도 영향을 받을 수 있기 때문에 의학적으로 정확하지는 않을 수도 있다. 지속시간은 질환이 급성인지 만성인지, 증상이 얼마나 오래될지에 대한 개인의 믿음을 뜻한다. 결과는 상황의 결과와 자신에게 신체적, 사회적으로 미칠 영향에 대한 믿음을 말한다. 마지막으로 치료/통제 가능성은 치료할 수 있다는 개인의 믿음 혹은 스스로 통제 가능한 상황이라는 개인의 믿음이다.

그리고 이러한 질병 모델을 바탕으로 사람들은 질병을 이해하고 그것에 대처하게 된다. 이때 이러한 반응은 '표현(representation)', '대처 반응(coping)', '평가(appraisal)'의 세 가지 과정으로 진행된다. 여기서 표현은 환자가 자신의 질병 경험을 타인에게 설명하는 것을 뜻하고, 대처 반응은 그에 맞는 행동 계획을 고안하는 것을 뜻하며, 평가는 이후 대처 반응의 성공 여부를 판단하는 것이다. 정리하면 이 모델은 식별, 원인, 지속시간, 결과, 치료/통제 가능성의 다섯 가지 구성요소로 개인의 질병 모델을 설명한다. 그리고 각각 사람들이 개인의 질병 모델을 바탕으로 어떻게 질병을 표현하고, 대처하며, 평가하는지 설명하는 이론이라고 할 수 있다.

### 2) 질병관의 사회문화적 함의: 질병의 사회적 구성

질병을 받아들이는 의미체계인 질병관은 계층, 민족, 성, 언어, 기술, 문화, 정치-경제적 상황, 제도와 규준 같은 다양한 요소가 어우러져 표출된다. 따라서 질병에 대한 대응방식은 그 사회의 가치체계와 인식에 따라 달라진다. 많은 학자가 사회 문화가 어떻게 질병을 규정하는지 알기 위해 다양한 접근을 시도하였고, 이를 질병의 사회적 구성(The Social Construction of Illness)이라는 개념으로 설명하였다. 무엇이 질병인지, 무엇이 정상인지에 대한 의미체계는 서로 다르다. 질병관에 내재된 사회문화적 함의는 다음 세 가지 특징에서 살펴볼 수 있다.

첫째로 질병관은 사회의 통제 욕구를 반영하기도 한다. 손택(S. Sontag)은 『은유로서의 질병』(*Illness as Metaphor*)에서 질병관이 사회의 통제에 의해 영향을 받았다고 하였다(손택 2002). 예를 들면 역사적으로 결핵, 에이즈 등은 사회에 의해 억압되고 통제되어야 할 공포적인 이미지로 굳어지면서 질병 자체와 환자들에게 낙인을 찍었다. 이러한 공포심은 때로는 종교의 힘을 강화시키기도 하였다.

둘째로 질병관은 한 사회의 정상에 대한 기준을 설정하고, 특정 집단이나 가치가 영향력을 갖는 데 일조한다. 사람들은 특정 질병에 대한 이미지나

관념을 형성하면서 동시에 '건강함'과 '정상'을 규정한다. 즉 질병이 비정상적인 모습으로 규정되면서 역으로 정상적이고 건강한 조직과 체계가 정의되는 것이다. 결국 질병에 대한 관념은 어떤 것이 정상적인지에 대한 사회 전반의 합의를 이끌어 내는 기제가 될 수 있다. '정상'을 규정하는 것은 '정상'이라고 불리는 특성을 가진 특정 집단이나 주류세력에 의해 형성된다. 정상에 대한 규정은 주류세력이 권력을 확장할 수 있는 틀을 제공하며 역으로 질병을 가진 집단을 비정상으로 몰아 탄압하거나 무시하는 정당성을 제공하기도 한다. 예를 들어 한국을 포함한 여러 사회에서 나병은 도덕적인 타락과 사회의 암적 질병으로 인식되었고, 나병 환자 역시 핍박받았다.

셋째로 질병관은 특정한 지역, 문화, 역사를 배경으로 살아가는 사람들의 인식을 나타낸다. 영국의 의료인류학자인 클라인먼은 그의 저서 『문화적 맥락에서의 환자와 치료자』(*Patients and Healers in the Context of Culture*)에서 질병과 질환을 구별해야 한다고 말했다(Kleinman 1976). 그에 의하면 질환은 '생리적, 정신적 이상(異常)의 경험과정'이나 '신체적 징후와 증상으로 나타나는 몸속의 병리적 변화'를 일컫는다. 이에 반해 질병은 이러한 증상이나 이상에 대한 주관적 해석을 뜻한다. 따라서 질병 그 자체와 질병에 대한 인식은 질환에 대한 개인, 사회, 문화 반응의 사회적 구성물이라 할 수 있다. 이처럼 질병관의 구현에는 신체적 이상, 심리적 상태, 문화적 영역이 서로 영향을 주게 된다. 질병관을 분석함으로써 건강, 질병, 그리고 치료에 대한 그 사회의 이해방식을 알 수 있다.

### 3) 건강 관련 행태

카슬과 코브(S. V. Kasl and S. Cobb)는 건강 관련 행태를 예방적 건강행태(preventive health behavior)와 질병행태(illness behavior), 환자역할행태(sick-role behavior)로 분류하였다(Kasl, Cobb 1966a, 1966b). 건강 증진에 대한 관심이 많아지면서 개념도 점차 세분화되어 소비자가 보건의료서비스를 이용하는 과정에 대한 행태를 뜻하는 이용행태(utilization behavior)라는 용어도 등장하게 되었다. 이는 예방행태와 질병행태를 동시에 내포하는 개념이다(Melnyk 1988).

위에서 언급했듯이 개인의 질병관이 서로 다르기 때문에 건강 관련 행태를 이론화하기는 쉽지 않은 일이다. 하지만 널리 사용되고 이론적으로 잘 정립된 것으로 여겨지는 모형을 몇 가지 소개하고자 한다.

### (1) 서치먼의 질병행태 모형

질병행태란 증상이 있을 때 진단을 얻고 적절한 치료책을 찾기 위한 건강 관련 행태로, 넓은 의미로는 증상이 없을 때 증상을 예방하고 찾아내기 위한 건강행태와 이미 진단이 내려진 질병이 있을 때 건강을 되찾고 질병을 중지시키기 위한 치료를 받는 환자역할행태를 포함한다.

서치먼(Suchman 1965)은 사람들이 상호 연관된 5단계를 거치며 의료에 접근한다고 말했다. 첫 단계는 증상경험 단계이다. 사람들은 통증이나 장애를 통해 자신의 신체에 이상이 있음을 인식하고, 그것이 자신에게 미치는 영향을 평가하며, 불안 같은 감정 반응을 보이게 된다. 두 번째 단계로 사람들은 환자역할을 취하기 시작한다. 이때부터 스스로 무언가 문제가 있다는 것을 주위 사람들에게 인정받기 시작하며 주위 사람들에게 향후 대책을 구상하기 위해 '비전문가의뢰체계'를 작동하기도 한다. 세 번째 단계에서는 의료전문가를 찾아가 도움을 구하게 된다. 의사의 권고에 따르지 않고 비전문적인 다른 의료제공자와 접촉할 수도 있다. 네 번째 단계는 치료를 받으며 의존적인 환자의 역할을 취하는 단계이다. 이때 인구학적 요인, 질병의 종류, 치료원(therapeutic source), 환자-의사의 관계, 환자의 사회 행태적 측면과 같은 다양한 요소가 치료순응도에 영향을 준다. 치료순응도란 의료전문가가 지시한 치료계획과 환자의 행태 간의 일치 정도를 뜻한다. 다섯 번째로 회복 또는 재활의 시기로 질병으로부터 회복되어 정상적인 사회생활로 돌아가거나 만성질환자의 역할을 취하게 되는 단계를 뜻한다.

서치먼은 사회구조와 의료에 대한 개인의 태도가 의료 이용단계에 영향을 준다고 주장한다(Suchman 1965). 예를 들어 현대식 의료에 왜곡된 시각을 갖거나 과거의 전통적 의료 습관에 익숙한 구성원들은 증상의 심각성을 늦게 인지하거나 대수롭지 않게 여기는 경향이 있고, 자기치료 기간이 길며, 조언을 가족이나 친구와 같은 비의료인에게 구하려고 하며, 현대의학에 대해 회의적으로 반응할 가능성이 높다.

이후 사스와 홀렌더(T. Szasz and W. Hollender)는 관련 요인 중 하나인 환자-의사 관계를 크게 세 가지로 분류하였다(Szasz et al. 1956). 첫 번째는 환자가 의사에게 절대적으로 의존하는 경우로 '능동성-수동성' 유형에 해당하며, 두 번째는 의사가 환자를 지도하는 우월한 위치에 서게 되는 관계로 '지도자-협조자' 유형에 해당하며, 세 번째는 환자와 의사가 서로의 행동에 관여하게 되는 관계로 '상호참여' 유형에 해당한다. '능동성-수동성' 유형은 환자가 마취 혹은 혼수상태에 빠져 반응할 수 없거나 의식이 없을 때 의사가 일방적으로 역할을 하는 관계를 말한다. '지도자-협조자' 유형은 환자가 급성 감염이나 질환에 걸린 상태일 때 의사가 환자에게 무엇을 할 것인지를 말하고 환자는 그 명령에 복종하는 관계를 말한다. 마지막으로 '상호참여'란 만성질환이나 정신질환을 앓고 있을 때 주로 발생하는 관계이며, 의사는 환자가 무엇을 해야 하는지를 알려 주고 환자는 동참자로 요청에 응하게 된다.

### (2) 건강신념 모형

건강신념 모형이 사람들의 건강행위를 예측하는 데 사용되기도 한다. 건강신념 모형은 사람들이 질병을 예방하기 위한 행위를 하는 데 어떤 요소들이 관련이 있는지 설명한다(Hochbaum 1958; Rosenstock 1960, 1966). 이는 특정 결과가 발생할 가능성과 그 결과에 대해 개인이 부여한 의미에 의해 건강행동의 실천 여부가 결정된다는 것을 전제로 하는 가치-기대 모형이다. 이를 통해 질병 예방이나 조기 발견을 위한 행위들이 어떤 조건에서 발생하는지 설명할 수 있다.

이 모형에서는 무증상 상태에서 건강행동을 취하려면 건강에 대한 위협이 필요하다고 본다. 건강 위협이란 질병에 걸릴 가능성이 크다고 느끼거나, 질병에 걸리게 되면 매우 심각한 결과가 올 것이라고 인지하는 것이다. 그리고 주어진 행동이 질병에 대한 위협을 감소시킨다고 생각할 때 실제 행동을 하게 된다. 그러나 사람들이 그러한 행동을 하는 것이 필요하다고 인식한다 해도 충분히 동기화되지 않을 수 있다. 그러한 행동을 함으로써 얻어지는 편익과 그러한 행동을 하는 데 장애가 되는 부분을 고려하여 실제 행동이 이루어진다. 적절한 행위를 하려면 이를 촉진하는 자극이 필요하다. 자극은 크게 신체 상태와 같은 내적 자극과 대인관계, 대중매체, 지식과 같은 외적 자극으로 구분될 수 있다.

위에서 설명한 것을 바탕으로 건강신념모형의 주요 개념을 정리하면 다음과 같다(배상수 1993).

Ⅰ. 건강 위협(threat)
  가. 건강하지 않은 상태에 대한 인식(또는 진단에 대한 수용성)
  나. 상태의 심각성에 대한 인식
Ⅱ. 결과에 대한 기대(outcome expectations)
  가. 특정 행위의 이익에 대한 인식
  나. 행위를 취하는 데 장애 요인
Ⅲ. 통제변수(modifying factors)
  가. 인구학적, 사회심리학적, 구조적 변수
  나. 행동계기(cues to action)
Ⅳ. 유효성에 대한 기대(efficacy expectations)

건강신념 모형에서는 다양한 변수들이 건강신념 및 의료 이용에 미치는 영향을 파악하는 것이 가능하다(Counte, Christman 1981). 또한 건강신념 모형에서는 주요 변수의 효과 측정을 위한 필요 질문의 수가 적어 경제적이며, 다양한 방법을 통해 자료의 수집이 가능하다(Mullen et al. 1987). 그리고 건강과 관련된 모든 행태를 설명하는 데 건강신념 모형을 폭넓게 사용할 수 있다.

그러나 건강신념모형에서는 구성요소와 건강 관련 행동의 관계는 제시할 수 있어도 각 요소가 어떻게 연관되는지를 설명하지는 못한다. 모형의 적용 범위는 넓지만 설명력은 높지 않다(Montano 1986). 또한 '개인의 행동을 개인의 신념에 기반을 두어 설명할 수 있는가?'라는 근본적인 비판이 존재하기도 한다. 건강신념 모형은 개인의 주관적 변수가 보건의료서비스 이용에 중요한 변수가 된다는 점에서 의미가 있다. 그러나 제도적 요인, 지역사회 요인, 공공정책 등과 같은 요인을 경시한다는 비판을 받는다. 건강신념 모형을 모든 건강문제에 동일하게 적용하는 것이 아니라 모형이 적용되는 상황을 보다 명확하게 이해하고 개념들을 정교화해야 하며(McLeroy et al. 1988), 변수의 조작화가 더 명확해야 한다(Rimer 1990).

### (3) 귀인이론

귀인(attribution)이란 어떤 행동의 가능한 행위 원인들 가운데 어느 원인을 그 행동에 귀속시켜야 할지를 추론하고 결정하는 과정이다. 귀인이론(attribution theory)은 증상의 인지 및 해석과 관련된 의료 이용 이외에도 대부분의 건강 관련 행태를 설명하는 데 유용하다. 귀인은 인과의 위치(locus of causation), 일반성(globality), 통제 가능성(controllability), 안정성(stability)이라고 하는 4차원으로 분류된다(홍대식 1986). 의료 이용과 관련된 연구의 주된 대상은 인과의 위치와 통제 가능성이다. 인과의 위치와 유효성에 대한 기대를 같이 고려하면 환자의 행태를 더 잘 예측하는 데 이용될 수 있다. 이를 나타내면 <표 2-1>과 같다(Heider 1958).

'가'에 해당하는 사람들은 건강을 유지하거나 질병에서 회복되는 것이 자신에게 달려 있다고 생각하며, 그렇게 행동했을 때에 유효성이 클 것이라고

**표 2-1** 인과의 위치와 유효성에 대한 기대를 고려한 환자의 행태

| 유효성에 대한 기대 \ 인과의 위치 | 내부적 | 외부적 |
|---|---|---|
| 높다 | 가 | 나 |
| 낮다 | 다 | 라 |

생각하기 때문에 의사의 치료에 더 잘 순응할 것이다. 반면 '라'에 속하는 사람들은 건강을 유지하거나 질병에서 회복되는 것은 자신의 노력과는 상관이 없고, 유효성에 대한 기대도 낮기에 치료순응도가 더 낮을 것이다. '다'에 속하는 사람들은 의사가 권고한 행태를 따를 능력은 있으나 유효성에 대한 기대가 낮기 때문에 이를 행하지 않을 가능성이 높으며, '나'에 속하는 사람은 이와 반대된다. 물론 유효성에 대한 기대와 인과의 위치가 이와 같이 정확하게 양분되는 것은 아니기 때문에 실제 상황에 적용하기에는 애매모호한 경우가 있으나, 이와 같이 양자를 같이 고려할 때에 환자의 건강 관련 행태를 연구하고 이해하는 것에 도움이 된다는 점에서 의의를 가지고 있다.

한편 통제 가능성도 치료결과에 영향을 미치는 것으로 알려져 있다. 자신이 받을 치료방법을 선택할 수 있을 때에 그렇지 않은 경우보다 치료결과가 양호하다는 연구 결과가 있다(Schulman 1979). 따라서 의료 제공자들은 가능한 한 환자들로 하여금 자신의 치료방침 결정에 적극 참여하도록 유도하는 것이 치료결과를 향상시키는 것에 도움이 될 수 있다.

하지만 귀인이론은 행동을 이해하는 데에는 유용하지만 행동을 어떻게 변화시킬지에 대한 해답은 주지 못한다(배상수 1993). 또한 증상의 인지나 해석이 항상 귀인과 같은 습관적인 반응양식에 의해 결정되는 것이 아니라 일시적 개인적, 상황적 요인에 의해 달라질 수 있기 때문에 적용에 주의해야 한다.

### (4) 앤더슨의 모형

앤더슨(R. Andersen 1968)은 "보건의료서비스 이용에 관한 행태모형"을 통해 의료서비스 이용에 영향을 미치는 요소들을 알아보고자 하였다. 앤더슨의 초기 모형은 그림과 같다. 여기서 핵심적인 개념으로 소인 요인(predisposing factor), 가능 요인(enabling resources), 필요(need)라는 용어가 있다. 먼저 소인 요인(predisposing Factor)이란 어떤 현상이 나타나게 하는 요인을 뜻하는 것으로 인구학적 요인과 직업, 교육 정도와 같은 사회구조적 요인, 건강에 대한 믿음 등이 포함된다. 가능 요인(enabling resources)은 가족 소득, 재산 등과 같은 가족자원, 의료자원, 의료기관까지의 이송시간이나 대기시간과 같은 지역 사회 자원 등 의료 이용을 가능하게

**그림 2-1** 앤더슨의 초기 모형

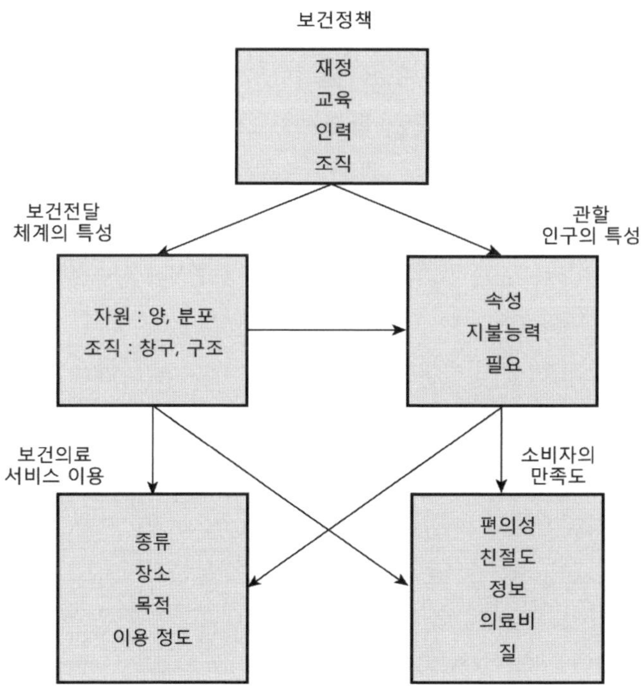

하는 요인들이 포함된다. 마지막으로 필요(need)란 보건서비스 이용에 대한 실제적 필요를 말하며, 질병을 예로 들 수 있다.

그 후 어데이와 앤더슨(Aday, Andersen 1975)은 확장모형을 발표하였다. 어데이와 앤더슨의 연구모형에서 보건정책은 보건의료서비스에 대한 투입 요소로 건강보험 도입, 의료급여 도입, 농어촌 병원 신축, 의대 정원 증원, 공중보건의 제도 등이 이에 해당한다. 하위 요소인 보건의료체계의 특성은 크게 의료자원과 조직으로 구분될 수 있으며 의료자원에는 의료 인력과 시설의 양과 분포가 있고 조직에는 여행시간(travel time)과 대기시간(waiting time)으로 이루어진 창구(entry)와 환자의뢰체계 등의 구조가 포함된다. 다른 하위 요소인 관할인구의 특성에는 그 지역의 속성, 지불 능력, 요구 등이 포함된다. 결과 변수로는 크게 보건의료서비스 이용과 소비자의 만족도가 있다. 보건의료서비스 이용은 크게 종류, 장소, 목적, 이용 빈도 등의 요소가 포함된다. 각 요소를 구체적으로 살펴보면 종류는 외래(의과, 치과), 입원, 장기요양 등이 있으며 목적은 1차 예방(건강검진), 2차 예방(조기진단, 치료), 3차 예방(재활)으로 분류될 수 있다. 장소는 의원, 병원(외래, 입원), 환자의 가정 등이 있으며 이용 정도에는 접촉경험(contact)과 이용량(volume), 경로(episodic pattern) 등이 포함된다. 환자 만족도는 의료 이용을 한 환자가 경험한 의료서비스에 대한 만족도로서 편의성, 친절도, 정보, 의료비, 질 등이 관련 변수로 작용한다.

앤더슨의 모형을 통해 밝혀진 장애 요인에 따라 의료 이용이 평형을 이루고 있는지를 판단할 수 있다. 변수들을 변경 가능한(mutable) 변수와 변경 불가능한(immutable) 변수로 구분하여 의료 이용 정책분야의 성공 가능성을 예측할 수 있다. 그러나 앤더슨 모형에서 사용되는 변수들의 정밀성이 부족하기 때문에 위 변수들만으로 의료 이용을 설명하는 것은 한계가 있다. 예를 들어 의료보장이라는 변수의 경우, 단순히 의료보장의 적용 여부뿐만 아니라 급여의 범위나 본인부담의 정도 등을 동시에 고려해야만 한다. 하지만 이렇게 되면 사용되는 변수가 너무 많아지며, 분석의 수준이 다양해지기 때문에 모형을 만족시킬 수 있는 자료를 구하는 것이 어렵다(Becker, Maiman 1983).

## 2. 한국인의 전통적 질병관과 질병행태

### 1) 질병에 대한 종교적 · 주술적 해석과 처방

선사시대부터 우리나라는 질병이 발생하는 원인이 정령 혹은 악마의 행위이거나 신의 징벌에 의해 발생하는 것이라 해석하였다. 주술을 관장하는 샤먼이 좋지 않은 정령을 주술적인 방법을 통해 쫓아내면 병이 낫는다고 생각하였다. 부여에서는 질병에 걸렸을 때 나을 병인지 아닌지 알아보기 위해 소의 발굽으로 점을 치는 풍습을 가지고 있었다.

무격의학의 형태는 불교가 전래되면서 불교의학의 형태로 변모하게 되었다. 신라에서는 기존의 무의와 함께 승려들이 치료활동을 했다. 『신라법사방』에는 약을 먹기 전 지켜야 할 종교적인 의례들(의복을 갖추어 입고 정갈한 상태에서 동쪽을 보면서 두 번 절하고 정성을 다해 주문을 외우면서 신약을 먹는다)에 관한 구절이 있다. 이를 볼 때 신라의 불교의학은 처방과 같은 의학적인 체계와 의례를 동반하는 종교적 색채를 동시에 가지고 있었다.

불교의학의 형태는 고려시대까지 이어져 내려왔다. 고려 후기 학자였던 이색(李穡)은 병으로 인해 움직이는 것조차 옆 사람에게 의지해야 했는데, 치료를 위해 가장 먼저 한 일은 아내가 부처님께 불교식 기도를 한 것이고, 두 번째로 무당의 치병굿에 의지도 해 보았으며, 세 번째로 주역점을 쳐서 병을 낫게 할 술책을 알아보기도 했다. 그리고 마지막으로 의원 최씨를 불러 처방을 받았다. 이를 통해 볼 때 고려시대까지도 종교에 의지하는 것이 우선적 방법이라 여겼던 인식을 엿볼 수 있다.

종교적 · 주술적인 해석을 가장 강하게 볼 수 있는 예는 역병에 대한 대처법이다. 물론 의학적 차원에서 전염병을 치료하기 위한 노력이 없었던 것은 아니다. 전염병과 관련한 각종 의서나 온역에 관한 의서인 벽온방도 편찬되었다(미키 사카에 1973). 하지만 의학적 대응은 별다른 실효를 얻지 못하였다. 특히 1821년에 처음 들어온 콜레라 같은 경우는 의학적 한계가 더욱 뚜렷하였다. 1821년의 기록을 보면 "의약의 효과가 없고 구하는 데 술이 없다. … 전염되는 것이 거센 불길과 같아 의치의 방법이 없다. … 옛 처방이 전혀 없다. 의원도 어떤 증세인지도 모른다."라고 하였다. 이렇듯 의학적 차원에서의 해결이 힘들었기 때문에 사람들은 전염병을 피할 수 있는 병이 아니라 재앙 자체로 인식했으며 각종 주술로 이를 물리치고자 하였다.

역병은 역신(疫神)이 붙은 것으로 생각하였기 때문에 역병을 예방하고 치료하기 위해서는 역신을 쫓아야 한다고 생각하였다. 총독부 발간 자료로서 1920~1930년대의 민간신앙과 귀신관을 정리한 무라야마 지준(村山智順)의 『조선의 귀신』에서 "조선인들에게 천연두와 같은 몇 가지 질병은 악귀 때문에 생기는 것이고, 이 악귀들을 쫓아내는 것이 정상적인 일이라고 믿어 맹인(盲人)이나 무당(巫堂) 같은 여자의 말에 따라 내쫓는다."라고 설명하였다. 이 시기 한국인들은 어떤 전염병은 역신에 대항하고, 저항 혹은 협박을 해서 쫓아내는가 하면(적대류), 또 다른 전염병은 역신을 공손히 모시고, 기쁘게 함으로써 전염병을 면하려는 방법을 취했다(복종류). 부적이나 차력, 음식이나 특정 동물을 이용해 역신을 원천적으로 차단하거나, 대적하는 방법도 흔히 쓰이고 있었다(의타류).

국가적으로도 역병을 해결하기 위한 주술적 노력이 이루어졌다. 역병의 대책으로 여제, 성호아제, 산신제, 양재제(禳災祭), 수륙재와 같은 다양한 의식이 존재하였는데, 그중에서 여제가 오직 역신만을 강조하여 이루어졌기 때문에 역병의 대책으로 가장 흔히 베풀어졌다(변정환 1984). 많은 경우 지방 수령이 직접 제사를 거행하였다. 또한 유행이 매우 심할 때에는 왕이 직접 제문을 짓기도 하였다. 에비슨(O. Avison)은 『구한말비록』에서 "콜레라 귀신을 막으려는 제단이 준비되어 있었고, 그 위에 제물인 짐승들이 놓여 있었으며, 그 둘레에는 왕이 보낸 궁신 몇 사람이 제관 자격으로 와 있었다"(에비슨 1984)라는 기록이 있다.

이처럼 우리나라는 오랜 시간에 걸쳐 질병을 무속적이고 종교적인 차원에서 이해하였다. 이러한 질병관은 개항기에 이르러서야 외국인 선교사들에 의해 변화하기 시작한다. 하지만 새로운 질병관을 도입하는 것은 당시 조선 사람들에게는 쉽게 받아들이기 힘들었다. 주시경 선생은 1906년『가정』잡지에 기고한 "병든데 폐단"이라는 글에서 다음과 같이 적고 있다. "일어나지 못하고 알아야 소금이나 먹이라거나 죽이나 먹이라 하고, 죽게 되어야 약을 쓸까 하더라. 추었다 더웠다 하는 병은 귀신이 준 병이든지 동태라고 하더라. 어떤 이는 아무 음식이던지 자꾸 먹이기만 하면 병에 좋은 줄로 알더라. 병인 치료는 아무렇게 하더라도 노구메나 굿만 잘하면 다 관계치 아니한 줄 알더라. 약 먹고 나았어도 굿하고 나은 줄로 알더라." 이러한 글을 볼 때 개항기 이후에도 병에 대한 주술적, 종교적 해석이 여전히 강하게 잔존하고 있었다는 것을 알 수 있다.

### 2) 한의학적 질병관

서양의학은 '병인(病因) 중심적 질병관'을 전제로 한다. 이는 병을 일으키는 원인에 따라 질병을 분류하고, 각 질병에 대응하는 보편적인 치료원칙에 따라 환자를 대하는 것을 뜻한다. 서양의학은 이론적인 실체적 진단명(diagnosis)을 가지고 있어서 환자의 증상과 징후들이 진단 기준(diagnostic criteria)에 부합할 때에 비로소 질병으로 파악한다. 그리고 진단이 내려진 후 질환(illness)의 원인과 발병기전을 파악하고, 이것을 해결하기 위한 치료방침을 결정한다. 이때 환자가 주관적 증상이나 객관적 징후를 보이더라도, 그것이 각 질병에서 나타날 수 있는 증상으로 분류된 것이 아니라면 질병으로 정의되지 않기 때문에 치료방침이 존재할 수 없으며 이러한 증상과 징후는 장차 질병으로 진행할 가능성을 가진 요소들로 여겨지거나 이상 징후로 판단된다.

대조적으로 한의학에서는 '병증(病症) 중심적 질병관'을 기초로 한다. 이는 환자가 호소하는 단순한 증상이나 사소한 징후까지도 하나의 질병으로 간주함을 의미한다. 한의학은 증상과 징후에 근거하여 증명(證名)을 변별하고 확정하는 변증(變證)의 진단방식을 가지고 있으며, 이에 근거하여 치료법을 결정한다. 즉 서양의학과 달리 환자에 의한 질병의 인식을 중요시하며, 서양의학에서 이상 소견으로 분류될 수 있는 것도 전신적 질병상의 한 표현으로 보고 유기적으로 해석한다.

그뿐만 아니라 각 질병에 따라 보편적인 치료방침이 결정되어 있는 서양의학과는 달리 환자 개인의 특성과 그가 처한 환경을 고려하여 치료방침을 달리한다. 이러한 관점에는 세계, 자연, 인간을 하나의 연결된 유기체로 연결되어 상호 작용한다는 '전일론(全一論)'이 기저에 깔려 있다. 따라서 병을 이해하는 데서도 환자의 증상 및 징후와 함께 정신 · 심리 상태 및 시간적 · 공간적 환경 속에 있는 환자의 개체 특이성을 판단하고 그로부터 치료방침을 결정하게 된다.

### 3) 구한말 질병관의 변화

개화기 이전만 하더라도 병을 치료하기 위해 의원을 찾아간다는 것은 드문 일이었다. 민간에서는 종교적이거나 주술적인 방법을 먼저 동원한 후에 최후의 방법으로 의원에 찾아갔다. 이는 의학수준이 낮아 치료 확률이 낮았기 때문이기도 하지만 무엇보다도 병이 귀신에 의해 발생한다는 질병관이 강해 의원에 가는 것이 근본적인 해결책이라 인지하지 못하고 있던 것이 가장 큰 문제였다.

개항기 의료 선교를 통해 서양 의술이 처음 도입되었을 당시에 사람들은 그것을 믿기가 어려웠다. 의료 선교의 주된 활동은 구한말의 전염병 퇴치 활동과 구호사업이었다. 이때 가장 큰 장애물이 당시 조선인들의 질병관이었다. 의료 선교사는 사람들의 질병관을 변화시키는 데 많은 노력을 들였다. 우선 병이 귀신에 의해 발생한다는 생각을 없애는 데 집중하였다. 예를 들어 콜레라는 쥐 귀신이 사람의 다리를 갉고 올라와 배에 다다를 때 쥐 귀신이 몸 안으로 스며들어 뱃속 근육에 경련을 일으키는 것이라고 믿었다. 그래서 쥐의 천적인 고양이의 영혼에 기도하고, 대문이나 방 안에 고양이 그림을 붙였으며, 경련이 난 곳을 고양이 가죽으로 문지르기도 했다. 또한 문 앞에 새끼줄을 늘어트려 콜레라 귀신이 들어오지 않기를 바라기도 하고, 제단을 만들고 그 위에 동물을 바쳐 콜레라 귀신을 달래려고 노력하기도 하였다.

에비슨은 조선인들의 미신성을 타파하는 것이 질병에 대해 올바른 접근을 가능하게 하는 기본 토대라고 생각하였다. 1895년 콜레라가 유행할 때에 "콜레라는 악귀에 의해 발생되지 않습니다."라는 문구의 포스터를 전국에 붙였다. 하지만 당시 조선은 무속인과 기존 한의사들이 질병 관리의 주축을 담당하고 있었다. 따라서 그의 노력은 이들의 반발을 불러일으킬 수밖에 없었다. 그는 1984년 『구한말비록』에서 다음과 같이 말했다. "적당한 간호가 전혀 없고, 한의사들의 시기가 심한 데에다가 외국인 의사는 명령할 수가 없어 그 환자는 치명적인 종말을 초래하게 된다. 그런 종말은 앞으로의 성공에 치명적인 타격을 준다. 그 반면에 외국 의사에 밀려 자리를 빼앗긴 본토인 의사의 악의에 찬 선동이 민중에 끼치는 영향은 상상할 수 없을 만큼 가증스러운 것이다."

이러한 위협에도 몇 번의 전염병 유행과정에서 서양의학이 효과를 보여주자 사람들은 점차 미신적 공포에서 벗어나기 시작하였다. 거듭된 사례를 접하면서 단지 조선의 질병관을 미신이라고 말하며 타파할 것을 권하는 것이 아니라 실제로 이 병들의 발생과정과 원천을 이해하게 하는 것이 필요하다는 것을 깨닫게 되었다. 악귀가 아니라 세균에 의해 질병이 발생하며, 질병을 피하고 싶다면 세균에 감염되지 않게 조심하거나 박멸하면 된다는 것을 알리기 시작했다. 1895년 콜레라 방역활동 이후 어의가 된 에비슨은 대중계몽을 위해 한글로 많은 소책자를 발간했다. 소책자의 제목들은 『천연두와 예방주사』, 『모기와 말라리아』, 『이와 장티푸스』, 『벼룩과 재귀열』, 『파리와 장티푸스』, 『이질』, 『십이지장충 및 다른 기생충과 인분을 사용하는 논밭』이었다. 그는 이러한 책에서 세균이 어떻게 발생하며, 어떻게 병을 일으키는지 그리고 어떻게 예방할 수 있는지에 대해 알기 쉽게 서술하였다. 이러한 노력과 함께 환자에게서 채취한 병원균을 직접 볼 수 있게 된 것도 세균을 병의 원인으로 받아들이는 것에 강력하게 작용하였다. 세균을 눈으로 볼 수 있게 되자 귀신과 같은 비가시적인 존재가 병을 일으키는 것이 아니라는 것을 깨닫게 되었고 세균을 박멸하기 위한 '위생' 관념이 시작되는 계기가 마련되었다.

『동아일보』 1924년 5월 5일자에는 다음과 같은 기사가 실렸다. "세상에 누가 칼을 들고 자기의 목숨을 빼앗으려 달려드는 자에게 대항하지 않겠는가? (중략) 우리는 첫 여름부터 끝 가을까지 자기와 가족들의 생명을 옹호할 결심과 의기를 가지고 파리채를 한시도 놓지 않을 의무가 있는 것이다. (중략) 여름 한 철 우리의 죽음은 거의 반수 이상이 괴질로 인한 줄을 알 때에 우리는 본능적으로라도 파리를 보고 잡지 않을 수 없을까 한다."

이처럼 전국을 강타한 전염병의 원인이 세균과 그것을 옮기는 파리와 같은 벌레라는 사실이 알려지자 사람들은 조선의 위생상태가 얼마나 취약한지 깨닫게 되었고, 이를 해결하기 위해 능동적으로 행동하기 시작했다. 또한 행정당국도 이에 발맞추어 위생을 위한 다양한 대책을 마련하기 시작했다. 일단 위생조합을 만들어 당국의 지침을 전달하고, 전 지역의 청소가 정기적으로 이루어질 수 있도록 관리하며, 국민체조와 종두 접종의 장려, 전염병 용의자의 신고 등의 업무를 담당하기 시작했다. 그리고 경찰을 동원해 위생 단속을 하기 시작했다. 다음은 충남 부여 경찰서에서 주민에게 배포한 위생 관련 지침인 위생심득십개조(1929)이다.

1. 아침에 빨리 일어나고, 냉침을 피할 것.

2. 실내, 변소, 취사장, 하수구 등을 항상 청소할 것.
3. 몸을 청결히 하고, 의복도 자주 세탁하여 입을 것.
4. 폭음, 폭식을 조심할 것.
5. 부패한 것, 날것, 익히지 않는 것은 먹지 말 것.
6. 하천의 물은 위험하므로 우물물을 사용할 것.
7. 몸에 이상이 있는 경우 의사에게 진찰받을 것.
8. 미신적 치료법은 위험하니 현대의 의약 치료를 받을 것.
9. 파리를 구제할 것.
10. 전염병으로 의심되는 환자의 출입을 금할 것.

위와 같은 위생지침을 제공하였다는 것은 그 당시 이러한 것들이 잘 지켜지고 있지 않았음을 나타낸다. 당시 워낙 시설이 낙후하였고, 오랫동안 위생관념이 부재한 상태로 살았기 때문에 빠른 시일 내에 위와 같은 지침들이 지켜지는 것은 힘든 일이었다. 경찰과 같은 공권력을 투입하여 이를 해결하려고 하였으나 이 또한 쉽지 않았다. 하지만 위생을 지키려고 적극 권장한 덕분에 질병에 걸리기 쉬운 취약한 환경을 빠르게 개선할 수 있었던 것으로 보인다. 무엇보다 질병이 귀신이 아닌 세균에 의하여 발생하며, 이것은 위생관리를 통하여 예방할 수 있다는 근대적인 질병관을 확고하게 하는 데에 큰 영향을 미쳤다.

### 4) 구한말 서양의학에 대한 인식

서학에 대한 탄압 분위기는 선교사들에 의해 보급된 서양의학에도 영향을 주었다. 그 예를 우두법보다 인두법이 먼저 정착하게 된 현상에서 찾을 수 있다. 우두법은 19세기 전후 박제가, 정약용과 같은 학자들이 관심을 가지면서 수입되기 시작했지만 널리 시도되지 못하였다. 효력이 높은 우두 백신 제조기술도 부족했지만, 더 중요하게는 우두법을 사술이라 하여 배척했기 때문이다. 인두법은 각종 약물치료와 결합하면서 한의학 체계 안에 포함될 수 있었지만 우두법은 높은 안정성 때문에 별다른 처치가 필요 없어서 전통의학 체계에 포함되지 못했다. 따라서 한의학에서는 우두법을 인정하지 않고 인두법을 더 믿을 수 있는 처치법으로 만들었다. 자신들의 생계가 위협받는다고 느낀 무당들은 지석영의 종두장을 개화운동과 연계시켜 불태우기도 하였다(황상익 2013). 강제 우두 접종을 시행하였지만 서양에 대한 정치적, 문화적 반감은 백성이 우두법이라는 외래 문물을 받아들이기 어렵게 만들었다. 게다가 소수를 제외하고는 실제 접종비를 스스로 부담하게 하여 반감은 더욱 커졌다. 정약용이 『신증종두기법상실』을 전재하면서 서양과 관련한 모든 대목을 스스로 삭제했다는 것에서도 서학 탄압을 추측할 수 있다.

서양의학이 다양한 전염병을 치료하는 데 효과가 있다는 것을 인정받은 후에 '제중원'이 창설하기에 이르렀다. 국가에서는 서양의 종교는 사교이니 멀리해야 하나 기계나 기술은 이로우니 사용한다는 논리를 내세웠다. 하지만 이에 대한 인식은 좋지만은 않았다. 1888년 6월에는 외국인이 조선 아동을 잡아먹는다는 유언비어가 크게 돌기 시작했는데, 이러한 소문으로 볼 때 외국인에 대한 조선인의 인식이 긍정적이지 않았음을 알 수 있다. 이러한 소문이 크게 퍼지자 각국 공사관은 외아문에 "외국인 등이 어린아이들을 잡아먹는다는 공연한 유언비어가 나도니 정부에서 방을 만들어 이것이 헛된 소리임을 인민에게 알리라"는 요청을 하였다. 그럼에도 불구하고 이 유언비어는 한동안 가라앉을 줄을 몰랐다. 이에 대해 언더우드(L. H. Underwood)는 다음과 같이 기록하였다.

> 몹시 악의를 품은 몇몇 사람들이 외국인들이 어린아이의 염통과 눈알을 도려내어 약에 쓰고 원주민 어린아이를 훔쳐오는 흉악한 조선인들에게 돈을 준다고 소문을 퍼뜨렸다. 그 소문은 불길처럼 번져 나갔다. (중략) 끔찍한 이야기들이 떠돌았다. 이를테면 독일 공사관과 영국 공사관 그리고 미국 공사관에서 어린애들을 잡아먹는다는 것이었다. 이 피에 굶주린 작업의 총본부는 물론 병원인데 그것은 병원이 약을

만들고 병을 치료하는 곳이기 때문이라고 했다(언더우드 1984).

이러한 일화에서 서양인뿐만 아니라 서양의학에 대해서도 반감이 있었다는 것을 확인할 수 있다. 이러한 반감은 일제강점기의 의료선교사 셔우드 홀의 회고에서도 확인할 수 있다. 당시는 서양의학이 도입되었지만 여전히 무속적인 방법으로 병을 치료하고자 하는 경향이 남아 있던 때였다. 병에 걸렸을 때 마을의 수호신으로 서낭을 모셔 놓은 신당인 서낭당으로 가는 사람들이 종종 있었다. 그는 서낭당에서의 의료행위에 대해 다음과 같이 서술하였다(신동원 1997).

> 환자의 가족들과 친지들은 악귀를 몸에서 내쫓는다면서 환자들 몸에 바늘을 찔러 상처를 내기도 하고, 신체의 특수한 부분을 불에 달군 쇠붙이로 지진 다음 등에 업거나 나귀 등에 태워서 무당집으로 데리고 간다. 소독하지 않은 바늘로 침을 놓았기 때문에 병균에 감염되어 염증이 생기기도 한다. 이 어처구니없는 방법으로 희생된 환자들은 무당이 병마를 내쫓기만을 바라고 매달리는 것이다. 무당집에서 병이 낫지 않을 경우 어떤 이들은 최후의 시도로 병원을 찾아온다. … 형이는 배재고보 교장인 헨리 아펜젤러가 보낸 학생이었다. 요양원에 도착했을 때 그는 중환자였다. … 우리는 퇴원이 이르다고 달랬지만, 그는 자기 병이 다 나았다고 고집을 부렸다. 결국 형이는 요양원을 떠났다. 그를 맞이한 식구들은 멀찌감치 서서 의심의 눈초리로 쳐다보았다. "병원에서 뱀탕이나 사슴 생피를 주더냐?" 할머니가 물었다. "아니요. 가슴에 공기를 집어넣는 특수 치료를 받았어요. 휴식과 일광욕과 우유 먹는 법도 배웠는걸요." "그럴 줄 알았다. 당장 가서 무당을 불러오너라. 외국 악마들이 경영하는 곳에 있었으니 이 아이 몸에는 악귀가 들어 있다." … 잠시 후 아버지와 이웃 사람이 주고받는 이야기를 들었다. "우리 집에는 오지 못하게 하게. 정말로 나았는지 모르겠지만, 혹시 우리 식구들에게 전염될지도 모르니까." 아버지는 화가 나서 급히 집으로 들어오더니, "너는 광에 가서 자거라."라고 말했다. 그 후 몇 주일 동안은 불행한 기간이었다. 형이의 가족들은 폐병에 대한 공포감을 억누르

지 못했고, 그의 옛 친구들도 그를 피했다.

무당집에서 병이 낫지 않을 경우 최후의 시도로 병원을 찾아오며, 의사의 권고를 듣지 않고 퇴원하는 모습, 과학적 방법의 치료법을 믿지 못하는 모습을 기록한 회고를 통해 볼 때 민중에서 서양식 병원과 의사에 대해 신뢰도가 높지 않다는 것을 알 수 있다. 그뿐만 아니라 예전부터 이어오던 종교적, 무속적 방식의 의료 행위가 일제강점기에도 여전히 빈번하게 일어났다는 것을 추측할 수 있다.

### 5) 의료체제와 의료 이용 양상의 변천과정

고구려 의사 '덕래'라는 사람이 백제에서 활약하다가 일본까지 진료를 보러 간 일화를 보면 주술적 행위와 독립된 의사의 존재는 삼국시대부터 존재하였던 것으로 보인다(신동원 1997). 하지만 중국 의학서를 자유롭게 읽고 치료를 하는 것이 매우 힘들기 때문에 의사의 수가 매우 적고, 귀족이나 부자들만이 혜택을 누릴 수 있었을 것으로 보인다.

고려시대에 이르러 국가 차원에서 의료체제를 정비하고 과거제도로 의학을 실시하는 등 의학 전문가를 양성하려고 노력하였다. 하지만 이러한 의료체제에서도 여전히 고급관료만 혜택을 받을 수 있었기 때문에 대부분 사람은 민간의료에 의지할 수밖에 없었다. 다양한 부류가 민간에서 의료활동을 했는데, 무당이나 승려뿐만 아니라 의서를 읽다가 의학에 조예를 가지게 된 다양한 사람이 의사로 활동하기 시작했다. 『고려사』 권85 「형법지」에는 영업행위를 하는 의사가 의서가 권하는 처방을 따르지 않고 임의로 약을 조제하는 경우 처벌받도록 명시되어 있다. 만약 임의로 약을 조제한 것이 발각되었을 경우, 이에 대한 형벌의 경중은 의사가 취한 경제적 이득에 비례했다. 이로 볼 때 치료를 빌미로 표준 의학서에 따르지 않는 의료행위가 있었음을 추측할 수 있다.

조선시대부터 국가 차원의 의료 대상을 일반 백성까지 확대해야 한다고 생각하였다. 그리하여 백성에게 은혜를 베푼다는 의미의 '혜민서'를 설치하여 대국민 의료를 담당하였다. 혜민서는 약을 전매하고 백성의 병을 치료하는 기관이었다. 또한 지방 의료에도 관심을 두어서 모든 군현은 아니지만 적어도 각 도의 큰 고을을 중심으로 의원이 설치될 수 있도록 노력하였다.

제도적 차원의 의료 혜택 수급 대상의 확대뿐만 아니라 의사의 윤리적인 측면도 강조되기 시작하였다. 세조는 직접 의약론을 편찬하였는데, 그가 언급한 8등급의 의사들 가운데 가장 훌륭한 의원은 심의(心醫)였다. 심의란 환자에게 마음을 항상 편안하게 가지도록 가르쳐 환자의 마음이 흔들리지 않게 하는 의사를 칭한다. 둘째는 환자의 입에 알맞은 음식으로 치료하는 식의(食醫)였다. 그다음으로 약 처방만을 고집하는 약의(藥醫), 환자의 치료에 적절하게 대응하지 못하고 당황해 하는 혼의(昏醫), 환자를 자세히 살피지도 않은 채 잘못된 약을 함부로 사용하는 광의(狂醫), 처방이 적당한지도 모르며 아울러 환자를 불안하게 하는 망의(妄醫), 의원처럼 행동하지만 실제로는 의학을 모르는 사의(詐醫)가 있다. 그리고 맨 마지막 등급은 자신의 의견을 고집하여 환자를 죽이는 살의(殺醫)라고 보았다.

조선 후기에는 상업의사가 등장하기 시작했다는 점이 특징적이다. 이전에도 상업의사가 없었던 것은 아니지만 조선 후기에 이르러 중인들이 대거 의관으로 진출하게 되었고, 다양한 계층의 사람들이 의사로 활동하게 되었다. 이로 인해 의료 범위가 넓어지기도 했지만, 한편으로는 경쟁의 가속화에 따른 부정적인 현상도 나타났다. 치료 효과를 빨리 보여 주기 위해 법도보다 지나치게 과격한 치료를 한다거나, 독한 약재를 사용한다는 비난이 생기기 시작했다. 조선 후기 대표적 실학자인 이익(李瀷)은 의사들이 과거와는 다르게 오로지 영리 추구에만 몰두하고 있다고 말한 바 있다. 동의보감의 축약본인 『방약합편』 한 권을 읽고서 의사 노릇을 하는 돌팔이가 많다는 불만이 존재하기도 하였다.

혜민서 설치와 의사 윤리의식 강조, 상업의사의 등장과 같은 변화에도 불구하고 실제로 의원을 이용할 수 있는 사람은 많지 않았던 것으로 보인다. 신분과 경제력에 따라 의료 이용에 차이가 있었는데, 경제적 능력이 있는 양반은 의원을 쉽게 이용할 수 있었지만 궁핍한 서민은 싼 점쟁이에게 의지할 수밖에 없었다. 점쟁이는 주로 문복과 독경을 위주로 했으며 경채로 질 나쁜 쌀 한 되 값을 받았다(신동원 2004). 일반서민이 어렵지 않게 낼 수 있는 비용이었다. 약값의 경우도 빈부에 따라 접근 가능성이 달랐다. 18세기 후반 약 한 첩 값은 저가의 경우 3문에서 수십 문, 고가 보약의 경우는 수천 문에 달했다(김호 1998). 서민이 지어 먹을 수 있는 것은 저가의 약뿐이었다. 그리고 이런 약은 의학지식을 갖춘 의원이 아니더라도 약방에서도 쉽게 처방했다. 약은 의원이 아닌 약종상이 유통했으며, 읍 · 면 규모의 지역에 있으면서 싼 약을 팔았다.

일제강점기에 접어들어서는 서양의학이 빠르게 도입되면서 전통의학이던 한의학을 억압하는 정책을 펼치기 시작하였다. 그러다 1930년대에 이르러 농촌지역에서 약초를 재배하여 의료 공급을 확대하고 수익을 증대하자는 분위기가 조성되고, 한약의 유효성분이 확인되는 등 치료 효과가 입증되기 시작하면서 한약에 대한 부정적 인식이 바뀌기 시작하였다. 그뿐만 아니라 새로운 신동아문명을 수립하자는 '대동아공영권'이 주요한 구호로 제창되면서 한의학이 재평가되기 시작하였다.

전쟁에서 활용 가능한 유용한 인력을 양성하기 위해 일제는 건강을 강조하기 시작하였다. 체육을 강조하며 건강 증진을 위해 애썼으며 질병이나 쇠약은 반드시 척결해야 할 '악'으로 여기기 시작하였다. 이러한 시류는 의료 정책에도 반영되어 후생국을 설치하고 '국민건강보험법'을 통해 전반적인 국민체력의 향상을 위해 노력하였다. 이전까지의 위생 개념이 단지 질병으로부터 개인의 신체를 보호하는 것을 의미했다면, 후생은 신체의 보호뿐만 아니라 건강을 향상시키는 것을 포함하는 더 적극적인 의미를 지니고 있었다. 하지만 후생국은 설치된 지 1년 만에 폐지되었고, 위생업무는 다시 경무국에서 맡기 시작하였다. 이는 일본에서 후생성이 그대로 유지된 것과 비교해 볼 때 일제의 의료정책이 건강 증진보다는 생명 보호라는 소극적 의미에서 완전히 벗어나지 못했음을 알 수 있다.

### 6) 약재에 대한 인식과 이용

#### (1) 약재의 이용 가능성

약재를 복용하여 병을 낫게 한다는 인식은 오래전부터 존재하였으나, 약재의 수가 한정되어 있고 우리나라에서 생산되지 않는 것도 많아 일반 백성이 쉽게 이용하는 것에는 한계가 있었다. 관료의사는 특정 병을 낫게 하는 데에 필요한 약재를 알려 줄 뿐 그것을 구하는 것은 순전히 개인의 능력에 달려 있었다. 고려 후기 문인 이규보가 눈병이 나으려면 용뇌(Borneolum)가 필요하다는 진단을 받게 되자 당시 최고 집정자이던 최우가 자신의 용뇌를 주었다는 기록이 있다(신동원 1997). 최고급 약재는 권력이 있는 사람이 독점적으로 소유하고 있었다.

조선 전기에 들어서면서 약재는 인접 국가로부터 수입하거나 자기 지역에서 나는 특산품을 바치는 공납을 통해 조달되기 시작하였다. 17세기 중반 대동법을 시행하면서 상업적 형태로 약재를 유통하는 시장이 형성되기 시작했다. 상업적 시장의 형성과 함께 대민 의료를 관장하는 혜민서의 기능이 점차 약화되자 사적 의료가 더욱 활성화되었고, 이에 따라 의료에 대한 욕구가 민간에서 점차 확대되기 시작하였다. 그 현상의 대표적인 예로 약계(藥契)를 들 수 있다. 약계란 필요한 약재를 구비하여 공동으로 사용하는 촌락공동체를 말한다.

한편 이때부터 지역공동체가 운영하는 약계 외에도 상업적으로 운영되는 약계가 등장하기 시작했다. 이 약계에는 상주 약국뿐만 아니라 장시마다 약을 파는 떠돌이 약장수도 다수 포함되어 있었다. 이러한 형태의 약계가 확대되자 정부에서는 의료제도의 붕괴와 제대로 만들어지지 않은 약의 유통으로 인해 발생할 수 있는 혼란을 걱정하여 약계를 불허하는 입장을 취했다.

하지만 약계를 통한 민간 의약업의 확대는 계속되었다.

조선 후기에 접어들면서 나라 전반에서 상업화가 진행되었고, 이와 같은 시류는 약국이 등장하는 데 영향을 미쳤다. 이 약국은 17세기에 등장한 약계가 상업적으로 발달한 형태였으며, 이는 전 지역, 전 계층에 약재를 보급한다는 긍정적인 측면이 있었지만 약재의 가격이 높아지거나 부정한 약재가 유통된다는 부정적인 측면도 동시에 가지고 있었다. 한편 약재 유통이 활발해지면서 시장으로 발전되기도 했는데, 이와 같이 한약을 채취하는 계절에 맞추어 정기적으로 개설된 시장을 '약령시'라 불렀다. 약령시의 기원은 불명확하나 봄가을에 대구, 원주, 전주 등에 크게 열렸다. 약령시는 대동법의 실시와 그에 따른 조선의 상업망이 확대되면서 나타난 것으로 일제강점기까지 유지되었으며, 현재에도 서울의 제기동이나 대구 등에 일부의 모습이 남아 있다.

약재나 의술이 상업적으로 이용되면서 이른바 '비방'이 출현하였다. 가족들에게도 알려 주지 않는 자신만의 처방이 있는 경우 의원으로서의 평판이 향상되었다. 이에 대해 『제국신문』 사장 이종일은 1899년 다음과 같이 비난하였다.

> 그 단방을 무르면 말하지 안코 자긔 뎨형 슉질이라도 가릇쳐 주지 아니하야 자긔 혼쟈만 두고 리를 취하니 소위 쳥기와 쟝사라 야만의 풍습을 면치 못함이니(황상익 2013).

### (2) 신체 일부를 약재로 이용하는 풍습

신체 일부를 약으로 이용하는 풍습은 오래전부터 존재했다. 머리카락을 기침의 해소, 이질이나 장티푸스로 인한 설사 증상과 종기의 치료, 지혈제 등 다양한 곳에 사용했다고 한다. 머리카락을 성병 치료에 이용하기도 했는데, 『향약집성방』에는 "음경 끝에 3~5개의 작은 누창이 생겨 피나 고름이 나오는 것을 치료하려면 기름 먹인 난발을 약성이 남게 태워 가루를 내어 붙인다. 마르고 헌 데에는 침에 개어 바르고 이어 미음에 난발 태운 가루를 타서 식전에 먹는다.”라는 기록이 있다.

머리카락 외에도 인육을 약으로 사용한 풍습도 존재하였다. ‘할고효친(割股孝親)’이란 자신의 넓적다리 살을 베어 부모의 병을 낫게 한다는 뜻으로 고치기 힘든 질병에 대해 최후 수단으로 이용되었다. 이는 아마도 당나라의 진장기(陳藏器)가 739년에 완성한 『본초습유』에 “인육으로 병을 고칠 수 있다”고 언급한 것에 기반을 둔 것으로 보인다. 『삼국사기』에는 경덕왕 대의 향덕과 선덕왕 대의 성각이 자신의 넓적다리 살을 베어 약으로 써서 부모의 병을 낫게 하여 효자로 포상을 받았다는 이야기가 남아 있다. 조선에서는 효를 강조하기 위해 할고효친을 한 자를 포상하기도 하였다. 조선시대에는 목숨이 위태로운 부모나 남편을 살리기 위해 손가락을 잘라 그 피를 마시게 하는 ‘단지’도 행해졌던 것으로 보인다. 이러한 행위를 하는 자는 효자나 열녀로 칭송되었다. 이후 일제강점기에는 사람의 생간을 먹으면 나병이 낫는다는 생각에 의해 아이를 살해하는 일이 종종 벌어지기도 하였는데, 이를 통해 신체의 일부가 약으로 이용될 수 있다는 생각이 오랫동안 유지되었음을 알 수 있다.

### (3) 약값 지불에 대한 인식

1885년 제중원 의사였던 알렌(H. N. Allen)은 당시 약값 지불 관행에 대해 다음과 같이 기록하였다.

> 조선 사람들은 병이 낫지 않으면 약값을 치르지 않는다는 원칙을 따르는 것 같았다. 더구나 돈으로 지불하는 경우는 드문 것 같다. 나는 고맙다는 환자들로부터 몇백 개의 계란, 많은 고기, 생돈, 닭, 꿩 기타 모든 음식물을 치료비로 받았다(알렌 1986).

이를 통해 추론해 볼 때 의원의 처방료는 그가 들인 지식이나 시간이 아니라 병의 회복 여부에 따라 결정된다는 것을 알 수 있다. 이러한 관행이 존재한 이유는 의원의 의학지식이 조선시대 후기까지도 사회에서 높은 신뢰를 받지 못했기 때문인 것으로 보인다. 약값 또한 성의에 대한 보답의 의미로 지불된 것으로 볼 때 의약업계가 높은 수준의 상업화를 이루어 내지는 못했다는 것을 알 수 있다. 이후 서양식 병원이 진료비에 대해 정한 규정은 회복 유무와 관계가 없었다. '제중원 규칙'과 '공립의원 규칙'에 따르면 왕진료와 입원비(병실 등급을 4단계로 나눔), 진료비 등의 액수가 제시되어 있다(황상익 2013).

### (4) 개항기 이후 다양한 서양 약재의 등장

개항기 이후 서양 약재가 보급되기 시작하면서, 조선의 의약업계는 새로운 국면을 맞이하게 되었다(신동원 1997). 이전까지 불치병으로 여겨지던 질병이 서양 약재에 의해 치료가 가능한 것을 사람들이 목격하게 된 것이다. 약에 대한 신뢰도가 높아졌을 뿐만 아니라 늘어난 수요로 인해 약업과 매약업이 크게 융성했다. 가장 인기가 많은 약은 말라리아 치료제인 '퀴닌(quinine)'이었다. 제중원 원장인 알렌이 "사람들은 퀴닌의 가치를 알기 시작했으며, 많은 사람이 퀴닌을 구입하고 싶어 했다."라고 회고했을 정도로, 말라리아 치료제인 퀴닌의 높은 치료 효과는 사람들 사이에서 널리 인정받았다. 퀴닌은 다양한 발열질환을 치료하므로, 당시 정확한 말라리아 진단이 이루어지지 않았을 가능성도 높다(황상익 2013). 『제중원 1차년도 보고서』에 따르면, 퀴닌의 인기 때문에 전국에서 퀴닌을 구하려는 사람들이 몰려들고, 무료로 분배되던 다른 약들과는 달리 고가에 거래되기도 하였다. 황현의 『매천야록』(1896)에는 "우두법이 나와 어린아이들이 잘 자라고 금계랍(퀴닌)이 나와 노인들이 수를 누린다."라는 유행가가 소개될 정도로 퀴닌에 대한 민중의 신뢰는 높았던 것으로 보인다.

소화제 시장은 개항 이후 일본의 매약업자들이 활발한 활동을 벌인 분야였다. 인단(仁丹)을 중심으로 용각산, 건위고장환, 오타이산, 중장탕, 건뇌환, 대학목약 등이 인기리에 판매되었으며, 국내 제약업자가 개발된 활명수

또한 큰 인기를 끌었다. 활명수는 일본의 인단에 대항해 출시한 제품으로 국산약재와 서양약재를 혼합해서 만든 소화제라는 특징이 있었다.

이 밖에도 만병통치약에 대한 광고도 많이 진행되었다. '구전영사'라는 약은 "남녀노소 어떤 증상에도 치료가 가능한 약이며, 병이 없을 때에도 복용하면 건강해지고, 초생소아가 복용할 경우에는 10세까지는 병에 걸리지 않는다."라는 등의 과장광고를 하기도 하였다. 이러한 관행으로 볼 때 의약업계가 매우 호황을 맞이했다는 사실과 함께 과대광고로 인한 폐해 또한 적지 않았을 것임을 짐작할 수 있다.

### 7) 장애인과 사회적 약자에 대한 인식과 대응

정약용의 『목민심서』, 「애민육조」, 관질(寬疾)에는 "장님, 절름발이, 손발 병신, 나환자 같은 이들은 사람들이 천하게 여기고 싫어하는 바이다."라는 구절이 등장한다(신동원 2004). 이를 통해서 볼 때 조선시대에도 위와 같은 병을 지닌 사람을 기피하는 경향이 있었다는 것을 알 수 있다. 심청전에서는 "천지 인간 중에 앞 못 보는 소경이 가장 불쌍하다"라는 구절이 등장하는데, 장애자 가운데서도 맹인을 가장 비참하게 여겼던 세간의 인식을 알 수 있다. 이러한 인식은 장애에도 등급이 있다는 생각을 대변해 주고 있는데, 실제로 『경국대전』(「병전」 면역 조)에도 장애자와 중병자를 독질・폐질로 구별하여 군역을 면제한다는 대목에서 이를 확인할 수 있다. 매우 심한 중병을 뜻하는 독질은 고칠 수 없는 병인 폐질보다 한 등급 높은 장애를 뜻했다(이현숙 2003).

일제강점기에는 전쟁인력으로 활용하기 위해 건강한 국민을 양성하는 것을 가장 우선하였기 때문에 전염성을 지닌 환자들은 사회적으로 핍박받는 위치에 놓일 수밖에 없었다. 특히 나환자의 경우 사회에서 격리 수용하는 것이야말로 공중위생은 물론 치안까지 확립하는 길이라 여겼다. 결국 나환자들은 단속 아래 소록도 자혜의원에 평생을 격리된 채 살아야 했다. 1936년부터 남자 나환자들의 경우 정관절제 수술을 받아야만 결혼을 허락받을 수 있었다. 일제강점기 당시 나환자들의 슬픈 운명을 이동의 '단종대'라는 시에서 엿볼 수 있다.

> 그 옛날 나의 사춘기에 꿈꾸던 / 사랑의 꿈은 깨어지고/ 여기 나의 25세 젊음을 / 파멸해 가는 수술대 위에서 / 내 청춘을 통곡하며 누워 있노라 / 장래 손자를 보겠다던 어머니의 모습 / 내 수술대 위에서 가물거리다 / 정관을 차단하는 차가운 메스가 / 내 국부에 닿을 때 / 모래알처럼 번성하라던 / 신의 섭리를 역행하는 메스를 보고 / 지하의 히포크라테스는 / 오늘도 통곡한다.

이처럼 장애인과 사회적 약자에 대한 차별적 인식은 오래전부터 존재해 왔으며, 그들을 위한 정책이 존재하였으나 매우 소극적인 범위에 머물렀다는 것을 확인할 수 있다.

### 8) 전통적 질병관과 북한의 질병행태

전통적 질병관에 대하여 북한에서는 북한 나름의 역사적 해석을 하고 있다. 조선 보건사에 따르면 한국인들이 보이는 관념적이고 미신적이며 초자연적인 질병관은 봉건세력과 외세가 이를 민중들에게 강요한 결과라고 기술하고 있다. 피지배계급이 창조적이고 합리적인 질병관을 가지고 지배계급과 투쟁하는 것이 보건의료 발전의 동력으로 보았다. 과거 지배 계급에 집중된 의료에 대한 비판도 제기하고 있다.

반면 한의학(동의학, 고려의학)에 대해서는 긍정적인 태도를 보이고 있다. 1980년 김일성은 최고인민회의에서 "지금 보건일군들 속에 동의학을 홀시하는 현상이 있습니다. 다른 나라에서 의학공부를 한 탓으로 동의학을 잘 모르는 사람들 속에 동의학을 잘 믿지 않으며 동의학을 홀시하는 현상이 더 많습니다. 동의학을 홀시하는 것은 옳지 않습니다."라고 동의학에 대해 긍정적인 태도를 취하고 있다. 이런 상황에서 북한의 의료인과 주민들에게 병인론 위주보다는 증상 위주의 한의학적 질병관이 더욱 강하게 자리 잡았을 것으로 추정된다.

북한 정부는 봉건적인 질병관을 타파하기 위해 계몽적 노력을 기울인 것으로 보인다. 1950년대부터 질병에 대한 미신적 관념 청산, 보건 교육 강화, 위생 개선을 위한 운동을 대대적으로 전개하기도 하였다. 그러나 문화의 변천은 오래 걸린다는 점, 북한 사회의 폐쇄성, 사회주의 국가에서 보이는 공식적 정부 선전과 비공식적 일상 현실의 큰 괴리, 고난의 행군 이후 보건체계의 붕괴 등으로 인해 북한에서는 아직 전통적 질병관이 크게 자리 잡고 있을 가능성이 높다.

## 3. 사회주의 국가 국민들의 질병관과 질병행태

사회주의 국가는 사회주의 정치, 경제, 사회 제도하에서 독특한 문화를 지니고 있다. 북한의 보건의료는 구소련 사회주의 체제의 보건의료제도를 많이 차용하였으며, 북한주민의 질병관과 질병행태는 사회주의 국가 특유의 문화적 영향을 크게 받았을 것으로 예측된다. 고난의 행군 이후 북한 사회의 변화는 구소련과 동유럽 국가들의 탈사회주의 과정에서의 변화와 유사한 부분이 많으므로, 구소련과 탈사회주의 과정에서 보이는 동구권 주민들의 질병관과 질병행태 역시 현재 북한주민의 질병관과 질병행태를 시사할 수 있을 것이다.

전 국민 대상 무상의료제도 도입 이후 1960년대 사회주의 경제의 생산성이 높았던 시대까지, 구소련의 보건재정은 국가의 책무로 간주되어 국가로부터의 지속적인 지원이 유지되었다. 그러나 점차 군비 경쟁으로 인한 과도한 지출이 지속되면서 국가재정 축소가 불가피해졌고, 보건의료를 포함한 대부분 사회보장제도에서 민영화가 수용되면서 의료비용에서도 본인 부담금이 증가하기 시작하였다. 의료재정 부족의 이유로는 체제 전환 후 지속적인 경기침체, 40% 이상을 차지하는 지하경제의 확대, 낮은 의료보험비 등도 지적된다. 대부분의 사회주의 국가들은 1980년대부터 GDP가 감소하는 경향성을 보이다가 1990년대 들어서는 GDP의 급격한 하락세를 보였다. 의료보장성 약화와 무상의료제도의 붕괴는 건강수준의 악화로 연결되었고, 소폭의 개선이 있기는 하였으나, 여전히 러시아와 동유럽의 보건지표들은 서구 국가에 비해서 낮은 수준을 보이고 있다(Mackenbach 2012).

### 1) 구소련 국민의 질병관과 질병행태

구소련은 국민의 건강을 국가의 자원(resource)으로 여겼으며, 동시에 건강권을 국민이 누려야 할 기본 권리로 간주하였다. 이에 따라 국민의 건강과 건강권을 국가가 관리하였다. 따라서 건강을 관리하는 의사는 국가의 자원을 관리하는 정부의 공직자로 여겨졌으며, 의사에게 환자의 질병을 치료할 책임과 권한이 함께 부여되었다. 구소련에서 의사와 환자의 관계는 수평적이기보다는 수직적이고, 환자는 자신의 질병이 치료되는 과정에서 의사결정을 내릴 책임이 없기에 의사들은 질병 치료의 방침을 지시할 뿐 환자에게 환자의 질병에 대해 자세한 설명을 해 준다거나 치료방법에 대해 논의를 하는 소통이나 교류는 적었다. 이러한 문화적 특징으로 인해 과거 소련에서 수술을 받았던 환자 중, 자신의 질병에 대한 정확한 진단명과 수술명을 알지 못하는 환자가 많음을 해외로 이주한 구소련 이민자들을 통해 확인할 수 있었다. 이러한 문화에 익숙한 이주민들은 환자인 자신이 의사결정권을 가지고 치료과정에 참여하는 것을 거북스럽게 여겼고, 환자가 적극적으로 치료과정에 참여하는 새로운 문화는 치료의사에 대한 신뢰를 떨어뜨리고 환자의 불안감을 증대시키는 요인으로 작용하였다.

구소련 주민들은 약물 복용이 치료기능 외에는 근본적으로 몸에 해롭다는 인식이 강하여 약물치료보다는 민간요법이나 면역을 강화하는 자연치료를 선호했다. 이러한 인식으로 인해 증상이 호전되면 약물치료를 최대한 빨리 중단하려는 경향을 갖고 있었다. 따라서 약물복용법에 대한 적절한 교육이 없을 경우 약에 대한 순응도가 낮을 확률이 컸다. 하지만 구소련에서는 약의 공급이 수요에 비해 부족하였기 때문에 흔히 사용하지 않는 약의 경우 약에 대한 접근성이 낮아 많은 노력과 정성을 들여야만 약을 구할 수 있었다. 이러한 의약품의 부족은 오히려 약물에 대한 순응도를 증가시킬 수 있었다. 그러나 과거 인식과 질병행태가 바뀌지 않은 상태에서 의약품 공급이 충분한 새로운 환경으로 갑자기 이주하는 경우 약물 치료 순응도가 급격히 낮아질 가능성도 제기되었다(Wheat et al. 1983).

1960년대 이후 구소련 질병의 역학적 변화가 나타나기 시작하였다. 감염성질환의 경우 성공적으로 관리되어 이로 인한 사망률이 1960년 1만 명당 87명에서 1990년 1만 명당 12명으로 감소했다. 그러나 총 사망률은 오히려 65% 증가하였고, 특히 순환기질환에 의한 사망률은 148%, 외상에 의한 사망률은 101%, 암에 의한 사망률은 46% 증가하였다(Tulchinsky 1996). 이러한 경향은 지속되어 2004년 심혈관질환과 뇌혈관질환에 의한 각 나라의 사망률 변화를 비교한 연구에 따르면, 다른 지역에서는 모두 관련 보건지표의 개선을 보였으나, 러시아와 동유럽 국가들은 사망률이 지속적으로 증가하는 경향을 보였다(Levi et al. 2009).

심혈관질환과 깊은 연관성을 보이는 생활양식으로는 흡연, 음주, 식습관 등이 있다. 구소련에서는 1989년 이후 고기, 야채, 유제품, 생선, 과일의 소비가 전반적으로 감소하였다고 한다(Tulchinsky 1996). 만성적 식량부족 사태로 인해 신선한 과일이나 야채의 섭취가 감소하면서 구소련에서는 미세영양소 결핍도 대규모로 발생하였다. 구소련 국민들은 육류도 자주 접하지 못하였으나, 그나마 접하는 육류마저 기름이 많이 함유되어 건강에 악영향을 줄 수 있었다(Abe et al. 2013).

1980년대까지 유지되던 구소련의 기대수명은 1990년대부터 급격히 줄어들기 시작하였다. 러시아의 기대수명은 동유럽 국가들이나 개발도상국가와 비교해서도 낮게 보고되었으며, 이는 중년 남녀에게 증가한 순환기질환에 의한 사망률과 젊은 연령에서 증가한 외상(사고, 타살, 자살, 중독)에 의한 사망률의 영향이 가장 큰 것으로 분석되었다. 만성질환으로 인한 질병 부담의 해결을 위해 러시아 정부는 치료서비스를 제공하는 데만 주로 집중하였고, 관련 위험요인을 줄여 이를 예방하려는 노력에는 큰 관심을 두지 않았다. 러시아 정부는 1차 예방에도 소홀하고, 만성질환 합병증 관리를 위한 적절한 의료서비스도 제공하지 못하여 만성질환 관리에 결국 실패하였다.

구소련에는 5단계의 의료기관이 존재한다. 1차 의료기관은 지역에 존재하는 1차 진료소로 의사보조(physician assistant = fledsher)가 의료서비스를 제공한다. 매우 기초적인 의료행위가 수행되고 오진도 많으며 의료의 질적 수준이 상당히 낮았다. 2차 의료기관은 종합진료소로 도시에 존재하고 외래환자만을 다루었다. 외래진료의 경우 의료의 질적 수준은 입원치료에 비해 낮았다. 3차 의료기관부터 입원치료가 시행되기에 입원환자를 수용하지만 교육수련병원이 아니기 때문에 4차 의료기관보다 의료서비스의 질적 수준이 상대적으로 낮았다. 4차 의료기관은 의료인의 교육과 수련이 이루어지는 병원으로 특이사례의 환자들이 전원되는 병원이며 그 의료의 질적 수준이 훨씬 높았다. 5차 의료기관은 특정 상위계층의 사람들만이 이용할 수 있었다. 이러한 환경에 의해 형성된 문화로 인해 구소련 주민은 외래치료가 입원치료에 비해 훨씬 낮은 수준의 의료서비스로 인식했다. 따라서 이들이 이주민으로 새로운 의료체계를 접할 때, 외래진료를 하던 의사가 입원한 환자를 치료할 경우 환자는 자신이 상대적으로 낮은 질의 의료서비스를 받고 있다고 오해하곤 했다. 또한 환자들은 입원치료를 받고 입원기간을 늘리기 위해 자신의 증상을 다소 과장하여 표현하는 경향이 있었고, 회복에 대한 표현에는 인색하였다. 많은 경우, 더 부정적으로 자신의 증상을 표현하는 경향이 있었다.

구소련에서 의사는 국가 정권을 유지하기 위해 기능하는 인력으로 활용되었다. 구소련의 공산주의 정권은 농업과 산업의 생산력을 강조하였는데,

가능한 모든 수단을 동원해 인민들에게 생산성 높은 노동의 필요성을 주지시켰다. 의사 역시 그러한 수단 중의 하나로 활용되어 환자를 위한 공급자가 아닌 국가(혹은 사회)의 대리인으로 존재했다. 공산주의 사회에서 노동을 하지 않는 인민은 병자이자 장애인으로 분류되었는데, 의사는 노동이 가능하지 않은 사람들을 선별하는 역할을 수행하였다. 구소련의 의사들은 구소련 사회의 지배가치를 암묵적으로 지지했고, 이들은 공산주의 국가의 이익을 위해 봉사하는 계층이었다.

사스(T. Szasz)는 구소련의 의학과 미국의 사회복지가 '사회적 돌봄과 통제 체계'라는 측면에서 서로 닮았다고 지적했다. 둘 다 막강한 통제권을 돌봄 대상자들(환자들)에게 행사하는 동시에 개인과 사회의 특정한 욕구를 충족시켜 주기도 한다. 따라서 이 두 체계는 사회의 불만세력과 반대집단을 통제하고 규칙을 따르게 하는 데서 유용한 수단이라고 말했다.

구소련의 의료체계를 정신분석학적으로 다룬 글에서는 국가와 정부, 의사와 환자의 관계를 한 가정에 비유해서 설명한다. 고전적이고 전제적인 가부장적 가정에서 아버지는 자식들을 무자비하고 가혹하게 다루는 난폭한 독재자인 반면, 어머니는 그 사이에서 아이들을 부드럽게 보살피는 부드럽고 상냥한, 그 모든 것을 감내하는 여성상으로 그려진다. 노동과 희생을 강요하는 구소련이라는 국가는 아버지와 같고 구소련의 의사와 의료체계는 중재자인 어머니이며 구소련의 인민들은 자식과 같다. 중요한 것은 이러한 중재자의 목적이 억압적 상황에서 발생하는 긴장상태의 관리, 즉 체제를 유지하기 위해 필요한 항상성(homeostasis)을 유지하는 데 있다는 것이다. 이러한 상황에서 환자가 의사에게 신뢰를 느끼긴 쉽지 않다. 무상의료를 제공하는 국가의 체계에 대해서는 우호적이면서도 정작 치료를 수행하는 의사는 과실로 인해 고소를 당하는 경우가 종종 있었다(Szasz 1960).

북한의 의료체계는 구소련의 의료체계와 매우 유사하여 구소련 주민의 질병행태를 북한주민에게서 일면 찾아볼 수 있을 것이다. 그러나 의료서비스의 세부 제도와 의료환경의 차이들도 존재하므로 두 문화 간 차이점들도 많이 존재함을 인지해야 한다.

## 2) 사회주의 붕괴 이후에 러시아와 동유럽 국가들의 변화

동구권 사회주의 국가들이 1990년대에 겪은 급격한 사회변화를 설명하는 방법으로 사회주의 체제전환(transition) 이론이 있다. 사회주의 체제전환이란 권위주의적 독재체제의 중앙계획경제로부터 자유민주주의 및 시장경제 체제로의 이행을 의미한다. 사회주의 체제전환 과정에서 동구권 국가들이 겪은 공통된 문제는 다음 두 가지 부분에서 두드러지게 나타났다. 첫 번째는 급격한 인플레이션, 높아진 실업률과 같은 경제적 문제점이 나타났다. 두 번째는 사회주의 체제하에서 제공되던 포괄적 사회서비스의 축소와 민영화 과정을 겪으면서 사회적 약자를 보호하던 안전망이 붕괴한 것이다.

모든 사회주의 국가들은 공급 부족과 초과수요로 인한 인플레이션을 정부가 억제하고 있었다. 인플레이션 억제를 위한 정부의 가격 통제는 불가피하였다. 그러나 1980년대 말 헝가리와 폴란드에서 부분적인 가격자유화 조치로 국가에 의한 가격통제가 해제되면서 인플레이션이 통제되지 못하게 되었다(이기동 1997). 실업률의 증가 역시 같은 시기에 국가적 문제로 대두되었다. 국영 기업들이 매각되고 민영화되는 과정에서 발생하는 실업과 민영화된 기업들의 부실 운영으로 인한 실업이 동시에 함께 증가하였다(배화숙 2005). 비공식 경제의 확장으로 인한 불완전 고용도 문제가 되었으며, 정규직에게도 임금의 불안정이나 저임금이 문제로 지적되었다.

## 3) 탈사회주의 국가들의 질병관과 질병행태의 변화

### (1) 생활양식과 건강행태

사회주의 국가에서는 특성상 정부가 국민의 건강을 전적으로 책임졌으며, 개인이 자신의 건강을 관리할 때에도 국가 의존도가 높았다. 따라서 사회주의 국가 국민들은 자신의 건강에 대한 책임감이 낮아지게 되었고, 결국 수동적이고 소극적으로 자신의 건강을 관리하는 건강행태(health behavior)를 가지게 되었다(Cockerham 1999). 사회주의의 붕괴 이후, 구소련 국가들의 개별 건강행태를 연구한 결과들을 보면, 국민들의 건강 증진에 대한 이해도는 상당히 낮았으며, 과거의 건강하지 못한 생활양식(lifestyle)은 시장경제로 전환되면서 지속되거나 오히려 더 심해지는 양상을 보였다(Cockerham 1999).

러시아에서 1994년 남성의 기대수명은 57.6세, 2003년에는 58.8세로 보고되었는데 1965년 러시아 남성의 기대수명이었던 64세에 비하면, 38년 이후인 2003년은 오히려 기대수명이 5.2세나 감소한 상황이었다. 러시아 여성의 경우에는 1965년의 72.1세에 비해 2003년에는 72세로 비슷한 수준을 보였다(Cockerham et al. 2006a).

이러한 건강상태의 악화는 급격한 경제적, 환경적 변화에 따른 과도하고 지속적인 대규모 스트레스와 이 결과 증가한 위험한 건강행태와 생활습관들에서 기인하였다고 분석되고 있다. 사회주의 붕괴 이후 우울증, 고독감은 전 국가적으로 심각한 문제로 부각되었다(Steptoe, Wardle 2001). 이는 정부에서 제공해 주는 모든 사회보장서비스가 중단되고 실업이 증가한 점을 원인으로 꼽을 수 있다. 고독감과 외로움은 알코올 소비를 더 촉진시켜 저소득층에서 알코올 소비가 더 뚜렷이 나타났다(Puska et al. 2003). 아르메니아, 키르기스스탄, 러시아 등 구소련 체제하에 있었던 국가는 여전히 알코올 소비량이 높은 국가로 꼽히고 있다. 러시아와 동유럽 국가들의 탈사회주의 시기에 식료품 지출은 전반적으로 증가하였고, 상대적으로 술의 가격은 낮아지면서 음주가 쉬워졌다. 음주율이 높은 인구군은 흡연이나 건강에 해로운 식습관을 함께 지닐 확률이 높다. 알코올 소비는 자살과도 직결되는 문제로, 러시아의 경우 알코올 소비가 보건의료분야에서 해결되어야 하는 과제로 지적되고 있다(Razvodovsky 2011).

알코올 중독은 남성에게서 더 뚜렷이 나타났지만, 이는 여성의 스트레스

와도 연계되어 있었다. 사회주의 체제 붕괴 이후, 고용 또한 침체되면서 노동시장에서 주로 역할을 하던 남성들은 가사를 돌보던 여성에게 경제적으로 의존하는 경우가 생겼다. 가사와 양육 외에 경제생활까지 이중의 부담을 가지게 된 여성들은 과중한 사회적, 가정적 책임과 업무로 인해 육체적, 정신적 스트레스를 함께 겪었으며 여성들의 스트레스 또한 사회적 문제로 대두되었다(Cockerham et al. 2006b).

동유럽 국가의 흡연율은 OECD 평균보다 23.6%가 높다(정정욱・김태영 2010). 1990년 중년기의 러시아 여성에서 흡연 관련 사망 위험은 2%로 미국 여성의 6%보다 낮았던 데 비해, 중년기 러시아 남성의 흡연 관련 사망 위험은 22%로 미국 남성의 12%에 비해 두 배 가까이 높은 것으로 조사되었다(Cockerham 2000). 북한 역시 흡연율은 아시아 최고 수준으로, 세계보건기구에 따르면 2006년에서 2009년 사이 북한의 흡연 비율이 53% 증가한 것으로 나타났다. 이는 북한 사회에서 흡연이 심각한 보건의료 문제로 부각될 가능성이 큼을 의미한다.

동유럽 사람들이 서유럽 사람들에 비해 기대수명이 낮은 원인으로 운동 부족, 알코올 소비, 섬유질 섭취 부족이 중요하게 작용하고 있지만, 이와 함께 건강에 대한 국민의 일반적인 지식도 기대수명이 낮은 원인 중의 하나로 파악되고 있다(Cockerham 1997). 연구결과에 따르면, 동유럽 국가의 국민 대상으로 분석한 결과, 심혈관질환 관련 위험 요인(흡연, 운동, 지방 및 엽분 섭취)에 대한 지식수준과 인지도가 낮았고, 건강에 대한 지식의 부족뿐만 아니라 실질적인 식생활에서도 동유럽과 서유럽 간 큰 차이를 보였다. 특히 동유럽과 러시아의 남성들은 흡연, 음주 외에 동물성 지방을 과도하게 섭취하면서도 적은 양의 채소와 과일을 섭취하는 건강하지 못한 식생활을 하고 있는 것으로 나타났다(Cockerham 2000). 이러한 식습관 문제는 과거 식량 부족으로 인해 형성된 건강하지 못한 식습관 문화가 지속되면서 나타난 결과로 해석되고 있다.

동유럽에서 물가의 상승으로 식생활에 변화가 왔듯이 북한 역시 향후 식생활의 변화, 그리고 이에 따른 신체적 건강의 변화가 있을 수 있다. 이러한 갑작스런 변화는 신체적 건강에 상당한 영향을 미칠 수 있으며, 변화된 식생활은 비만, 당뇨 등 새로운 형태의 질병을 야기할 수 있다. 현재 북한의 사망 원인의 1위가 심혈관계 질환임을 감안할 때, 동구권 사회의 취약한 건강행태와 북한에서 가능한 건강행태에 대한 비교 연구와 대책 마련이 필요하다.

### (2) 건강에 대한 인식과 질병관

구소련 체제 붕괴 이후 경제적 어려움을 겪은 국민들은 서구로 이주했다. 이 중 미국으로 이주한 구소련 주민의 수도 상당했는데, 이들은 미국에서 보건의료서비스를 보장받는 데 있어 어려움을 보였다. 미국에 거주하는 우크라이나 여성 주민을 대상으로 연구한 결과, 미국인과 결혼을 한 경우 통역서비스 등 일정 혜택을 받을 수 있어 서비스 혜택을 받는 경우도 있었지만, 특히 미혼 여성의 경우 의료서비스 혜택을 받는 방법에 대한 정보가 부족한 편이었다. 그러나 의료서비스를 제대로 받을 수 없는 가장 큰 이유는 의사소통이나 언어문제가 아니라 경제적 문제였다(Benisovich, King 2003).

탈사회주의 국가에서 건강은 근본적으로 개인이 책임져야 하는 영역으로 강조되면서, 건강이 비단 정부의 책임뿐만 아니라 개인의 책임으로도 간주되어야 한다는 인식이 확산되었다(Abbott et al. 2006). 개인이 건강을 책임지기 위해서 사회경제적 역량과 의사결정을 위한 지식이 함께 필요하다. 그러나 이러한 경제적 역량과 지식을 갖추지 못한 상태에서 예상치 못한 국가적 지원 감소와 개인 책임의 증가는 국가에 대한 불신과 사회적 불만만을 증가시켰다.

사회주의 붕괴 이후 실업상태에 놓인 사람들은 생계를 잇기 위해 상당수가 서구로 이주하거나 비공식 부문에서 근로를 시작했다. 하지만 자신의 노력에 상응하는 보수나 대우를 받지 못한다고 생각하는 노동자가 증가하였고, 이러한 인구군에서 자가 건강수준(self rated health)이 더욱 낮게 측정되었다(Salavecz et al. 2010). 체제 붕괴 전에는 어느 정도 자신이 수행하는 노동에 대해 균등한 대우를 받았으나, 체제 붕괴 이후 서구 국가로 이주하거나 정착하면서 서구 국가 국민들과의 상대적 차별감과 차등 대우로 인해 많은 정신적 스트레스를 받게 된다. 많은 이주민이 시장경제에 적응하는 데 실패하면서 심각한 우울증 증세를 보였으며, 러시아와 동유럽 국가에서는 빈부격차의 심화로 상대적 박탈감을 경험하는 계층이 증가하였다. 노동시장에서 겪는 차별을 포함한 여러 부정적인 스트레스는 정신 건강뿐만 아니라 알코올, 흡연, 영양 부족 등을 통해 신체적 건강에도 악영향을 미치게 되었다. 북한 역시 체제 붕괴 또는 통일 이후 실업이 대규모로 양산되었을 경우, 각 가정이 겪는 스트레스가 알코올 의존으로 이어질 가능성이 크며, 취직한다고 하더라도 직장에서의 차별 경험은 정신 건강에 상당한 악영향을 미칠 것으로 예상된다.

### (3) 의사-환자 관계

구소련에서 국가의 정권을 원활히 하기 위한 기능을 수행하던 의사들에 대한 환자들의 불신은 고착화되어 현재까지도 지속되고 있다. 2012년 발표된 국가건강복지조사(National Health and Wellness Survey, NHWS)의 조사에 따르면, 러시아 환자들은 의사를 거의 방문하지 않거나, 불편할 때 전문적인 진료를 받아야 한다는 믿음이 별로 없다고 보고되었다. 국가건강복지조사는 지난 6개월간 도시에 거주하는 러시아인들을 설문조사한 결과 39%만이 주치의를 방문해 그들의 건강문제를 상담했다고 밝혔는데, 이 수치는 EU 5개국(65%)과 미국(50%)에 비해 낮은 수치임을 알 수 있다. 게다가 단지 30%의 러시아인만이 불편함을 느낄 때 전문적 진료를 받아야만 한다고 느꼈다.

구소련 치하에서, 많은 환자가 의사들의 수련이 적절하지 않았었다고 느꼈고 조사에 따르면 단지 러시아인 4명 중 1명만이 의사에 대해 신뢰를 갖고 건강 혹은 질병상담을 위해 주치의를 찾을 의향이 있음을 밝혔다. 그렇다고 대다수 러시아인이 건강 자체에 관심이 없는 것도 아니다. 러시아인 3명 중 1명이 질병이 생겨 주치의를 찾기 전 미리 병을 예방하는 길이 질병을 다루는 데 최선의 방법으로 생각하고 있었다. 또한 39%의 러시아인은 약을 복용하거나 치료를 시행하기에 앞서 의사보다도 친구나 가족과 의견을 나누는 것으로 조사되었다. 현재 러시아인들과 그들의 의사와의 관계를 봤을 때 의사를 불신하는 전통적인 인식을 바꾸는 일은 어려울 것이라고 조사를 수행한 헬스(K. Health)의 이셔우드(G. Isherwood)가 밝혔다. 비록 정부가 의사들의 역할을 제자리로 돌려놓기 위해 노력하고 있지만 환자가 의사에 대한 신뢰를 회복하기까지는 시간이 걸릴 것으로 판단되고 있다.

## 4. 빈곤 국가 국민의 질병관과 질병행태

고난의 행군 이후 경제적 궁핍이나 보건 재정 부족은 북한주민의 질병관과 질병행태에 직, 간접적인 영향을 주었을 것이라고 추정할 수 있다. 북한주민의 질병관과 질병행태는 다른 빈곤 국가들과 전혀 다른 점도 있을 수 있으나, 다른 빈곤 국가들과 유사점도 많을 것으로 예측할 수 있다. 본 장에서는 북한처럼 경제적으로 빈곤한 개발도상국과 후진국에서 나타나는 주민들의 질병관과 질병행태를 살펴보려고 한다. 이를 통해서 북한의 경제적 결핍이 주민들의 질병관과 질병행태 형성에 어떤 영향을 주었는지 추정하려 한다.

빈곤 국가 국민은 급성 질병(acute illness), 만성 질병(chronic illness), 행동 병리(behavioral pathology)의 삼중고에 시달린다. 그중 행동 병리는 문화적 측면이 강하며 정신의학적 문제나 질병행태를 포함한다. 실제로 빈곤 국가 국민은 건강에 도움이 되지 않는 질병행태를 보이는 경우가 흔하며, 이러한 질병행태 때문에 정부 보건정책이나 재정 투자의 효과가 떨어지기도 한다.

### 1) 전통적 치료와 현대 생의학적 치료의 양립

의료 다원주의(medical pluralism)란, 하나의 사회에서 한 개 이상의 의료체계를 가지는 것으로, 보통 서양의 의료체계와 기존의 보완·대체의학의 결합을 일컫는다(Leslie 1978). 현대 의학은 대체로 생의학적 모델에 따른다. 생물학적 원인에 따라 질병이 발생하며 이러한 생물학적 원인을 제거하는 것이 치료라고 보는 것이다. 빈곤 국가나 의료 낙후 지역에서는 기존의 전통의학(traditional medicine)과 서양에서 유입된 생의학(biomedicine)이 병립하는 의료 다원주의적 상황에 놓여 있다.

빈곤 국가 국민들은 질병에 걸렸을 때 전통적 치료와 현대 생의학적 치료 중 선택할 수 있다. 뛰어난 효과가 이미 입증된 현대 생의학적 치료를 장려하는 정부가 많다. 따라서 주민들도 현대 생의학이 전통의학보다 우월하다고 생각할 것 같지만, 실제 주민들의 생각은 그렇지만은 않다. 현대 생의학적 치료는 다양한 선택 중 하나가 될 뿐이지, 전통의학에 대해 반드시 우선순위로 작용하는 것은 아니다.

많은 빈곤 국가 국민이 생의학적 치료보다는 전통적 치료를 선호한다. 자신이 전통적 치료를 선택하는 것을 감추는 경우도 많아, 실제 연구 결과보다도 전통적 치료자를 선택하는 비율은 더 높을 것으로 추정된다. 아르헨티나의 경우 공인되지 않은 의료 치료자를 찾는 것이 금지되어 있고, 처벌받을 수 있어 솔직하게 말하지 않는다(Kroeger 1982a; Kroeger et al. 1982). 푸에르토리코 사람에게 이베리아 남자(Iberian)가 물어보면 아무도 비공식적 진료 서비스를 받지 않았다고 했으나, 같은 민족의 여자가 물어보면 80%가 비공식적 진료 서비스를 받았다고 답변하였다(Garrison 1977).

전통적 치료와 현대 생의학적 치료의 선택이나 의료 다원주의는 사실 빈곤 국가 외에서도 벌어지는 일이다. 국내, 특히 과거 국내 실정에서도 예외가 아니다. 1977년 국내 조사에서는 26.3%의 국민이 아플 때 주로 전통 의료를 이용한다고 답변하였다(Kim, Sich 1977). 다만 국내의 경우 전통적 치료자로 볼 수 있는 한의사가 대학교육까지 마쳐 공인된 능력을 가지고 있는 반면, 많은 빈곤 국가의 전통적 치료자들은 이러한 공인 절차 없이 지역사회의 인정만으로 치료행위를 할 수 있다.

빈곤 국가 전통 치료자들의 자격이나 능력이 의심스럽지만, 오히려 그들이 생의학적 치료를 하는 것에 대한 제한은 잘 이루어지지 않는다. 빈곤 국가의 경우 전통의료 치료자들 역시 현대 생의학적 치료를 병행해서 사용하기도 한다. 생의학적 치료를 위한 처방약은 등록된 의료인 외에는 사용을 금지하는 경우가 많은데 빈곤 국가에서는 자격 없는 전통적 치료자들이 함부로 사용하기도 한다. 인도에서는 90%의 전통 치료자가 서구의 의약품을 사용한다고 보고되었으며(Bhatia et al. 1975), 스리랑카에서는 전통 치료자의 50%가 마약류(narcotic), 항생제, 스테로이드와 같은 위험성이 있는 약물도 사용한다고 보고되었다(Wolffers 1988). 특히 젊은 치료자일수록 환자가 많고, 바쁜 치료자일수록, 치료비가 비싼 치료자일수록, 교육을 많이 받은 치료자일수록 전통의료 치료자들이 생의학적 치료를 병행하는 경우가 많다(Bhatia et al. 1975).

빈곤 국가 국민이 어떤 치료를 받을지 결심하는 데는 다양한 요인이 작용한다. 질병행태 모델에 따라 치료 선택에는 선행 인자(predisposing factors)로 개인의 나이, 연령, 결혼 여부, 교육수준, 종교, 직업, 가족 크기, 생의학적 치료에 대한 신뢰감, 전통적 치료에 대한 신뢰도가 중요하며, 가능 인자(enabling factors)로 수입, 거리, 접근성이 중요하고 필요 인자(need)로 의학적 문제의 심각도나 유병 기간, 유형 역시 중요하지만, 의료 다원주의가 만연한 곳에서는 가정요법과 기존 치료에 대한 만족도 그리고 전통 치료자의 조언 역시 중요하다(Subedi 1989). 최근에는 생의학적 치료가 실패한 경우 다른 대안으로 전통적 치료법을 찾기도 한다(Young 2004). 간혹 전통적 치료와 생의학적 치료 두 가지를 한꺼번에 같이 받거나, 교대로 연달아서 받기도 한다.

전통적 치료를 선택하는 이유는 경제적, 지리적, 사회적 접근성이 가장 중요한 요인이다. 현대 생의학적 치료보다 치료비용이 적게 들어간다면 가난한 국민들은 전통적 치료방식을 선호할 수 있다. 멕시코나 방글라데시에서는 전통의학을 많이 찾는 제일 중요한 이유를 접근성으로 보기도 했다. 경제적 상황이나 이동수단의 한계로 접근성이 상대적으로 좋지 못한 생의학적 치료를 찾기 어렵다는 것이다(Young 1981; Rahaman et al. 1982). 거리도 중요하여 방글라데시 진료소를 찾아오는 95%의 환자가 1마일 내에서 찾아오는 사람들이었다(Rahaman et al. 1982). 접근성은 편리함의 문제도 있으나 교통이 불편한 빈곤 지역의 사람들에게는 경제적인 요인도 결합되어 있다. 현대 생의학적 치료에 비해 전통적 치료가 물리적 거리뿐만 아니라 사회적 거리(social distance)가 가까워 이용하는 경우도 많다(Kroeger, Franken 1981).

스스로 생각하는 치료 효과도 전통적 치료를 선택하는 데서 중요하다. 전통적 치료가 현대 생의학적 치료에 비해 더 치료가 잘 될 것이라는 믿음, 더 건강에 도움이 될 것이라는 믿음, 더 부작용이 적을 것이라는 믿음 등이 있는 경우 전통적 치료를 선택하게 된다. 에티오피아(Kloos et al. 1987)나 동아시아(Locke 1980), 싱가포르(Ho et al. 1984) 연구에서 주민들은 오히려 전통의학이 생물의학보다 훨씬 효과적이라고 생각했다.

치료 효과에 대한 인식은 사회문화적 영향을 크게 받는다. 특히 질병에 대한 해석, 가치관, 교육수준 등이 영향을 줄 수 있다. 아프리카의 가나에서는 질병의 원인을 자연적인 원인으로 보았을 때는 53%가 생의학적 치료기관을 찾고 전통적 치료자를 찾는 경우는 3%에 불과하다. 그러나 질병의 원인이 초자연적이라고 생각하는 경우 오직 15%만이 생의학적 치료기관을 찾고 31%의 주민이 전통적 치료자를 먼저 찾는다. 그런데 가나에서는 현대의학에서 기질적 원인이나 감염 때문에 생긴다고 밝혀진 결핵과 간질, 폐렴 등의 질환들도 초자연적인 이유로 생긴다고 판단하는 경우가 있기 때문에 적절한 치료가 이루어지지 않기도 한다. 전통적 여성과 현대적 여성의 질병행태를 비교한 연구(McClain 1977)에서 전통적 여성의 반이 현대 생의학적 의료를 찾는 반면 현대적 여성은 거의 대부분 현대 생의학적 의료만 찾는다고 보고되었다. 나이지리아 연구(Caldwell 1979)에 따르면 여성이 교육을 받을수록 생의학적 치료가 더 효과적이라고 생각하며 더 많이 찾는다고 밝혔다. 다른 변인을 통제한 이후에도 모성 교육이 영아 사망과 치료자 선택에 가장 큰 영향을 주는 인자로 보았다. 전통 사회에서 질병이나 건강에 관해서는 집안의 나이 많은 여성의 의견이 중요한 경우가 많으므로 여성 교육 정도가 질병행태 결정에 중요할 수도 있다. 교육받은 여성일수록 남편, 직장, 위생, 주택, 경제력 등의 다양한 부분에서 유리하며, 이것이 질병행태에 영향을 주었을 수도 있다. 그러나 빈곤 국가 여성이 교육을 받았다고 해도 6년 이내의 기본 교육이 대부분이므로 보건이나 의료에 대한 학습을 통한 것은 아닌 것으로 보는 시각도 있다.

### 2) 공공의료기관과 사설의료기관의 양립

빈곤 국가 국민은 공공의료기관과 사설의료기관 중에서도 선택을 해야 하는 경우가 있다. 많은 후진국이나 개발도상국 국민들은 공공 진료를 잘 이용하지 않는다. 반대로 사적 의료 영역이 빈곤 국가에 만연하고 있다. 빈곤 국가에서는 심지어 공공 의료나 보건에서 중요한 산후조리, 예방접종, 가족계획, 결핵 치료, 말라리아 치료, 성병 치료영역에서도 공공의료기관보다 사설의료기관을 더 많이 찾기도 한다.

그러나 빈곤 국가의 사설의료기관 치료자들이 충분한 교육과 훈련을 받았는지, 환자에 대한 책임감이 있는지, 질 좋은 진료 서비스를 제공하는지는 의심스러운 경우가 많다. 많은 비공식적 진료소는 건강보조원, 실험실 기사, 일반인들에 의해 운용되기도 한다. 치료자의 자질 부족 때문에 여러 가지 건강 문제가 야기되기도 한다. 사설 진료소는 비위생적인 환경에 놓여 있기도 하고, 의료기구 역시 낡고 거친 경우가 많다. 이런 열악한 상황에서 포경수술(circumcision), 음핵절제(clitoridectomy), 발치, 소작(cauterization), 편도절제(uvulectomy) 등이 이루어지기도 한다.

빈곤 국가 국민들이 공공의료기관을 찾지 않고 사설의료기관을 방문하는 이유 역시 다양하다. 가장 큰 문제는 경제적인 문제이다. 1987년 세계은행 정책(World Bank Policy)에 따라 공공의료를 이용할 때도 돈을 내게 한다는 원칙이 정립되었다. 즉 유상의료가 도입된 것이다. 이는 의료서비스의 중요성을 인식하게 하고 의료서비스의 지나친 남용을 막는다는 논리에 따른 것이다. 그러나 빈곤 국가에서는 이를 감당하기 어려운 주민이 많다는 주장도 있다(Young 2004). 의료서비스의 비공식적인 비용도 만만치 않다. 치료 비용이 공식적으로는 무료이지만 적절한 치료를 받기 위해서는 공공의료기관의 의료진에게 뇌물이나 뒷돈(under-the-table money)을 주어야 하는 경우도 있다. 방글라데시 다카에서 무료로 알려진 모성 서비스의 숨겨진 비공식 비용(hidden unofficial)이 가계 월소득의 50~100%에 달하는 가정이 다섯 가정 중 하나다(Whitehead 2001). 또한 정말로 의료비가 무료라고 하더라도 이동이나 임금 손실과 같은 실제 경제적 손실은 피할 수 없다.

많은 나라에서 극빈층에게는 의료비 감면 혜택을 주려고 한다. 그런데 빈곤 국가에서는 이러한 제도도 정착이 쉽지 않다. 가장 큰 문제는 거의 모든 국민이 가난하여 의료비 부담을 느끼는 나라에서 더욱더 가난한 사람을 찾아내야 한다는 것이다. 일부 국민을 선별해서 지원하는 제도 자체가 빈곤 국가에 적절치 않을 수 있다. 더 가난한 사람을 찾아내더라도 의료비를 할인해 주거나 감면해 줄 국가의 재정도 턱없이 부족한 경우가 많다. 재정의 어려움으로 인해 사회보장제도의 붕괴가 일어난 곳도 많다. 그나마 있는 재정도 전쟁이나 정치, 경제 발전 등의 다른 분야에 밀려 보건의료의 우선순위가 낮은 나라도 많다. 외국의 원조에 의존하는 나라도 있으나, 원조는 주로 의약품 위주로 제공되며 보건의료 재정에 도움이 되는 경우는 많지 않다. 결국 보건의료 시스템에 쓸 재정이 부족한 빈곤 국가의 의료는 사적 기관에 더욱 의존하게 된다.

개인이 의료 비용을 지불하는 경우, 이를 지불할 수 있는 능력이 보건 서비스 이용에 결정적이다. 개인의 수입은 의료서비스 이용과 역 상관관계를 보인다(Young 2004). 의료비는 미리 예측할 수 있는 비용이 아니라서 언제 얼마의 비용이 들지 예측해서 미리 준비하는 것은 가난한 주민들에게 매우 어렵다. 카리브 해 연안에서는 14~20%의 주민이 치료비나 교통비가 없어 치료를 받지 않는다(Young 2004). 키르기스 공화국에서는 병원으로 보내진 환자 중 절반 이상이 입원비를 감당할 수 없어 입원하지 못한다(Young 2004). 의료기관을 가게 되더라도 위급한 상황이나 응급상황이 되기 전까지는 경제적인 이유로 치료를 미루는 경우가 많다. 가난할수록 의료기관을 이용하기 어려워지는 것이다. 의료비용의 지불방식 역시 중요하다. 의료비용을 국가가 부담하는 경우 의료기관 이용은 늘어나고, 개인이 지불할 경우 의료기관 이용은 빈곤 국가일수록 급격히 줄어든다. 보험 지불인 경우 개인이 지불할 비용의 크기나 비율에 따라 의료기관 이용률이 달라진다.

빈곤 국가 국민들이 공공의료기관을 찾는 이유에는 의약품도 중요하다. 치료 의약품의 다양성과 신뢰도가 공공의료기관을 찾는 중요한 이유를 차지한다. 에티오피아에서는 국민의 27.3%가 공공의료기관 외에서는 원하는 약을 구할 수 없다고 보고되었다. 빈곤 국가 국민들은 외국에서 들어온 유명한 상표의 약품을 비롯하여 다양하고 광범위한 처방 약품은 공공의료기관에서만 보유하고 있을 것이라는 기대를 가지기도 한다. 공식적인 의료기관에서 처방하는 약품이 우월한 효과를 가질 것이라는 주관적인 신뢰감 때문에 공공의료기관을 방문하기도 한다. 전기 등 기반 시설이 부족하고 기후 조건이 열악한 환경에서는 공공의료기관의 약품이 빨리 소비되고 바뀌기 때문에 약품이 상하지 않고 신선하리라는 믿음을 보이는 경우도 있었다. 국가 재정으로 유지되는 공공의료기관의 약품이 사설의료기관이나 약품 판매상의 약품에 비해 약품 가격이 저렴한 경우도 많다. 그러나 만약 약을 진료기관에서 받을 수 없고 시장이나 다른 곳에서 별도로 구입해야 한다면 공공의료기관 방문은 줄어든다. 과테말라에서는 약품과 장비가 없어서 의료기관에 가지 않는다고 주민들이 보고한다(Christakis et al. 1994).

지리적 접근성도 공공의료기관을 방문하는 데 중요하다. 교통이 불편하거나 운송 수단이 잘 발달되어 있지 않은 빈곤 국가에서는 지리적 접근성이 높을수록 공공의료기관을 선택할 확률이 늘어난다. 에티오피아의 경우 킬로미터당 25%씩 공공의료기관을 찾는 비율이 감소한다고 보고되었다(Stock 1983). 그 외에도 사설의료기관을 찾는 이유로는 더 나은 치료 효과에 대한 주관적 기대, 의료기관을 이용할 수 있는 시간이 길거나 융통성이 있다는 점, 쉽게 약을 구하거나 치료자를 만날 수 있다는 점, 더 나은 치료자의 태도, 치료자의 강한 자신감 등을 들 수 있다(Shaikh et al. 2005).

빈곤 국가 공공의료기관의 낙후성 역시 사설의료기관을 선택하는 데 영향을 줄 수 있다. 빈곤 국가의 공공의료기관은 여러 면에서 부족하다. 병원 검사실에서 시행할 수 있는 검사가 거의 없거나 매우 열악하며, 의학 지식이 부족한 치료자가 치료하기도 한다(Justice 1986). 빈곤 국가에서는 공공의료기관 의료진이 책임감 없고, 취약계층 사람들에게 불손하다는 주장도 있다. 빈곤이 극심한 나라에서는 1차 진료소의 의료인이 업무 중 사라지거나 출근을 하지 않는 경우도 있다. 이는 의료진이 다른 사적 의료서비스를 통해 이윤을 추구하고 있기 때문으로 해석된다. 경험 있는 의료인이 이윤을 위해 빠져나간 자리에서 학생이나 초보 간호사가 충분한 훈련 없이 진료하기도 한다. 2분 이내의 간단한 진료가 이루어지는 빈곤 국가가 많다. 치료 역시 부족하거나 부적절한 경우가 많고, 환자에게 정확하고 상세한 건강 정보를 주지 못하는 경우도 많다. 잠재적으로 위험한 약을 치료받는 동안 계속 투여하기도 하며, 또 이런 약의 효과나 부작용 추적 조사가 이루어지지 않기도 한다. 병원이나 의료진의 실수로 인한 건강 악화에 대해 적절한 감시 관리가 이루어지지 않는 경우도 많다. 많은 빈곤 국가에서 병원성 감염이나 전염에 대한 대책 역시 철저하게 이루어지지 않는다. 실제 에콰도르에서는 병원에 있으면 건강이 악화되고, 집에 가야 건강해진다는 인식이 있다.

### 3) 약물 관련 행태와 가치관

빈곤 국가나 의료 낙후 지역에서는 의사나 간호사 등의 의료진이 매우 부족하기 때문에, 의약품이 서구 생의학적 의료의 유일한 접촉점이 되는 경우도 많다. 시장경제가 잘 정착된 나라의 경우에는 전체 의료비용에서 약품 비중은 15%에 불과한데, 빈곤 국가에서는 약품의 비중이 30~50%에 달한다(Whitehead 2001). 많은 빈곤 국가 국민이 진단과 치료과정에서 약품을 가장 중시한다.

빈곤 국가 국민은 질병이나 증상을 느낄 때 약품 판매상들에게 찾아가 약을 구하는 경우가 흔하다. 엘살바도르에서는 가난한 가족의 55%, 부유한 가족의 23%가 주된 보건의료서비스를 상업적 약품 판매상에게 받는다(Ferguson 1988). 즉, 사적인 약품 판매상이 가난한 주민들의 건강을 담당하는 것이다. 중국이나 인도 같은 경우 구석구석 이러한 약품 소매상이 존재한다. 특히 공공의료의 유상화는 사설 약품 판매상이나 사립 약국의 폭발적 증가를 초래하였다.

스스로 진단하고 약품 판매상에게 원하는 약을 구입하여 치료하는 자기치료의 형태를 보이는 경우도 흔하나, 간혹 전문적 지식이 풍부하지 않은 약품 판매상이 환자의 증상을 판단하고 치료약물을 제공하는 치료자의 역할을 하는 경우도 있다. 많은 빈곤 국가 국민은 자기가 사는 지역의 약품 판매상에게 마치 의사에게 물어보듯이 질병과 건강을 상의한다. 주민들이 자신이나 가족의 신체적 문제와 증상을 설명한 후 약품 판매상이 질병을 진단하고 치료 약품을 처방해 주기를 기대한다. 판매상들은 자신을 찾아온 고객들에게 진단을 붙이고, 약품을 추천하고 판다. 결국 그 지역의 약품 판매상은 의학적 조언을 하는 의사의 역할을 행하고, 지역의 통합적인 보건의료서비스 제공자가 되는 것이다.

빈곤 국가에서 약품 판매상이 되기 위해서는 약품에 대한 교육과 전문성을 갖추는 것이 아니라, 약품을 비공식적으로 구할 수 있는 위치에 있는 것이 중요한 경우가 많다. 의사들이 약을 빼내어 파는 경우도 있지만, 진료소에서 일하는 간호사, 직원, 운전기사들도 따로 약을 빼내어 모두 사적 진료소(private clinic)를 가지고 서양 약을 팔면서 생계를 유지한다. 의약품을 쉽게 갖추면 곧 약품 판매상이 되고 이들이 진료를 하며, 지역의 보건의료 전문가가 되는 것이다. 빈곤 국가에서는 사용되는 의약품 성분 자체보다는 비전문가에 의한 혹은 스스로에 의한 의약품 사용이 건강에 더 큰 위협이 된다.

약 복용에 대한 적절한 지시는 투약을 위해 반드시 필요하다. 그러나 약품 판매상들의 자격이 충분하지 못하므로 복용에 대해 적절한 지시가 이루어지지 못하는 경우가 많다. 게다가 진료나 상담에 대해 가격이 책정되어 있는 것이 아니라 판매하는 약품에 따라 가격이 책정되므로, 약을 많이 팔면 많이 팔수록 약품 판매상에게 이윤이 남는 구조다. 따라서 공격적인 판매가 이루어지고 처방 규정을 종종 어기게 된다. 빈곤 국가의 약품 판매상이 파는 약들은 선진국에서는 전문의약품인 경우가 많다. 선진국들은 슈퍼마켓이나 상점에서 파는 일반의약품(over-the-counter drug)도 통제 가능하지만, 빈곤 국가들은 반대로 위험한 전문의약품 사용도 통제가 쉽지 않다. 빈곤 국가의 가난한 주민들에게 전문적 의료서비스 접근은 제한되어 있고, 판매상에 의한 약품 판매는 공격적으로 이루어지고 있는데, 정부는 이러한 시장을 조절하지 못하는 경우가 흔하다. 이런 특성 때문에 해롭고 부적절한 처방이 생겨나고, 궁극적으로는 오히려 가난한 주민들의 의료비용이 더 들어, 경제적 곤란은 더욱 심해진다.

약품을 과다 처방할수록 약품 판매상들이 경제적 보상을 받는 체계에서는 약물 오남용의 가능성이 농후하다. 일반 주민이 돈만 있으면 처방약을 너무 쉽게 구할 수 있는 것도 오남용을 부추긴다. 예전에 구입하거나 병원에서 얻은 약을 모아 두거나 아무렇게나 보관하고, 이후 무분별한 복용으로 죽음에 이르기도 한다. 브라질과 필리핀에서는 항생제를 가루로 만들어 피부에 바르기도 하고, 심지어 어린아이에게 금기 약물인 테트라시클린

(tetracycline) 같은 항생제를 예방 목적으로 아기에게 한 순갈씩 먹이기도 한다(Ferguson 1988). 인도의 경우 의약품 처방의 19%가 비합리적이며, 47%가 불필요한 처방이라는 보고가 있다(Whitehead 2001). 즉 총 70%의 인도 의약품은 불필요하게 처방되고 있다. 심지어 11%의 처방은 위험한 처방이다. 필요 없는 주사도 24%에 달할 정도로 주사의 무분별한 남용이 이루어진다. 베트남의 경우 67%의 환자가 의사나 전문가와 상의 없이 한 달간 약을 복용한 경험이 있다. 보통 기생충약, 설사약, 제산제, 진통제가 많이 처방되며, 결국 약물의 내성도를 올린다. 경구 항생제, 겐타마이신(항생제) 주사, 스테로이드 등 오남용 시 위험한 약물도 자주 처방되고 사용된다. 반면 증상이 호전된 후 결핵약을 중단하여 결핵 치료가 불충분해지고 다제 내성균이 발생하기도 하며, 임신 중 금기약물 처방도 통제하기 어렵다.

의약품 오남용은 주사제 선호 현상으로도 나타난다. 빈곤 국가 국민은 주사도 몸을 건강하게 만들어 주는 것이라고 생각해서 맹목적으로 선호하는 경향이 있다. 자기처방이나 비전문가에 의한 처방의 경우 강하고 빠른 효과를 찾게 되는 경우가 많다. 빈곤 국가 국민은 치료를 위해 기다리는 것을 기피하고 빠른 효과를 원한다. 주사는 원래 강력하다는 생각이 강하며, 심한 병에는 반드시 주사 맞기를 원하는 경우가 많다. 주사는 무자격 치료자들이 주민들에게 치료의 효과성을 과시하기 위한 수단으로 사용되기도 한다. 주민들 스스로 주사제제의 빠르고 강력한 효과를 경험하거나 목격한 경우가 많아 먼저 주사를 요구하기도 한다. 주사 사용에 대한 통제도 잘 이루어지지 않는다.

빈곤 국가 국민들이 공공의료기관에 갈 수 있음에도 불구하고 약품 판매상을 찾아가는 이유는 경제성과 편리성이 가장 크다. 월급 받은 직후 약품을 사는 주민들이 많은 것으로 보아 평소 경제적 이유로 필요한 약을 구입하지 못하고 있다가 돈이 모이고 나서야 약을 사는 것으로 파악된다. 의약품을 충분히 사는 경우에는 공공의료기관의 가격이 저렴할 수 있지만, 가난한 주민들은 당장 가지고 있는 돈으로 충분한 양의 약을 구입할 수 없다. 따라서 고객의 요구에 따라 판매 약품의 양을 조절해 주는 분할 처방(낱개 처방)이 가능한 약품 판매상을 찾기도 한다(Kloos et al. 1986). 그 외에도 약품 판매상들은 가격을 할인하거나 공짜 견본을 나누어 주어 빈곤 국가 국민을 찾아오게 하고 있다. 빈곤 국가에서 의사의 처방전 없이 약품 판매상이 전문 의약품을 처방하는 것은 드문 일이 아니다(Kloos et al. 1986). 이는 주민들의 편리성 측면에서는 매우 좋겠지만, 약품 판매상이 정확한 의학이나 약품 지식이 없는 경우 결국 주민들의 심각한 건강 위해 요소가 된다. 교통이 불편한 빈곤 국가에서는 의료기관까지의 거리와 약품 판매상까지의 거리 역시 중요하다(Young 2004). 특히 경제 침체 시기에는 교통비용과 시간적 손실에 의한 이차적 손실로 인해 의료기관까지의 거리에 더 심하게 영향을 받는다.

그러나 의료기관과 약품 판매상의 위치만이 의료기관 이용을 방해하는 것은 아니다. 의료기관 이용을 막는 것은 가기 어렵기 때문만이 아니라 거기서 만족할 만한 서비스를 받을 것이라는 기대가 거의 없기 때문이다(Annis 1981). 공공기관의 의사 처방보다 약품 판매상의 처방이 우월하다고 느끼는 경우도 있다. 그 외에도 오래된 단골로서의 친숙함과 친밀감, 우정, 종족적 유대감 등 많은 정서적 요소가 약품 판매상과 그를 이용하는 주민들 사이의 거래를 활성화시킨다. 약품 판매상의 서비스가 빠르고, 돈만 주면 약품을 원하는 만큼 충분히 주기 때문에 편리하다고 주민들이 느끼기도 한다. 과테말라의 무자격 약품 판매상은 주민들이 쉽게 접근할 수 있고, 서로 얼굴을 알고 친하며, 돈이 없을 때 외상을 할 수 있다는 이유로 선호된다고 한다(Cominsky, Scrimshaw 1980). 약품 과다 사용을 막기 위해 정부에서 대안 없이 비공식적 약품 구입을 통제하는 것은 지역 주민들의 반발을 오히려 더 키울 가능성이 높다. 비공식적 약품의 남용을 막으려면 비공식적 의료기관이나 약품 판매상을 대체할 수 있는 수준 높은 의료진과 의료서비스가 제공되는 상황이어야 한다. 그러나 많은 빈곤 국가에서 이는 현실적으로 어려운 경우가 많다.

### 4) 자기치료의 만연

자기치료는 스스로가 증상과 상태를 평가하여 스스로 치료를 시도하는 것이다. 자기치료는 처음 증상이 생겼을 때부터 시작되기도 하며, 다른 치료를 받는 도중 시작되기도 한다. 대부분의 빈곤 국가에서는 자기처방이 치료의 가장 흔한 방식이다. 대부분 전문 의료기관이 아닌 시장의 약품 판매상에게 약을 구입한다. 약품 판매상은 주민들이 자기처방을 위해서 원하는 약을 미리 갖추어 놓고 있는 경우가 많다. <표 2-2>에서 보듯이 매우 많은 빈곤 국가 국민이 자기치료를 우선적인 치료로 행하고 있다.

자기치료를 무조건 나쁘게 보기는 어렵다. 자기치료는 불필요한 병원 방문을 줄이고 비용을 절감하는 효과가 있다. 산업화된 국가에서도 건강 부담의 50~60%는 가정, 개인, 지역사회에서 자기관리(self-care), 자기책임(self-responsibility), 자기대처(self coping)로 해결해야 한다. 건강은 스스로 관리해야 하는 부분이 많아서 적절한 자기처방이라면 심각한 문제는 아니다. 그러나 다음 조건들이 이루어져야 자기치료가 효율적이라고 볼 수 있

**표 2-2** 빈곤 국가 국민의 자기치료

| 국가 | 문헌 | 비율 |
|---|---|---|
| 인도 | Rao et al. (1973) | 57.8% |
| 온두라스 | Teller (1973) | 64.5% |
| 콜롬비아 | Selwyn (1978) | 59.7% |
| 케냐 | Schulpen et al. (1980) | 44.8% |
| 에티오피아 | Buschkens, Slikkerveer (1980) | 36.6% |
| | Buschkens, Slikkerveer (1982) | 37.0% |
| 가나 | Belcher et al. (1976) | 54.6% |
| | Fosu (1981) | 46.6% |
| 에콰도르 | Pedersen, Coloma (1983) | 61.5% |
| | Kroeger (1982b) | 50.1% |

다. 우선 자기 관리와 전문가에 의한 관리의 경계를 설정할 기준이 확립되어야 하고, 둘째로 약품 과다 복용 시 생길 수 있는 문제를 고려하고, 셋째로 약간의 지식이 오히려 위험으로 작용할 때의 윤리적 문제를 고려해야 한다. 그러나 이런 조건들이 빈곤 국가의 자기치료에 적용되는 경우는 드물다.

자기치료는 잘못하면 전문적 치료를 늦추기도 하며, 반드시 지속해야 하는 치료를 중단하게 하기도 한다(Justice 1981). 자기치료는 진단보다는 증상에 따라 이루어지는 경우가 많다. 빈곤 국가에서는 증상이 생기면 일단 약초나 음식(먹어야 할 음식과 피해야 할 음식)으로 조절하고, 증상이 지속되면 약품을 스스로 사서 먹거나 전통 치료자를 찾아가며, 그래도 증상이 지속되면 현대 생의학적 치료기관을 찾는 경우가 흔하다. 그러나 증상이 가라앉으면 다시 자기치료로 돌아오기도 한다.

사회 발전과 더불어 빈곤 국가에서도 서구 생의학적 의약품 보급이 늘어났다. 그런데 이에 따라 자기처방은 오히려 증가하고 있다. 마치 공산물처럼 서구의 생의학적 의약품은 똑같은 제형, 똑같은 성분, 똑같은 성질을 가지고 있다는 전제가 있으므로, 처방하는 사람이 누구이든지 어디서 약을 받든지 중요하지 않다는 주민들의 생각이 강한 편이다. 빈곤 국가에서는 서구 생의학적 약물에 대해서 적절한 처방 기준, 상세한 병력 조사를 통한 진단, 치료를 하는 이유에 대한 교육, 순응도 상승 교육, 예방 교육 등의 필요성을 주민들이 잘 느끼지 못하고, 정부에서도 잘 교육하지 못하는 경우가 많다. 특히 빈곤 국가의 약품 판매상은 제대로 통제되거나 관리되고 있지 않고 진단보다는 증상에 따라 의약품을 판매하고 있기 때문에 자기치료에 의한 오진과 잘못된 처방, 약품의 오남용이 심각하다.

빈곤 국가에서의 자기처방은 심지어 의료 전문가를 쉽게 만날 수 있는 환경에서도 자주 이루어지고 있다. 자기처방 역시 편리함과 경제적인 이유에 의해 발생한다. 에티오피아에서는 약을 구하기 수월한 도시의 인구당 자기처방이 농촌에 비해 2~4배에 달한다(Yayehyirad 1984). 스리랑카의 경우 오히려 글을 읽을 수 있는 사람들이 자기처방을 할 확률이 훨씬 높다(Abosede

1984). 이는 시장에서 쉽게 약을 구할 수 있고, 약의 설명서를 읽을 수 있는 사람들의 자기처방이 늘어날 수 있음을 의미한다.

### 5) 결론

빈곤 국가에서는 전통적 치료와 현대 생의학적 치료가 양립하는 경우가 많다. 북한에서 역시 전통적 치료와 민간요법이 경제난으로 인해 활성화되었을 가능성이 높다. 더욱이 생의학적 치료를 권유하는 다른 빈곤 국가 정부와는 달리 북한에서는 고려의학을 강조했으므로 보완 대체 의학을 선호하는 질병행태가 늘어나 있을 수 있다. 빈곤 국가에서 치료자를 선택하는 데는 거리, 경제성, 편리성, 문화 등이 작용할 수 있다. 경제적 요인이 큰 문제가 되지 않던 무상의료 시절과는 달리, 고난의 행군 이후 현재에는 경제적 요인이 치료자 선택에 가장 큰 영향을 주고 있을 가능성이 높다. 모든 공식적 의료기관이 공공의료기관인 북한에서 주민들이 공공의료기관을 방문하지 않는 것은 숨겨진 경제적 비용이 많이 들거나, 의약품 부족 등으로 치료 효과가 떨어지기 때문일 가능성이 높다. 다른 빈곤 국가에서처럼 불법적 약품 판매상이나 사설의료기관의 생성은 북한에서도 현재 일어날 가능성이 높으며, 무분별하거나 부적절한 의약품 사용이 자기처방이나 장마당의 약품상을 통해 이루어질 가능성이 상당히 높다.

## 5. 북한 발간 출판물로 본 북한주민의 질병관과 질병행태

북한 체제의 특성상 북한의 현실, 특히 북한 의료 현실에 대한 정보는 매우 빈약하다. 북한의 공식적 발표나 방북한 이들의 관찰, 북한이탈주민의 증언이나 보고는 모두 의미가 있지만 다양한 오류에 노출되기 쉽다. 본 문헌 고찰에서는 오히려 북한의 보건정책이나 통계자료 발표가 아닌 2010년과

2012년 『로동신문』의 글을 통해 나타난 북한의 의료행태를 간단하게 보려고 한다. 본 고찰의 목적은 『로동신문』에서 보건의료에 관해 일반 주민에게 주입하려고 하는 바와 『로동신문』의 글에서 간접적으로 드러나는 북한 의료의 현실을 파악하고, 궁극적으로는 북한주민의 질병관과 질병행태를 추정하려고 한다.

### 1) 문헌 조사 내용

서울대학교 통일평화연구원에 비치된 2010년, 2012년의 『로동신문』 중 북한 보건의료 현실과 관련된 기사를 무작위로 발췌하였다. 보건의료와 관련된 『로동신문』 기사의 숫자는 더 많으나, 기사의 비판적 분석을 위해 무작위로 19개 기사를 발췌하였다. 내용 중 미담 기사가 11개(58%)를 차지하였고, 신기술 개발에 대한 기사가 4개(22%), 병원 선전. 건강 상식, 당 정책, 약품 생산에 대한 기사가 1개씩이었다.

### 2) 『로동신문』 보건 관련 기사의 핵심 주장

북한 『로동신문』 보건의료 관련 기사 내용은 일화를 중심으로 이야기하는 경우가 많았다. 항상 로동당과 사회주의 보건의료를 찬양하고 있으며, 최고지도자의 교시에 대한 언급이 포함된 경우도 많았다. 보통의 『로동신문』 기사와 마찬가지로 모든 내용은 지나칠 정도로 긍정적으로 묘사되고 있었다. 특히 정성의학 정신을 발휘하는 미담을 통해 북한에서는 공식적으로 계속 보건의료인의 희생과 정성의학을 강조하고 있었다.

> 일반외과 의사, 간호원들도 자기들이 환자를 담당한 보건일군이라고 하면서 많은 피부를 서슴없이 떼냈다. 이 사실을 알게 된 병원 안의 종업원들 모두가 앞을 다투며 수술장으로 찾아왔다. … 피부를 먼저 떼달라고 간절히 요구한 해주의학대학

**표 2-3** 발췌된 『로동신문』 보건 관련 기사

| 번호 | 일시 | 기사제목 | 분류 |
|---|---|---|---|
| 1 | 2010년 07월 18일 | 지워지지 않는 생의 자욱 | 미담 |
| 2 | 2010년 07월 18일 | 여름철 건강관리방법 몇 가지 | 건강상식 |
| 3 | 2010년 07월 22일 | 지극한 정성 | 미담 |
| 4 | 2010년 07월 23일 | 약초 생산에 힘을 넣어 | 약품 생산 |
| 5 | 2010년 07월 23일 | 선군시대 보건일군의 자각을 안고 | 미담 |
| 6 | 2010년 12월 08일 | 우리라는 정다운 부름 속에 | 미담 |
| 7 | 2010년 12월 14일 | 수십 차례의 협의회에 비낀 뜨거운 인간애 | 미담 |
| 8 | 2010년 12월 14일 | 고려 약으로 난치의 병을 치료 | 신기술 개발 |
| 9 | 2010년 12월 14일 | 재능있는 실천가 | 신기술 개발 |
| 10 | 2010년 12월 21일 | 의료 봉사 활동을 활발히 | 미담 |
| 11 | 2010년 12월 24일 | 당의 구싱을 현실로 꽃피워 가는 일군 | 미담 |
| 12 | 2010년 12월 28일 | 소중히 안고 사는 마음 | 신기술 개발 |
| 13 | 2010년 12월 30일 | 오늘도 위훈에로 부르는 참모습 | 미담 |
| 14 | 2012년 11월 01일 | 전국 보건부문 일군회의 진행 | 당정책 |
| 15 | 2012년 11월 08일 | 평양산원 유선종양 연구소를 찾아서 | 병원 선전 |
| 16 | 2012년 11월 11일 | 호평받는 가정용 음악침 치료기 | 신기술 개발 |
| 17 | 2012년 11월 25일 | 삶의 기쁨을 안겨 준 뜨거운 인간애 | 미담 |
| 18 | 2012년 12월 05일 | 고마운 의료 일군들입니다 | 미담 |
| 19 | 2012년 12월 06일 | 뜨거운 인간애는 기적을 낳는다 | 미담 |

에서 나온 수많은 실습생 … 이것은 정녕 돈밖에 모르는 자본주의사회에서는 상상도 할 수 없는, 오직 위대한 장군님을 어버이로 모시고 하나의 대가정을 이룬 내 나라, 내 조국에서만 찾아볼 수 있는 감동적인 화폭이였다(『로동신문』, "선군시대 보건일군의 자각을 안고" 2010년 07월 23일).

그 외에는 새로운 기술 · 시설 · 약품 개발에 대한 기사가 많았다. 다양한 보건의료 관련 신기술 개발을 장려하고 있다. 약초 생산 등을 강조하여 자력갱생과 동의학을 강조하는 경향도 관찰되었다. 또한 전기나 자재를 적게 쓰고 자체적으로 의료 물품을 만드는 것을 장려하는 기사도 관찰되었다.

> 병원에서는 자체의 힘으로 많은 약초를 채취하여 수십 가지의 효능 높은 고려약을 만들어 주민들의 치료예방사업에 리용하고 있다(『로동신문』, "의료 봉사 활동을 활발히" 2010년 12월 21일).

> 그들은 전기를 적게 쓰면서도 자재가 훨씬 적게 드는 농축기제작에서 끝끝내 성공하였다(『로동신문』, "소중히 안고 사는 마음" 2010년 12월 28일).

### 3) 『로동신문』 보건 관련 기사의 내용에서 추정할 수 있는 현실

신약 개발이나 고려 약 개발에 대한 기사를 볼 때 부족한 의약품을 자력갱생으로 해결하려는 정부의 노력을 추정할 수 있다. 건강 상식을 소개하는 내용에서도 더위나 무좀에 대해 민간요법인 음식 등을 통해 스스로 관리하는 방법을 소개하고 있다. 한 기사에서는 새로운 약품을 스스로 생산하여 자기 환자에게 적용하는 기사가 미담으로 묘사되고 있다. 신약 개발과 도입은 국제적으로는 매우 까다로운 절차를 거쳐야 한다. 북한에서는 이러한 국제적 절차를 준수하기보다는 민간요법, 고려 약, 신약을 빨리 개발하여 의약품 부족을 해결하려고 노력함을 추정할 수 있다.

또한 다른 국가에서는 크게 선전할 만한 내용이 아닌 기술이나 설비를 내세우는 경우도 발견할 수 있었다. 도급 병원에서만 가능하다는 백내장 수술의 경우 남한에서는 큰 병원에서만 가능한 수술이 아니다. 전기와 난방이 입원실에 가능하다는 것을 크게 선전하기도 하였다. 입원 환자의 식량 부족을 위해 의료진이 노력하는 모습, 입원할 때 식량을 해결하기 위해 동료가 식량을 구해 와야 하는 모습이 묘사되고 있는데, 이는 입원 환자에게 적절한 식량을 공급하는 것이 만만한 문제가 아니라는 점을 간접적으로 시사하고 있다. 또한 입원 환자에게 보약을 주려고 하는 것으로 보아 보약이나 민간요법이 수술과 같은 현대 의료체계와 결합되어 있음을 짐작할 수 있다.

현대적인 의료설비들을 거뜬히 갖추고 뇌 및 척추수술에 백내장수술 그리고 고막성형술과 같은 도급인민병원 수준의 수술도 손색없이 진행하는 의료일군들의 높은 림상기술수준(『로동신문』, "당의 구상을 현실로 꽃피워 가는 일군" 2010년 12월 24일)

경애하는 김정은 원수님께서 배려하여 주신 액정TV가 있는 입원실들에는 한겨울에도 추위를 모르도록 전기난방화가 되어 있었다. 그리고 은은한 색깔의 창가림으로 하여 더욱 포근한 감을 주는 입원실들에는 아무 때나 더운물을 쓸 수 있는 세면장과 하계 샤와실까지 있었다. 강원도에서 왔다는 환자는 자기 같은 평범한 여성이 이런 궁전 같은 사랑의 집에서 치료를 받는다는 것이 꿈만 같아 … (『로동신문』, "평양산원 유선종양 연구소를 찾아서" 2012년 11월 08일)

입원환자들의 식사보장을 위한 부식물문제를 자체로 풀기 위해 손발이 닳도록 일하고 뛰여다녔다. 애쓴 보람이 있어 얼마 후에는 2층으로 된 축산기지에 돼지, 메추리, 닭, 토끼 등이 욱실거리게 되었다(『로동신문』, "당의 구상을 현실로 꽃피워 가는 일군" 2010년 12월 24일).

성실하고 말이 적은 그는 한 대원이 앓을 때에는 밤중에 깊은 산 속에 들어가 치료에 좋은 약초를 구해 왔고 소대의 막내 대원이 수술을 받았을 때에는 밤새 수십 리 길을 오가며 산꿀과 여러 가지 영양식품을 마련해 왔으며 또 한 대원이 군인민병원에 입원하였을 때에는 15일간이나 교대를 마친 다음 병원으로 달려가 간호를 도맡아 하군 하였다(『로동신문』, "오늘도 위훈에로 부르는 참모습" 2010년 12월 30일).

북한에서는 응급후송체계 역시 원활하게 가동되지 않는 것으로 보인다. 한 기사에서는 고열의 소아 환자를 이송할 방법을 찾지 못하는 내용을 볼 수 있다.

> 눈이 펑펑 내리는 이른 새벽 갑자기 고열이 나면서 앓는 손녀를 놓고 어쩔 바를 몰라 하고 있을 때 어떻게 알았는지 우리 인민보안원이 달려와 손녀를 업고 땀을 철철 흘리며 병원으로 달려가 소생시켜 주었다고 눈굽을 적시며 이야기하는 할머니(『로동신문』, "우리라는 정다운 부름 속에" 2010년 12월 08일)

### 4) 결론

『로동신문』 기사로 북한주민의 질병관과 질병행태를 파악하기는 쉽지 않았다. 그러나 기사 내용으로 보아 북한은 아직도 정성의학과 희생정신을 의료진에게 강요하고 있으며, 입원실 등 의료시설과 이송체계, 의약품, 입원 환자 식량 등은 부족할 것으로 추정된다. 부족한 의약품 해결을 위해서 고려약, 약초, 민간요법, 신약 개발 등을 계속 장려하고 있는 것으로 판단된다.

부족한 상황에서 희생이나 정성의학에 대한 지나친 요구는 오히려 의료진을 이중적으로 행동하게 할 수 있어 주의가 필요할 수 있다. 불충분한 치료 시설과 약물은 공공의료기관의 신뢰도를 떨어트릴 수도 있다. 또한 자력갱생의 지나친 강조는 근거가 불충분한 새로운 약품처방이나 자기처방을 불러일으킬 수 있다.

## 6. 기존 북한 보건의료 연구로 본 북한주민의 질병관과 질병행태

### 1) 북한 보건의료체계의 특징과 역사

북한 보건의료체계의 특징은 크게 세 가지의 제도로 구성된다. 무상치료제, 예방의학제도 그리고 의사담당구역제도이다. 이 세 가지 핵심 체제가 구축

된 역사와 각 특징이 형성되면서 변화되어 온 북한의 보건의료체계의 흐름을 기술하려 한다.

북한은 완전하고 전반적인 무상치료제를 전 지역에서 실시하는 것을 1960년에 선포하였다. 사회보험법을 근간으로 노동자와 사무원을 중심으로 제한적으로 시행되었던 무상치료제는 1946년 이후 점차적으로 적용대상과 적용범주를 확장하였고, 1960년에 '완전하고 전반적인' 무상치료제를 북한 전 지역에 제공하겠다는 법적 선포를 시행하였다(승창호 1986). 1960년 2월 27일 최고인민회의 제2기 제7차 회의에서 선포된 무상치료제의 적용 내용은 다음과 같다.

> '입원치료, 외래치료, 왕진치료, 진찰, 실험검사, 기능진단, 수술, 식사 등 환자치료를 위한 모든 봉사, 요양의료봉사는 무료이며, 요양소로 오가는 왕복 여비는 국가 또는 협동단체가 부담하고, 임신부의 해산방조, 교정기구, 보철, 건강검진, 예방접종 등 예방의료 봉사까지 무상'으로 노동자, 농민, 병사를 비롯한 모든 인민들이 성별, 나이, 거주, 직업, 노동의 양과 질, 수입에 관계없이 국가로부터 골고루 무상치료의 혜택을 받을 수 있도록 했다(조선중앙통신사 2001).

1947년부터 북한은 위생방역 사업을 중심으로 모든 의료기관에서 담당구역제를 실시하였고, 그 이후 '의사담당구역제'라는 용어가 사용되기 시작하였다. 1960년 전까지 위생교육에 한정되어 시행되던 담당구역제의 적용범위가 1960년 2월 최고인민회의 제2기 제7차 회의에서 '완전하고 전반적인 무상치료제'를 실시하기 위한 대책으로 다시 논의되면서 그 개념과 범주가 확장되었다(김진숙 2012). 1961년 9월 조선노동당 제4차 당 대회에서 의사담당구역제도의 개념이 구체화되었으며, 이는 의사가 직접 주민을 찾아가며 주민의 건강을 관리, 치료하고, 질병을 예방하는 것으로, 포괄적으로 환자의 건강을 책임지는 의무와 권한을 의사에게 부여하는 개념이다. "의사들이 일정한 주민구역을 담당하여 예방치료 사업을 하도록 규제한 가장 선진적인 의료봉사 제도로서 보건일군들이 인민들을 찾아다니며 당과 국가가 베푸는 의료혜택이 정확히 미치도록 하고 건강을 책임적으로 돌보게 하는 공산주의적 요소를 풍부히 가지고 있는 제도"로 공식적으로 소개하고 있다(어린이의약품지원본부 2012).

북한은 위생방역 사업을 중요시하면서 관련 보건정책들을 1940년대부터 확장시켜 갔으며 1966년 10월 20일 '사회주의 의학은 예방의학이다'의 교시 발표 이후 북한은 예방의학적 방침을 보건의료정책의 기본으로 채택하게 되었다(사회과학원・력사연구소 1982). 인민보건법 제3조에서는 "사회주의 의학에서의 기본은 예방이다. 국가는 인민보건사업에서 사회주의의학의 원리를 구현한 예방 의학제도를 공고히 발전시킨다."라고 규정하여 예방의학을 무상치료제와 더불어 인민보건의 기본원칙으로 재선언하고 있다.

> 무상의료와 예방의학제의 이념이 단계적으로 보건 전달 시스템에 적용되기 위해 의사담당구역제도가 활용되었다. 담당구역제도의 구체적인 방안으로 보건일군의 확충을 위한 보건의료인 양성사업 강화에 노력하였고 … (조선중앙통신사 1963).

> 이와 더불어 병원과 보건의료인의 질적 수준의 유지 및 향상을 위해 시설과 물품의 공급 증대와 현대화에 주력하였으며, 특히 모자보건 관련 보건사업인 임신부의 무상 해산방조와 소아과병원(또는 소아과병동)의 도・시・군 설치부터 집중하였다(승창호 1986).

이러한 역사 속에서 북한의 보건의료인에게 보건의료서비스 제공의 목표는 '담당지역 주민들에게 적은 의료비용 및 인력을 투입함으로 적정수준의 건강수준을 유지하는 포괄적, 보편적 의료서비스를 모두에게 제공한다'로 요약될 것이다. 따라서 적은 의료비용과 인력의 투입을 위해 질병의 이환율과 합병증 발생률을 낮추는 예방교육 및 관리를 중요한 보건행위로 인식한다.

북한에서는 의사의 진료행위를 감독하는 정기적인 평가 보고체계가 연 2회 존재하며, 이를 6.24 검열이라고 명명하고 있다. 이는 지역별 모든 진료소(1차 의료기관)와 병원(2, 3차 의료기관)의 임상진료와 행정업무를 감독하는 감독체제로 의사와 의사 간 상호 감독을 통하여 실적을 매기는 감시체계이다(박상민 2012). 위생방역 관련 보건업무의 경우, 정기적인 검열 외에도 수시도 진행되는 검열이 존재한다. 북한 보건의료체계의 안정기 시기에는 의료인의 행위와 진료의 결과, 그리고 위생방역 상태를 감독하는 검열체계가 철저히 기능하였으며, 이는 보건의료인의 책임의식과 의무감을 유도하는 데 큰 역할을 하였을 것으로 판단된다.

북한의 보건의료체계 속에서 지향되었던 의료인의 자세는 지역주민 모두가 적정수준의 건강수준을 유지하기 위해 담당지역 주민에게 차별 없이 보건의료서비스를 제공하는 것이며, 특히 보건의료서비스의 요구도가 높은 건강취약계층의 경우는 의사가 적극적인 방문 진료와 관리를 시행함으로써 집중적인 의료서비스를 제공하는 것이다. 이러한 의료인들을 접한 지역주민들에게 예측해 볼 수 있는 건강행태는 다음과 같다. 긍정적 측면으로는 의료인에 대한 신뢰도와 순응도가 높은 만큼 의사-환자가 긴밀하고, 환자는 의사의 조언과 지시에 순응적이며, 건강행태에 대한 의료인의 교육에 반응하여 환자는 올바른 건강행태를 실천하는 것이다. 반면 의료인이 책임지고 개개인의 건강을 예방에서 치료까지 관리하는 체계에서, 개인은 자신의 건강문제에 대해 과도하게 의료인에 의존적인 수동적인 건강행태를 보임으로 인해 의료인의 지시나 개입 없이는 개인 스스로 자신의 질병을 관리하기 위한 적극적인 행위를 하지 않는 측면이 있을 수 있다.

### 2) 북한의 의료 전달체계와 환자의 제한적 의료서비스 선택권

북한의 의료 전달체계는 <그림 2-2> 행정구역에 따라 1차에서 4차 의료기관까지 구분되어 있다. 북한주민은 자신의 거주구역 혹은 직장에 따라

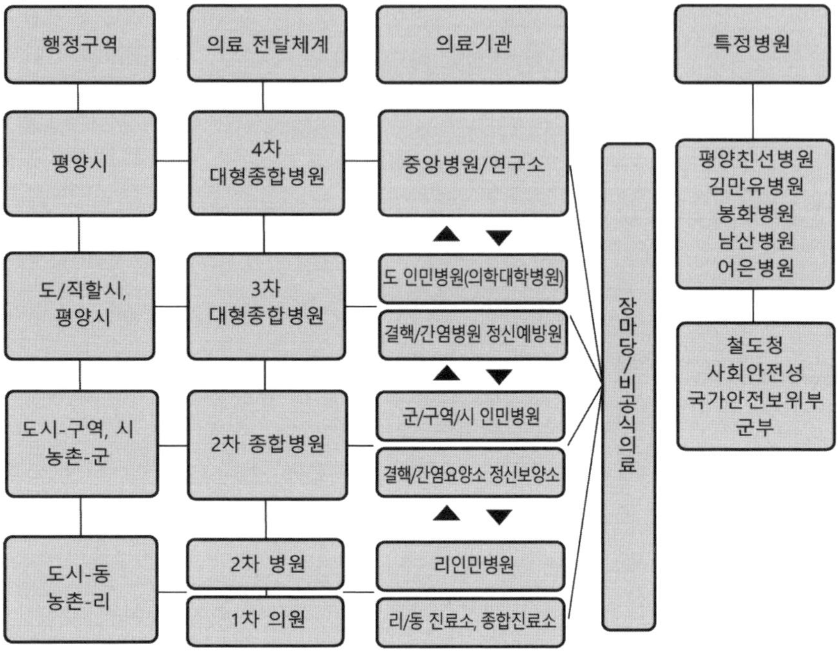


**그림 2-2** 북한 보건의료 전달체계(통일의학센터 2013)

호 담당의사에게 체계적으로 건강을 점검받으며, 자신의 담당구역에서 1차 진료기관(진료소, 종합진료소, 직장 진료소)을 가장 먼저 이용하도록 체계를 갖추고 있다.

1차 의료기관인 리 · 동 진료소 혹은 종합 진료소에서 1차적인 진료가 준의를 통해 이뤄지며, 2차 의료기관인 리 · 군 인민병원에서 종합적인 진료가 이뤄진다. 진료기관의 단계적인 전원절차에 의하면, 2차 진료에서 치료가 불가능할 시에는 각 도에 위치한 의학대학병원에서 3차 치료가 이뤄지는 것이 순서이며, 상급병원으로 가기 위해서는 의사의 '파송증'이 필요하다. 상급병원에서의 치료 이후 하급기관에서 지속적인 치료를 받을 수 있다. 4차 의료기관에는 조선적십자종합병원을 포함하여 각 진료 과목별(종양연구소, 내분비연구소, 피부병연구소, 산원)로 독립적인 전문 의료기관 및 연구소가 존재하며, 해당 의료기관은 모두 평양에 위치한다. 이

외에도 특정 직업을 대상으로 하는 중앙병원급에 해당하는 특정 병원이 있다. 이처럼 북한의 의료전달체계는 4단계로 세분되어 있어 의료기관마다 담당하는 의료행위가 구분되어 있다(어린이의약품지원본부 2008).

각 구역에서 파송되어 오는 환자들 중 수술이 필요한 환자들이 3차 의료기관으로 이송되며, 따라서 3차 의료기관에서는 입원 환자만 취급한다. 북한주민의 대다수는 시군 인민병원에서 치료를 받으며, 특수질환이나 수술이 필요한 환자가 아니면 일반 북한주민은 사실상 3차나 4차 의료기관에서 진료를 받을 수 있는 기회가 매우 제한적이다.

### 3) 북한의 의료 전달체계와 계층 · 직업에 따른 차별적 의료서비스

북한은 계층에 따라 별도의 특정 병원들을 운영하고 있다. 4차 대형종합병원들 중에 이러한 특정 계층만을 위한 병원들이 존재하며, 평양에 위치하는 정부 고위급 특정인들이 사용하는 평양친선병원, 김만유병원, 봉화병원(김일성 · 김정일 가계와 당 · 정 장관급 이상), 남산병원(차관급 이상, 일부 인민배우 · 북송교포), 어은병원(군 장령)이 이에 속한다(통일부 2012). 평양의 경우 시 · 군 단위의 일반병원 내에서도 사실상 간부와 일반 주민이 진료받는 과가 나뉘어져 있다고 한다. 다만 김만유병원에는 CT, MRI가 있어 CT나 MRI를 촬영해야 하는 환자 중 일부는 지위와 관련 없이 김만유병원에 파송되어 검사를 받기도 한다고 알려져 있다.

북한은 직업에 따라 내원 가능한 특정 병원들이 존재하는데, 사회안전성(남한의 경찰), 국가안전보위부(남한의 국가정보원), 철도성 및 군 산하 병원들이 이에 해당한다. 수집 가능한 관련 자료가 많지 않으나 평양시의 철도성 병원 사례를 통해 병원의 규모와 서비스 현황을 살펴보면, 근무 인원은 350여 명 중 의료인은 300명(37개 전문과 의사 200명, 고려의사 20명 포함)에 달하고, 500병상에 150대의 수입산 진단치료 장비, 700대의 의료기기와 산하에 170여 개의 치료예방 조직을 두고 있으며, 담당하는 환자의 80%는 평양 시민이다(어린이의약품지원본부 2008).

북한의 보건의료서비스는 계층과 직업에 따라 구조적으로 차별적 접근성을 지닌다. 북한의 보건의료는 제도를 통해 '완전하고 전반적인 무상치료제'를 표방하고 있으나, 보건의료서비스의 불평등한 접근성도 제도적으로 규정되어 있다. 북한 사회의 체제적 특징이 보건 분야에도 적용되고 있음을 보여 준다. 자신에게 주어진 계층과 직업에 따라 누릴 수 있는 사회보장 서비스와 혜택이 다르듯이 건강권에 대해서도 보장받을 수 있는 의료서비스의 범위와 수준이 제도적으로 규정되어 있다. 따라서 필수적인 보건의료서비스는 무상으로 지원된다 하더라도 일정 수준 이상의 의료서비스에 대한 일반 주민의 욕구는 비합법적인 절차와 경로에 의해서만 충족될 수 있는 부분으로 인식될 수 있다. 또한 자기 건강을 관리하고 질병을 치료하는 과정에서 환경적, 제도적 장애물이 있을 때, 쉽게 자신의 건강권을 포기하게 되는 성향도 생길 수 있다.

### 4) 의사담당구역제도와 의사의 불균등한 진료수준

의사담당구역제도를 북한 전 지역으로 확대시키는 과정에서 보건의료인력의 충원에 대한 수요가 급격히 증가하였다. 따라서 1963년 『조선중앙년감』의 의사담당구역제도 실시에 대한 전망계획으로 보건일군 양성사업의 강화가 가장 중요하게 언급되고 있다.

북한은 보건의료인력의 부족을 해결할 방법으로 속성으로 의학전문학교를 졸업하는 준의사나 보건간부학교를 졸업하는 준의 양성과정을 만들고, 또한 준의를 대상으로 병원에서 일을 하면서 통신교육과정을 밟아 주간 대학 의사의 자격을 얻도록 하는 다양한 보건의료인력 양성방법을 제도화하였다. 통일원의 『북한경제통계집』(1996년)에 따르면 1946년 북한의 인구 만 명당 의사 및 준의사 수가 1.1명에서 1963년 15.8명으로 증가했고 1970년

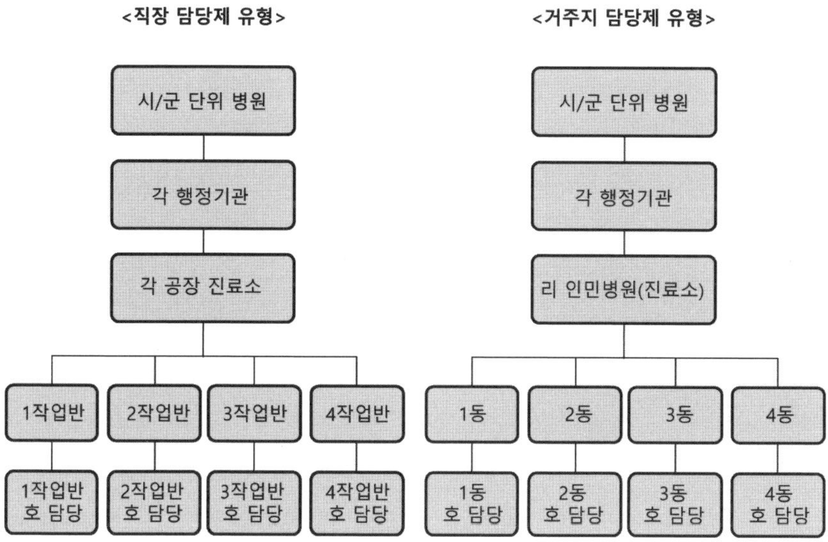


**그림 2-3** 의사담당구역제도 유형(통일의학센터 2013)

에는 33.0명까지 보건의료 인력이 증가하였다(통일원 1996).

이러한 과정을 거쳐 양성된 준의나 준의사는 호 담당의사의 역할을 맡음으로 최일선에서 주민들의 1차 의료서비스(위생선전, 위생개조, 소독, 예방접종, 검진, 문진, 면담, 치료)를 담당하게 된다. 호 담당의사들은 의사 1명당 보통 200~400명의 주민을 담당하며(많으면 수천 명까지도 담당하는 경우가 있음) 평균 134세대를 담당하고 있다(어린이의약품지원본부 2008).

호 담당구역의 운영원칙은 태아부터 출생까지는 산부인과 담당의사가, 출생 후 14세까지는 소아과 담당의사가, 성인이 되면 내과 담당의사가 일생동안 건강을 관리하는 것이 성인의 경우에는 거주지 생활 단위를 기본 단위로 하는 '거주지 담당제'와 생산활동 단위를 기본으로 하는 '직장 담당제'로 이원화되어 있으며 편의에 따라 이용할 수 있게 '이중등록제'를 운영하고 있다(승창호 1986; 국가안보전략연구소 2009).

호 담당의사는 북한 지역주민의 1차 의료서비스를 담당하는 최일선의 지역 주민 주치의로서 그 역할이 매우 중요함에도 불구하고 준의나 준의사의 인력 양성과정에서 표준화되지 못한 교육수준으로 인해 진료수준과 자질에 대한 문제가 반복적으로 지적되고 있다. 그러나 지역주민이 담당의사로부터의 진료수준에 불만을 갖는다 하여도 의사를 선택할 수 있는 권한이 없기 때문에 개인이 선호하는 다른 의사에게 진료를 받기 위해서는 이에 상응하는 소정의 진료비를 비공식적으로 지불해야 한다.

북한주민이 일차적으로 접하게 되는 보건의료인은 호 담당의사로서 준의 또는 준의사에 해당되며, 이들의 교육수준과 진료수준에는 개별적 편차가 있을 것으로 판단된다. 의사담당구역제도의 정착을 위해 북한은 의료 인력의 양적 확충에 주력하게 되었고, 이는 의료의 질적 수준을 보장하지 못한 양적 팽창으로 귀결되면서 낮은 교육수준과 의료 경험이 부족한 의사 수의 증가와 환자의 의사에 대한 불신을 야기할 수 있다고 판단된다. 환자가 의사의 실력을 판단할 때 가장 쉬운 판단 기준은 증상의 호전 정도일 것이며, 북한주민의 경우, 보다 신속하고 명확한 증상의 호전이 의사의 실력을 판단하는 기준으로 인식될 것으로 판단된다. 이는 주관적 증상의 변화로만 약물의 효과를 판단하는 성향을 가지게 하거나, 증상이 없는 만성질환에서 약물 순응도를 떨어트리는 등 부정적 영향을 끼칠 수 있다.

북한주민이 가까이에서 접하는 의사를 통해 형성된 의사-환자 관계에서 다수의 환자들이 신뢰가 아닌 불신을 가진다면, 의료정보를 수집하고 질병 행태를 실천하는 과정에서 의료인이 아닌 주변 지인들의 의견과 풍문에 의존하는 성향을 증대시킬 수 있다. 이는 잘못된 의학정보를 바탕으로 잘못된 치료행위 또는 치료약물을 사용하거나 과학적 근거가 없는 민간요법에 의존하는 경향을 증가시킬 수 있다.

### 5) 북한의 정성의학운동

북한 보건의료인의 직업적 자세는 '보건의료인 정성운동'으로 대표된다. 이는 북한의 의료윤리이기도 하면서, 북한 고유의 환자-의사 관계를 상징하는 바가 크다. '환자의 아픔을 자신의 아픔으로', '백번 물음에 백번 웃음으로 대답하자', '중환자는 나에게로'라는 구호들에서 의사나 의료인의 헌신성을 강조하고 있다. 이러한 정성의학은 고난의 행군 이전까지 의사-환자 관계에 많은 영향을 주었던 것으로 보인다.

해방 직후부터 북한 정부는 의료행위를 외세에 대한 주체적 독립, 그리고 자본주의에 대한 체제의 우월성을 나타내는 도구로 보았으며, 이를 위해 의료인에게 희생과 봉사 그리고 사상 교육을 강조하였다. 김일성은 1947년 5월 21일 북조선인민위원회에서 다음과 같이 밝혔다.

> 우리 의료일군들은 철저히 인민을 위하여 복무하는 일군이 되어야 합니다. 의료일군들이 인민들에게 친절하지 못하고 교만하게 행동하던 일제시기 통치계급의 의사와 같은 그러한 사람이 되어서는 안 됩니다. 만일 의료일군들이 과거 일제시기의 의사들처럼 돈만 알고 인민들의 병을 잘 치료하여 주지 않는다면 인민들은 땅을 주고 삶의 보람을 안겨 준 인민정권에 대하여 불만을 가지게 될 것입니다. 우리는 의사들 속에 자본주의사회나 남조선에서처럼 닭이나 잡아 주어야 주사를 놔 주는 그런 사람이 없도록 하여야 합니다.

이후 김일성은 1961년 6월 다음과 같은 연설을 통하여 정성운동을 대중운동으로 전개할 것을 제안하였다.

> 보건일군들에게 가장 중요한 것은 당과 인민에 대한 끝없는 충실성 그리고 인간에 대한 지극한 사랑과 환자에 대한 끝없는 지성입니다. 우리의 경험은 의사가 환자를 자기의 육친처럼 아끼고 사랑하며 치료사업에 끝없는 정성을 쏟아 부을 때 고치지 못할 병이란 없다는 것을 보여 주고 있습니다. 사회주의사회의 보건제도의 우월성은 당과 국가가 실시하는 인민적 보건시책과 함께 보건일군들이 인민에게 끝없이 충실하고 환자치료에 자기의 모든 지혜와 정성을 다 바쳐 자본주의사회에서는 고치지 못하는 병까지도 다 고쳐낸다는 그 점에 있습니다. … 경험에서 보여

주는 바와 같이 환자에 대한 의사나 간호원들의 육친적인 배려와 정성은 치료에서 중요한 작용을 놉니다. 의료일군들이 환자를 육친의 정으로 사랑할 때 치료에서 자기의 있는 지혜와 기술을 다 내게 되는 것은 두말할 것도 없고 이러한 성의 있는 태도가 환자의 정신상태에 주는 영향도 자못 큽니다. 의사나 간호원이 정성껏 치료하고 간호해 주면 환자들은 더 명랑해지고 유쾌해지며 병과의 투쟁도 더 잘하게 되고 치료 효과도 더 높아집니다.

정성의학은 구호나 운동으로도 선전이 이루어졌으며, 의료인의 태도나 자세에 대한 상벌의 강화 형태로 나타나기도 하였다. 북한 당국은 정성의학의 효과에 대해 다음과 같이 긍정적으로 평가하고 있다.

우리의 붉은 의료일군들은 인민의 생명을 위해서라면 피와 살도, 뼈와 목숨도 아끼지 않고 다 바쳐 끊어진 팔다리를 잇고 앉은뱅이를 일으켜 세우며 소경이 앞을 보고 벙어리가 노래를 부르게 하는 등 치료예방 사업에서 기적을 창조하고 있다(조선중앙통신사 1970).

병원에서는 환자의 피부이식수술을 앞두고 모임이 있었다. … 이튿날 수술장 앞에서는 눈물겨운 광경이 벌어졌다. 저마다 제 살점을 먼저 떼겠다고 앞자리를 양보하지 않는 보건일군들(『로동신문』, "생을 다시 준 정성, 청진시" 1999년 8월 3일).

정성의학운동은 북한 의사들의 의료윤리와 환자-의사 관계에 큰 영향을 주었으며, 의사들의 헌신성을 발휘하게 한 것으로 파악할 수 있다. 그러나 고난의 행군 이후 비공식적 요인으로 인해 실제 변화가 있다는 증언들이 있으므로 정성의학 정신이 어떤 부분에서 잘 유지되고 있으며, 어떤 부분에서 최근 북한에서 변화되고 있는지를 파악할 필요가 있다.

## 6) 1990년 중반, 경제난 이후 변화한 북한의 보건의료

### (1) 무상치료제의 퇴색

1990년대에 들어 북한은 사회주의권 몰락에 따른 경제적 지원과 무역의 감소로 인한 경제적 악화, 김일성 주석의 사망, 자연재해로 인한 북한의 경제적 위기가 지속되면서 무상치료제는 유명무실하게 되었다. 북한의 의료보장제도는 과도한 국가 책임에 의존하는 시스템이었으며, 국가가 분배능력을 상실한 시점부터는 시스템이 기능하는 데 치명적인 타격을 받을 수밖에 없었다.

> 북한의 보건의료제도의 기능이 무너지면서 병원 내에서는 의료물품 공급이 마비되었으며, 의료기계와 이를 가동할 전력 등의 인프라가 붕괴되었으며, 의료 기술 역시 점점 낙후되었다. 이로 인한 전반적인 보건의료 시스템 중단은 북한 내 영유아 사망률 및 모성 사망비 증가, 전염성질환 급증과 같은 보건지표의 급격한 변화를 야기하였다. 1998년에는 인민보건법을 보완한 의료법을 채택하여 무너진 북한 보건의료체제를 정비하려고 노력했지만 보건의료환경은 변화하지 못했다(통일의학센터 2013).

북한이탈주민 모두 북한의 무상치료제가 사실상 사라졌음을 인터뷰를 통해 증언하고 있다. 현재 북한의 병원은 진단 기능만이 있을 뿐이며, 치료에 필요한 약, 식사, 수술비용, 상급병원으로의 이동을 위한 교통 등 모든 질병 치료를 위한 비용은 개인이 스스로 부담해야 한다.

### (2) 국가의 책임에서 개인의 책임으로 전가된 건강권

통일부에서 발간한 『북한인권백서』(1998)에 따르면 경제난 악화로 의약품 생산과 수입이 차질을 빚으면서 북한에서 생산하는 약조차도 거의 대부분 병원이나 약국이 아닌 외화약국이나 외화상점으로 들어갔다. 의약품 부족

현상이 심해지면서, 좋은 의약품을 구입하려면 고비용을 지불해야 했고 비용 책정의 기준 또한 명확치 않아서 불만이 팽배해지기 시작했다고 전하고 있다. 현재 북한 병원에서 치료를 받기 위해서는 개인이 의료비용을 부담하며, 병원에서 근무하는 의료인 또한 자신의 생계유지를 위해 병원 근무 외에 부업을 얻어 생계활동을 한다고 한다.

현재 북한 병원의 기능은 환자에게 병의 진단만 해 주는 곳이며, 병원에서 또는 의료인에게서 권유받은 약품을 장마당에서 직접 환자가 사서 복용하거나 약을 가지고 가서 의사에게 치료를 받도록 변화되었다. 그러나 장마당에서 판매되는 약에 대한 품질규제가 전혀 되지 못하기 때문에 가짜 약도 시중에 판매될 수 있는 환경이며, 이에 대한 환자들의 불안이 수요가 되어 직접 의사들이 장마당이나 집에서 약을 판매하여 생계를 꾸리는 경우도 증가하였다. 그 외 퇴직 이후의 사회보장체제가 붕괴되면서 퇴직한 보건일군들이 생활을 꾸려 나가기 위해서 집에서 치료를 하고 진료비를 받는 비공식 의료도 종종 행해지고 있다고 증언한다.

북한 정부는 주민 생계에 대해 책임지지 못하고 있는 것과 마찬가지로 보건의료서비스 제공을 위한 기본적인 재원도 지원할 수 없는 상황이다. 의사나 환자 모두 자신의 생계를 유지하고 자신의 건강을 지키기 위해 노력해야 하는 것이 북한의 현실이다. 이는 자연스럽게 국민의 건강을 보호하는 책임을 국가의 책임에서 개인의 책임으로 전가하는 결과를 초래하였다. 이러한 상황 속에서는 질병과 건강에 대한 개인의 지식수준과 질병행태가 개인의 건강수준을 결정짓는 주요 요인이 될 것이다. 건강에 대한 우선순위가 낮은 때, 자신의 건강을 관리하려는 태도가 수동적일 때, 의사를 신뢰하지 못하고 잘못된 건강정보로 인해 건강행태가 영향을 받을 때 등 앞서 언급하였던 잘못된 환자의 건강행태의 폐해가 북한의 보건의료체계하에서 형성될 수 있는 의료환경이 조성되어 있다.

### (3) 의사, 환자 모두 건강을 우선시할 수 없는 의료환경

북한의 보건 시스템이 붕괴되면서 체계적인 건강관리를 받을 수 있는 의사담당구역제도 잘 기능하지 못하고 있는 실정이다. 의사들은 자신의 구역 환자들을 관리하지만, 의사들 또한 진료소나 병원에서 나오는 배급이나 급여가 생계를 꾸려 나가기에 충분하지 않기 때문에 근무시간을 줄이거나 근무시간에 자신의 생계활동을 위해 나가는 경우가 빈번해지고 있다. 고난의 행군 이후 의사담당구역제도의 주된 기능이 북한주민의 진단서 발급과 같은 필요에 의한 서류작업이 주이며, 호 담당의사는 병원진료 활동보다 약품이나 의술을 생계수단의 도구로 상업적인 활동을 해야만 하는 환경이라고 한다.

의사는 의술을 사용하여 환자로부터 경제적 이득을 취하는, 본인의 신념에 반하는 행위를 통해 생계를 유지할 수밖에 없는 환경 속에서 경제난 이전과 같은 신뢰가 형성되기는 어려울 것이다. 북한의 의사는 환자 스스로 자기 건강을 체계적이고 지속적으로 관리할 수 있는 여건을 만들어 주기 어렵다. 환자 또한 건강을 삶의 우선순위에 두기 어려운 환경이다. 건강이 후순위로 밀리게 되면 의료기관 방문 시기, 치료의 적극성, 치료의 지속성과 같은 다양한 건강행태도 모두 영향을 받는다. 건강 유지의 목적은 현재 사회적 기능을 유지하기 위한 것 이상을 넘기 어려울 것이며, 그러다 보면 치료를 통한 질환의 완치보다는 신체적 불편감과 통증의 완화를 중요시하는 경향이 생기게 된다.

## 7. 북한이탈주민 연구로 본 북한주민의 질병관과 질병행태

본 장에서는 북한이탈주민의 건강실태와 질병행태에 대한 기존 연구들을 살펴보면서 북한주민의 질병관과 질병행태를 추정해 보려고 한다. 북한이탈주민은 북한에서의 의료 경험을 가지고 있으며, 북한에서 질병관을 형성하였다. 물론 탈북이라는 특수 경험이 있으므로 북한주민을 대표한다고 보기는 어렵지만, 북한 사회에 전반적으로 퍼져 있는 질병관과 질병행태는 북한이탈주민에게서도 잘 나타날 가능성이 높다. 또한 북한에서의 경험을 가지고 남한 사회에 적응하고 있기 때문에 통일 이후 북한주민의 질병관과 질병행태의 변화를 추정하는 데도 적절한 근거가 될 수 있다.

### 1) 북한이탈주민의 건강실태

#### (1) 정신건강

북한에 거주하고 있는 주민들의 정신건강에 대한 자료는 신체건강에 대한 자료에 비해 드물다. 이에 남한으로 이주해 온 북한이탈주민의 정신건강을 분석한 연구결과들을 통해 북한주민의 정신건강에 대해 예측해 볼 수 있다. 북한이탈주민의 정신건강에 대한 기초적인 자료는 다음과 같다.

북한이탈주민은 탈북 이전이나 탈북과정에서 심각한 심리적 외상을 자주 겪는다. 북한이탈주민의 정신건강 악화에는 북한 내에서 겪은 스트레스도 간과할 수 없는 원인으로 지목된다. 북한에서의 외상 경험은 크게 식량난, 경제난 등으로 인한 고통(지인과의 이별, 생명의 위협 등)이 60% 이상이었으며 정치적인 이유로 인한 고문 혹은 처형을 경험하거나 목격한 경우도 45% 정도였다(김연희 외 2010). 특히 고문을 경험한 북한이탈주민은 큰 영향을 받게 된다. 김현경의 연구에 따르면 남성보다 여성의 외상 충격이 더 큰 것으로 나타났다. 이는 위기상황 대처능력의 차이도 있겠지만, 성폭력의 위험에 노출될 가능성이 크다는 요인도 무시할 수 없다. 1990년대 경제난 이후 국가의 모성보호 조치가 열악해지고, 생계를 위한 경제활동에 여성들이 내몰리게 되었다. 이 과정에서 여성의 경우 중국 체류 과정 등에서 착취와 폭력에 노출된 것으로 나타났다.

북한이탈주민의 정신장애 연구로는 외상후스트레스장애(posttraumatic stress disorder, 이하 PTSD)에 대한 연구가 가장 흔하다. PTSD는 생명을 위협하는 정도의 강한 심리적 외상을 겪은 후 불안과 회피, 과도한 각성 등의 증상을 보이는 정신과적 장애이다. 평가 시기, 대상, 진단 방식 등에 따라 차이가 있지만 북한이탈주민에서 PTSD가 흔한 것은 분명하다. 북한이탈주민의 PTSD는 남한 입국 후에도 지속된다. 남한 거주 북한이탈주민 553명 중 29.5%가 PTSD가 있었으며(전우택 외 2003). 다른 연구에서는 남한 거주 북한이탈주민 133명 중 18.2%가 PTSD 진단을 받았다(국경없는 의사회 2006) 장기 추적연구에서는 PTSD는 남한 정착 이후 점차 감소하는 추세를 보인다. 남한 거주 평균 1년이 지난 북한이탈주민을 조사하였을 때 남성 117명 중 28명(23.9%), 여성 83명 중 31명(37.4%)가 PTSD 진단을 받았으나(홍창형 2005) 3년 후 다시 평가하였을 때는 PTSD 유병률은 4.0%로 감소하였다(홍창형 외 2006). PTSD가 감소하는 것은 남한에서 유사한 외상을 더 이상 겪지 않으면서 증상이 호전되는 것으로 보인다. 그러나 북한에 실제 거주하고 있는 현재 북한주민의 많은 수가 심리적 외상을 주는 환경에서 벗어나고 있지 못하므로 보고되지 않은 PTSD는 매우 높을 것으로 예상할 수 있다.

우울증도 북한이탈주민에게서 흔하다. 하나원 입소 중인 북한이탈주민 연구에서는 29%가 임상적 우울증군에 해당하였다(한인영 2001). 역학연구센터 우울 척도(Center for Epidemiologic Studies-Depression, CES-D) 25점 이상으로 임상적 우울증을 진단하였을 때, 남한 거주 1년 이상 북한이탈주민 367명 중 30.5%의 남성과 34.7%의 여성이 우울증이 있었다(Jeon et al. 2005) 북한이탈주민 134명 대상의 다른 연구에서 같은 기준을 적용하였을 때 51.5%가 우울증이 있었으며, 북한이탈주민의 우울 수준은 남한의 저소득층보다 훨씬 높았다(엄태완 · 이기영 2004). 대부분의 우울 증상은 신체적인 증상과 관련이 깊었다(김석주 외 2011)

PTSD와 우울증 이외에도 알코올 남용이나 의존 역시 북한이탈주민에게서 흔하다. 북한이탈주민 남성의 55%와 여성의 27%가 알코올 의존 증상이 있다고 하며(전우택 외 2003) 다른 연구에서는 남한 거주 북한이탈주민 중 남성 39.6%, 여성 15.6%가 알코올 의존이 의심된다고 하였다(Jeon et al.

2005).

북한에서 공식적인 결과를 알 수는 없으나 북한 사회의 특성상 PTSD, 우울증, 알코올 의존이 심각할 가능성이 있다. 또한 북한에서는 신체질환에 치중해서 정신 장애에 대한 중요성을 인식하지 못하고 치료를 받지 못해 문제가 더욱 심각할 가능성도 있다.

### (2) 신체건강: 만성질환과 구강질환

지역사회 거주 북한이탈주민의 건강관리를 위한 포괄적인 접근이 가능하려면, 주관적 건강인지, 유병상태, 생활습관, 사회적 지지 등 전반적 건강문제의 사정이 우선 이루어져야 한다. 만성질환은 잘못된 생활습관(식습관, 운동습관, 휴양, 흡연, 음주 등)으로 인해 발병하는 질환이다. 전 세계적으로 사망 원인의 절반 이상이 만성질환이다. 만성질환은 한 번 발병하면 치유가 어려워 개인, 가정, 사회, 국가 모두에게 큰 경제적, 인적 손실을 가져온다. 고혈압, 당뇨병, 비만, 고지혈증, 동맥경화증, 협심증, 심근경색증, 뇌졸중, 만성폐쇄성 폐질환, 알코올성 간질환, 퇴행성 관절염 등이 만성질환에 해당한다.

김미영(2012)이 북한이탈주민 200명 대상으로 분석한 연구결과, 주관적 건강상태가 나쁜 응답자의 경우 만성질환을 앓고 있는 경우가 더 많았다. 연령이 높을수록, 흡연량이 많을수록(한 갑 이상) 만성질환 유병상태가 높았다. 이요한(2011)이 남한에 거주하는 30세 이상 북한이탈주민 440명을 대상으로 건강상태를 조사한 연구에서는 북한이탈주민의 전반적 건강상태는 좋지 않았다. 하지만 생활습관 질환인 고혈압, 당뇨, 고지혈증, 비만, 대사증후군은 통계적으로 큰 차이가 없었다. 윤인진과 김숙희(2005)는 남한에 6개월 이상 거주한 북한이탈주민 313명의 건강실태를 조사하였는데 이 연구결과 중 관절염, 소화성궤양, 심장병, 신경쇠약, 간염, 간경화증, 결핵, 충치 중 하나 이상을 치료받았거나 치료를 받는 중에 있는 이들은 전체 대상자 중 64.8%였으며, 치료하지 않았다고 응답한 경우는 35.2%였다. 치료를 받지 않은 이유는 증세가 경미하거나, 비용이 부족하거나, 정보가 부족하거나, 시간이 부족해서였다. 김경철(2005)이 실시한, 남한에 정착한 북한이탈주민 151명을 연구한 결과에 의하면, 남한주민과 비교해서 북한이탈주민의 주관적 건강상태는 더 나빴으며, 이주 기간이 오래될수록 주관적 건강상태는 더 나빴다.

북한이탈주민의 만성질환에 대한 선행연구를 정리하면, 우선 북한이탈주민의 주관적인 건강 평가는 남한주민과 비교해서 전반적으로 낮고, 주관적 건강상태가 나쁜 이들에게 만성질환이 흔했다. 연령이 높고 담배를 많이 필수록 주관적 건강상태가 좋지 못했다. 또한 남한에서의 거주기간이 긴 응답자일수록 주관적 건강상태가 좋지 않았다. 그러나 생활습관질환의 유병상태에선 남한주민과 북한이탈주민 사이에 통계적 차이가 없었다. 다만 증상 없이 건강검진 등에서 진단되는 생활습관질환이 많으므로 주관적 보고에 의한 평가는 주의가 필요하다.

북한이탈주민의 지역사회 치주지수를 볼 때 48.6%가 치주병 치료가 필요했다. 남한주민에 비해 치주 상태가 불량하였다. 이는 북한에서 구강보건위생이 소홀하고, 적절한 치과 치료를 받지 못하기 때문일 것이다. 북한은 열악한 의료체계로 인해 치과 치료를 발치에 의존한 것으로 보인다. 북한이탈주민 여성 중 필요에도 불구하고 치과 치료를 받지 못한 경험이 있는 경우가 30.29%, 북한에서 구강위생용품을 사용해 본 적이 없는 경우가 95.02%로 나타났다. 북한이탈주민 여성의 80.4%가 '구강 상태가 나쁘다'고 응답하였으며, 85.8%가 예방적 측면의 구강검진 경험이 없는 것으로 나타났다(권미영 2012). 반면 치아우식증 상태는 북한이탈주민이 남한주민보다 오히려 더 양호하였다(보건복지부 2000, 2010). 하지만 치아우식증의 발병 자체는 낮아도 관리가 잘되지 않는 것으로 보인다. 이는 북한의 열악한 의료체계와 취약한 위생 상태에 따른 결과로 보인다. 실제 북한이탈주민으로부터 얻은 자료에 따르면 북한에서도 구강건강과 관련한 진료체계는 존재하는 것으로 보이지만, 주민들이 치과 치료를 받을 기회는 매우 낮은 것으로 보이며, 구강위생용품을 사용할 수 있는 사람들도 경제적 이유 등으로 제한이 있는 것으로 보인다. 이로 인해 치아의 손상, 잇몸 혹은 치주질환으로 발전하고, 이는 나아가 삶의 질을 떨어뜨리는 결과를 낳은 것으로 추정할 수 있다.

## 2) 북한이탈주민의 질병행동

### (1) 질병관과 질병행동

북한이탈주민의 경우, 몸이 아플 때 개인별로 취하는 행동을 분석한 결과 '바로 병원에 간다'고 대답한 경우가 37%, '참기 어려울 때 병원에 간다'가 32%, '일단 참아본다'가 19%, '우선 약국에서 약을 사 먹는다'가 8%로 나타났다. 주로 여성, 젊은 층이 아플 때 바로 병원에 가야 한다고 생각하였다(전정희 2010). 남한 이주 후 병원에 대한 신뢰는 81%가 믿는다고 답변하여 높은 신뢰수준을 보였다. 2000년 이후 입국한 이들이 더 신뢰도가 높았으며, 입국 시 질병이 없는 이들이 더 신뢰도가 높았다. 입국 후 이유 없이 아픈 곳이 많다(89.7%)고 대답한 이들의 병원에 대한 신뢰감이 높게 나타났는데, 이는 질환을 치료받고자 하는 기대감의 표출인 것으로 추정하고 있다.

전정희(2010)에 따르면 북한이탈주민의 건강신념 점수는 지각된 유익성, 지각된 심각성, 지각된 민감성, 지각된 장애성 그리고 자기효능감의 각 영역을 4점 만점으로 환산한 결과, 유익성(3.38)이 가장 높고 장애성(2.20)이 가장 낮은 것으로 분석되었다. 건강행위를 할 때 유익하고 이득이 많이 생길수록, 건강행위 시 장애를 낮게 느낄수록 건강행위를 하는 것으로 볼 수 있다.

### (2) 의료시설의 이용

북한이탈주민은 북한에서는 몸이 아플 때 참는 것을 당연시하였더라도 남한으로 이주 후에는 병원을 찾는 것을 고려하는 것으로 보인다. 이러한 인식에는 남한과 북한의 진료체계와, 보편적 국민(혹은 인민)의 인식, 경제난, 그리고 의료시설 혹은 의사에게로의 접근성 등의 차이가 영향을 준 것으로 해석할 수 있다.

2011년도 2~4월까지 10주간 서울시 소재 일개 국립종합병원에 내원한 북한이탈주민 90명을 대상으로 보건의료이용실태를 파악한 조사 연구(황정현 2011)에 따르면 최근 1년간 북한이탈주민의 국내 의료기관 방문횟수는 평균 18회이며 병의원/한의원(54.4%), 종합병원(50%), 약국(22.2%), 보건소(7.8%), 그 외 치료법(3.3%) 순의 이용 빈도 결과가 나타났다. 응답자의 27.8%는 병원 방문이 용이하지 않다고 응답했다. 김미영(2012)의 연구에 참여한 북한이탈주민은 남북한의 의료수준이 비교할 수 없을 정도로 차이가 난다고 말했으며, 남한의 의료기관 이용 시 검사, 치료 경과, 위생, 친절 면에서 상당히 만족한다고 응답하였다.

2007년 조사에서 북한이탈주민은 남한의 의료시설 이용 시 어려운 요인으로 '의사나 간호사의 설명을 알아듣는 것'(28.5%), '병 상담 시 의견을 의사에게 전달하는 것'(24.5%), '진료 절차'(23.5%), '진료나 치료 등 병원에 대한 믿음'(19%), '진료비 지불관련'(18%), '약을 먹거나 치료받는 것'(12.5%)의 순으로 응답하였다. 최근 1~2년 사이 제3국을 경유하지 않고 남한으로 직접 입국하는 사람들의 수가 늘어나면서 같은 내용으로 실시한 2011년 조사에서 '의료시설 이용이 전반적으로 어렵다'는 응답이 10% 증가하였다. 이는 남북한의 언어, 사회, 문화의 격차가 단기간에 좁혀지기 힘든 상황을 반영한다. 특히 응답자의 5명 중 1명은 의학용어와 남한의 일상 단어에 익숙하지 않아 의사와 간호사의 설명을 이해하지 못한다고 답변하였다. 이러한 경우 약의 복용과 치료에 불안감을 느끼게 할 뿐만 아니라 제공되는 의료서비스에 대한 신뢰도를 낮추는 원인으로 작용하고 있다.

### 3) 북한이탈주민을 통해 본 북한주민의 질병관과 질병행태

북한이탈주민이 북한에서 겪은 의료 경험은 현재 남한에서의 건강상태와 질병행동에 영향을 계속 주고 있는 것으로 보인다. 특히 남한의 보건의료시스템에 적응하는 과정에서 주도적이고 적극적으로 자기 건강을 관리하는 자세를 갖지 못하는 경우가 많다. 이 때문에 초기 정착과정에서 질병의 예방(예방접종, 건강검진 등)부터 치료(만성질환의 치료 지속 및 생활습관 교정 등)까지 스스로 정보를 찾고 서비스를 이용하려는 노력을 기대하기는 어렵다. 따라서 스스로 자신의 건강을 관리해야 하는 남한 사회의 특성을 정착초기부터 알지 못한다면 북한주민의 건강은 남한의 첨단 의학에도 불구하고 악화될 가능성이 있다. 북한이탈주민의 보건의료서비스 이용과정에서의 문화적 어려움들을 인지하고 접근성을 높이는 방안이 필요한 상황이다. 통일 이후에도 이러한 방안 없이 물질적 지원만 하는 경우 북한주민의 건강이 단기간에 회복되지 않을 위험성이 있다.

제3장

# 관련 전문가 심층면담 결과분석

## 1. 북한주민의 의료기관 이용

### 1) 의료기관 방문

원칙적으로 북한에서는 호 담당의사가 주민이 병원을 방문해야 하는지 결정해야 한다. 예방의학을 강조하는 북한에서는 호 담당의사가 자기가 맡은 주민에게 질병이 생기기 전부터 현장을 돌면서 환자를 찾아다니는 시스템이 있다. 따라서 환자가 자신의 의사 결정에 따라 의료기관을 방문하는 것이 아니라 의사가 먼저 주민들을 찾아가서 환자를 발견해 조기 진단하고 조기 치료하는 체계를 추구하였다. 무상의료 시스템이 가동하고 있을 때는 질병이 생기면 어떤 부담도 없이 치료를 받을 수 있었다고 한다. 그러나 경제난 이후 이러한 시스템은 실제 원활하게 가동되지 않는 경우가 흔한 것으로 보인다.

> 호 담당의사들이 사전에 환자들의 상태를 체크하고 병원에 가라 이야기를 하고, 실제로 병원을 가겠죠(대북지원가2).

호 담당의사가 먼저 돌기 때문에 병원에 간다는 의미보다는 의사가 찾아오는 개념이 더 강한 시스템이구요 … (진료소에) 낮에 가보면 원장 한 명이 있는 경우밖에 없어요. 의사들은 다 현장에 나가 있는 거죠. 가가호호 찾아가는 거죠 … 먼저 찾아가서 실제 아픈 사람이 있는지 확인하는 것들이 정착되어 있다고 그래야 하나요. 시스템적으로는 … 다만 얼마만큼 잘 돌아갈 수 있는지, 예산문제도 있고, 인력도 있어야 할 것이고, 약품이나 여러 가지 것들이 있어야 하는데 뒷받침이 안 되기 때문에 … (대북지원가1)

입원에서부터 밥 먹는 것, 치료받는 것까지 하나도 돈이 드는 것이 없어요. 병원에 열 번을 입원해도 부담이 없어요(탈북의사10).

오전에는 진료소에 있어요. 오후에는 왕진, 진료소에 안 있어요. 집에 있어요. 아프면 집에 와요. 딱히 진료소에 왔다고 해서 갖춰진 의료기기가 없어요. 어차피 내가 다 들고 다니면서 하거든요. 낮이고 저녁이고 시간이 따로 없어요. 저녁에도 와라 하면 가주고 밤에도 자다가 새벽에도 와라 하면 가야 되고 … (탈북의사7)

북한주민이 의료기관을 찾아가겠다고 결심하는 것은 실제 증상이 나타난 경우가 아니면 드문 것으로 보인다. 당장 괴로운 증상이 나타나는 경우에만 병원을 방문하는 편이며, 검진이나 예방을 목적으로 방문하는 일은 드물다고 보고하고 있다. 증상이 아주 심하거나 원인을 밝혀야 한다는 생각이 있어야만 병원을 방문한다는 것이다. 증상이 가벼운 경우 그냥 약을 사 먹거나 무자격 의료인에게 찾아가고 의료기관에는 방문하지 않는 경우가 많은 것으로 보고되었다.

아프기 전에는 절대로 안 가요. (건강)상담이라는 걸 절대 몰라요. 아파야지만 가요(탈북의사5).

몸이 어떻다는 거는 자기 느낌으로 아는 거죠. 정 아프면 가죠. 내가 병이 있나 없나 검진을 받지 않아요. 그런 건 완전히 없고요. 아프면 가죠(탈북의사7).

자기가 필요해서 오지, 안 아프면 안 오려고 하죠. 증상이 있으니까 오는 거에요(북한이탈주민 지원가10).

감기나 설사 같은 경우에는 병원에 거의 안 가요. 안 가고 약국이나 시장에 가서 약을 사 먹죠. 아스피린 정도는 아니까. 설사는 굶어요. 물을 끓여서 마시고, 그 정도로는 병원에 안 가요(탈북의사9).

너무 심하지 않으면 좀 참지요. 어르신들 같은 경우는 좀 많이 참다가(오시죠). 어르신들은 나이 먹은 사람이 병원에 가면 의사들이 미워하고 살 만큼 다 살았다고 속으로 이렇게 생각한다고 하면서 병원에 잘 안 오세요(탈북의사9).

병원에는 꼭 필요할 때, 많이 아프거나 원인을 모를 때 가지, 아플 때 약 받으러 가는 형태는 아닌 것 같아요(대북지원가5).

호 담당과면 제일 가벼운 환자들이 많이 올 수 있는 단계거든요. 그런데 호 담당이라는 게 약이 없어요 … 일반적인 감기라고 생각이 되면 동네에 약 파는 곳에 가서 약을 사 먹어요 … 기침이 심해지고 잘 낫지 않으면 병원에 와요. 그러면 의사가 청진기 보잖아요(탈북의사1).

시골 같은 데는 군병원 가기 귀찮으니까 침 잘 놓는 사람 있으면 거기로 가요. 자격이 있든 없든 상관없이 치료가 잘 된다고 소문만 나면 잘 가요, 아무리 돌팔이라도. 외과적인 부분이나 신경적인 부분, 본인들이 봤을 때도 이거는 안 되겠다 하면 병원에 가죠(탈북의사5).

병원에 잘 가지 않는 이유는 여러 가지가 있었다. 가장 큰 이유는 경제적인 이유가 거론되었다. 고난의 행군 이후 직접 지불해야 하는 비공식적 비용이 증가했으며, 병원 방문 때문에 간접적으로 손실 보는 비용도 중요해진 것이다.

고난의 행군이 시작되면서부터는 조금 달라져서 돈이 없고 살기 힘든 사람은 어지간히 아파도 병원에 안 오고, 조금 힘 있는 사람은 병원에 오고 그러다가 고난의 행군이 끝나면서는 대체로 병원에 잘 오지 않고, 선생들 초대해서 집에서 치료하는 경우가 많았어요(탈북의사2).

나 있을 때(고난의 행군 이전)만 해도 병원에 가는 것에는 부담이 없었단 말이야. 무상이니까. 지금은 병원에 갈 필요가 없다 그래요. 병원에 가도 약이 없어. 병원에 가서 달라지는 게 없으니까 병원보다도 시장에 나가는 거야. 입원하러 가려면 쌀을 지고 가야 되고 약을 사 갖고 와야 되는데 병원에 갈 필요 없잖아(탈북의사3).

무상진료체제가 완료되었기 때문에 북한도 돈이 없으면 요샌 병원에 못 가는 거에요. 그래서 소소하게 아픈 거는 민간요법으로 다 하는 거죠(대북지원가6).

북한은 무상치료제이지만 내가 모든 걸 부담해야 해요. 약도 사야 되고. 자그만 상처 소독하는 것까지도 다 본인이 부담하는 편이에요. 그렇기 때문에 경제적으로 제대로 되어 있는 사람들은 아프면 금방 병원에 가요. 그렇지만 시골에 있다든지 소화가 안 되네, 머리가 아프네, 이 정도면 약을 사 먹든지, 경제 여력이 안 되면 참든지(탈북의사 5).

전에는 아프면 병원 갔죠. 무상으로 다 주니까. 1996, 7년도부터는 병원에 약이 없고 무상치료제도가 무너지기 시작했어요. 후에는 자기가 돈이 없으면 못 가고, 좀 아프면 가겠죠(탈북의사7).

웬만한 것 같으면 참는 분도 있는 것 같고요. 집이 어느 정도 뒷받침되는가에 따라, 잘사는 집은 자주 오는 것 같고요. 생활이 벌지 않으면 안 되는 집은, 엄마들 아빠들 모두 참고 견디는 것 같네요(탈북의사8).

고난의 행군 전에는 병원이 체계가 있고 질서가 있게 움직였거든요. 환자들도 일용할 밥도 나누고 약도 나누고 그랬는데, 고난의 행군하면서부터 병원에서 약을 나눠줄 수도 없고 환자들한테 밥을 줄 수도 없는 상황이고 하니까 그때부터 환자들이 힘들어져서 … (탈북의사8).

(예전에는) 조금이라도 아프면 다 병원에 와요. 무단이라는 것은 있으면 안 되니까, 일단은 아프면 진단서를 넣기 위해서라도 병원에 가야 되는 거에요. 두 번째는 참아야 되는 이유가 없어요. … 94년도부터 나라가 힘들어지기 시작했으니까 웬만한 것은 참는 게 있어요. 이쯤 아픈 데 오늘 못 벌면 내일 살기 힘드니까, 돈 벌러 나가야 하니까, 먹거리를 해결해야 하니까 병원 오는 것이 적어지죠(탈북의사10).

(고난의 행군) 전후를 보니까 달라진 게 병원에 오는 환자가 줄어들었어요. 일단은 배급이 끊기니까, 먹고사는 데 급급해 가지고. 벌어야 되니까 웬만큼 아프면 예전처럼 병원에 안 오거든요(탈북의사10).

그 외에도 병원을 방문하지 않거나 아주 늦게 방문하는 이유로는 진료소에서 실제 치료나 약품, 정밀 진단 및 검사를 제공할 수 없다는 점, 의료진의 비공식적 요구, 진료소 의료진의 욕구나 기술이 높지 않은 점 등 실질적으로 병원 방문의 효과가 그리 높지 않다는 것이 지적되었다.

북한의 의료 시스템이 붕괴되었다고 보시면 되고, 병원이란 곳이 병원의 기능을 못 하거든요. 아프면 자기가 지정된 시나 도의 병원들이 있어요. 그러면 그 병원에 가요. 가는데 거기서 검진만 간단히 하고, 피검사, 심전도처럼 간단한 것도 특별한 경우에만 하는 거 같아요. 거의 상담만 하고 진료만 보고 처방을 해 줘요. 너는 무슨 약을 먹어라. 그러면 약을 다 장마당에 가서 사 먹어요. 그래서 북한의 장마당이 사실은 약국이에요. 예를 들어 감기로 몇 번 가면 처방이 똑같잖아요. 그러면 내가 감기가 걸렸다 그러면 장마당에 가서 그냥 약을 사는 거에요. 약을 사서 그냥 내가 먹는 거에요(북한이탈주민 지원가5).

리 단위 진료소에서 해결할 수 있는 부분이 없다는 부분이 크죠. … 실질적으로 리 단위 진료소에서 약을 공급해 줄 수 없는 거죠. 약이 없어서. 환자들은 따로 장마당이나 가서 스스로 약을 구입할 수밖에 없는 … (대북지원가2).

병원에서 치료할 수 있는 약이나 의료장비가 없기 때문에 대부분 자기 나름대로 병명에 대해서 판단을 하고 주로 약품을 중국이나 친척들을 통해서 구매하거나 전달받고, 병원이 아닌 곳에 가지요(대북지원가5).

의사들이 분기별로 30kg의 약초를 당에다가 내야 된데요. 환자들이 오면 진단서 잘 끊어 줄 테니까 나에게 약초를 가져다주라. 이렇게 약초를 수거해서 자기 사회적 부담을 해결하는 거야. 병원을 안 가는 것에는 의사에게 가서 순수하게 병만 본다면 그냥 가는데, 병을 보러 갔는데 나에게 약초를 구해 와라. 뭐해라 그런 부담 때문에 병원에 가지 않고 스스로 자기치료를 하는 경우가 많은데 … (북한이탈주민 지원가6).

여기(남한)는 한 사람이라도 더 와야 돈벌이가 더 되는데 거기(북한)는 한 사람이라도 안 보면 좋고 시원하단 말이지. 환자가 많으나 적으나 나한테 몫은 없단 말이야. 의사들이 중환자들을 진단 치료하다가 다른 게 제기되면 골치만 아픈 거야(탈북의사3).

의사 선생님들도 피로해서 지치니까 의술에서도 그렇고, 지친 선생님들이 아프기 시작하다 보니까 직원 출근율이 힘들어졌고, 또 어느 선생님 가정이 더 힘들다 하면 대신 (진료)해야 하고, 병원이 어렵다는 것을 일반인들이 알아요. 병원을 오는 것을 자제하는 것이 있더라고요(탈북의사10).

(아프면) 참는 거지. 사실 원인이 있죠. 의학수준이 그렇게 높질 않아요. 집에서 감기약 하나 먹으면 되는데 뭘 병원에까지 가서 … 거기(북한)는 무상치료제니까 환자 오고 싶으면 오고, 말고 싶으면 말고, 소 닭 보듯 하는 거지. 그러니까 가벼운 질병은 참고 견디는 편이에요. … 고난의 행군 이후에는 더 그랬죠. 고난의 행군 이전 시기에는 한 50%가 병원을 안 갔다면 고난의 행군 이후에는 100%가 안 간다고 보시면 돼요(탈북의사4).

그런데 북한이탈주민 지원가들에 따르면 남한에 입국한 이후에는 의료기관 방문 비율이 결코 낮지 않다고 한다. 이는 무상의료를 내세우지만 실제로 비용이 소모되는 북한에 비해, 거주지 보호기간 동안 의료 보호 체계 안에서 의료비 지원을 받는 북한이탈주민의 입장 변화가 가장 큰 역할을 하는 것으로 보인다. 이는 특히 경제적, 지리적 접근성이 뛰어난 하나원에서 두드러졌다. 이러한 상황은 북한주민의 의료 요구도 자체는 결코 낮지 않으며, 오히려 상당기간 의료서비스가 충족되지 않았기 때문에 의료에 대한 강한 갈망을 가지고 있을 가능성을 시사한다.

여기(하나원) 안에서는 특별히 직업을 가지고 있지 않기 때문에 조금만 아파도 오는 것 같아요. 대부분 북한에서는 아픈데도 불구하고 병원에서 제대로 의료진을 만나거나 치료를 못 받았다고 말씀하시구요. 아예 치료를 못 받는 것은 아니고 장마당이라고 자기들 나름대로의 치료를 받았다고는 해요(북한이탈주민 지원가1).

무료고 접근성 면에서도 좋기 때문에 그런지 몰라도 과하게 빨리 와요. 방금 머리가 아파도 오는 사람도 있고, 개인차가 있긴 하지만 아무래도 너무 금방금방 오고, 그런 걸로 잘 안 올 것 같은 걸로 오고, 목이 오늘 아침부터 조금 칼칼하다 해도 오고, 하나원이어서 그런지 원래 그런지는 잘 모르겠어요. 이전에 북한에서는 병원에 못 가봤다는 사람이, 특히 젊은 사람일수록 병원에 한 번도 못 가봤다고 하는 사람들이 많거든요(북한이탈주민 지원가2).

본인(북한이탈주민)들 말로는 (병원에) 참다 참다 왔다고 하는데 거의 그렇지는 않은 거 같아요. 조금 불편해도 자주 오는 편이에요(북한이탈주민 지원가4).

하나원에 있는 교육생들이 병원에 오는 행태를 보면 조금만 아파도 바로 와요(북한이탈주민 지원가5).

남한 사람들에 비해 작은 증상에도 병원을 자주 찾는 편입니다(북한이탈주민 지원가9).

지금 치료를 받는 형태를 보면 하나원에서도 25만 건이 넘어섰어요. 북한이탈주민이 하나원에 2만 4,000명 정도 들어왔는데, 25만 건이면 한 사람당 진료를 몇 번 본 거에요. 10번 이상은 본 거잖아요. 다 본 건 아니기 때문에 정말 진료를 많이 본 사람은 하나원에서 30분, 50번까지 보는 사람도 있겠죠. 이게 밖에 가면 그대로 연결이 되는 거에요(북한이탈주민 지원가6).

그러나 상황에 따라 북한이탈주민이 병원에 방문하는 것이 오히려 늦어지는 경우도 보고된다. 특히 심각한 병이라고 해도 당장 증상이 없거나, 증상이 있어도 크게 불편하지 않거나, 스스로 잘 알고 있다고 생각하는 경우 병원 방문이 늦어지는 것으로 보고되었다. 의료 접근성이 떨어졌던 북한에서의 생활습관이 이어져 의료기관 방문이 늦어지는 경우도 있는 것으로 해석하는 전문가들도 있었다. 정신의학적 요인도 의료기관 방문 시기에 영향을 주는 것으로 보인다. 신체적으로 큰 병이 아니라도 신체화 증상이 있는 경우 병원을 지나치게 빨리 방문하며, 반대로 의욕이 저하되어 있는 경우에도 신체질환은 방치되는 경향이 있다. 그러나 정신건강의학과 치료의 경우 인식 부족으로 진단서 등의 이득이 없으면 스스로는 잘 방문하지 않는다고 보고되었다.

(북한이탈주민은) 두통 같은 경우는 금방 (병원에) 안 갈 수도 있어요. 계속 그랬기 때문에 북한에서부터 … (북한이탈주민 지원가10).

탈북자들은 좀 참다가 오는 것 같아요. 북한에서부터 습관인 거 같아요. 탈북자들의 특징 중 하나가 통증이 있으면 아픈 거고 그게 가라앉으면 나은 거고, 그래서 통증이 있어서 자기가 힘들다 하면 그때야 병원에 오고 … (북한이탈주민 지원가 11).

저 사람은 빨리 와서 치료를 받아야 하는데 오지 않는 사람이 있고, 저 사람은 아무런 것도 아닌데 너무나 자기 병에 대해서 우리에게 쉽게 말하는 사람이 있어요. 바로 치료했으면 더 진행이 안 되는 상황인데도, 며칠을 두고 보는 거에요. 며칠을 두고 보고 있다가 문제를 크게 만들어서 오는 경향이 있어요. 의료 접근이 쉬운데도 불구하고, 북한에서 무언가 자기가 아파도 제때 바로 가서 치료를 할 수 있는 돈이 없거나 의사소통의 문제이거나 그런 경험들이 있던 사람인 것 같아요. 신체화 증상, 검사를 해도 아무 문제가 없는데도 머리끝에서 발끝까지 계속 아프다고 하는 사람은 시도 때도 없이 와요. 신체적으로 문제가 있는 것에 대해서는 인지가 안 되는 부분이 분명히 있는 것 같아요. 이 사람은 빨리 왔어야 되는데 늦게 와서 문제가 되고, 심리적으로 문제가 있는 사람은 심리의 문제를 신체화로 호소하는 거잖아요. 그러니까 시도 때도 없이 오는 거야(북한이탈주민 지원가6).

참고 이야기하지 않는 경우도 많이 있어요. 우울한 사람이 그랬던 거 같아요. 우울한 사람이 움켜쥐고 있다가 나중에 알게 되는 경우가 많았는데요. 치과 같은 경우도 빨리 치료를 받았어야 함에도 불구하고 전혀 병원에서 치료를 받지 않고 오는 사람들. 굉장히 많이 참는 거에요. 설문을 해 보면 참는다는 이야기도 많이 나와요. 참는다는 이야기는 의료 접근성이 유리하지 않다는 것과 같은 것 같아요(북한이탈주민 지원가6).

어떤 분은 근로능력진단서가 필요한데 정신과 치료를 받아야 한다. 다른 과는 해당되는 것은 없고, 그래서 2차적인 이득을 위해서 오시는 분도 있고 그래요. 바로 못 오는 분들도 많이 있고요. 정신과에 대한 인식도 문제가 있기 때문에 웬만하면 안 오려고 하죠. 2차적인 이득이 있으면 오려고 하겠죠(북한이탈주민 지원가 10).

## 2) 의료기관 이송

북한의 의료체계상 환자 스스로 상급병원을 선택해서 가는 것은 불가능하다. 지역의 1차의료인들 역시 함부로 환자를 상급병원으로 이송하지 않도록 규정하고 있다. 반면 이송이 필요한데 하지 않는 경우에도 의료진에게 불이익이 있을 수 있는 것으로 보고되었다. 따라서 이러한 문책들을 피하기 위해 의사들은 상호 협의를 거쳐 이송을 결정하려 하였던 것으로 보인다. 이는 의료진의 책임 면제는 가능한 반면, 신속한 이송에는 장애물이 되었던 것으로 보인다. 권력층의 경우는 특별대우를 받고 빨리 상급병원으로 이송 가능한 것으로 보인다. 경제난 이후 이송을 결정할 수 있는 진단서는 의료인의 사적 이득을 취할 수 있는 권한이 되기도 하였다. 또한 하급병원의 의사들 중 장사로 생계를 유지하는 이들은 상급병원 이송을 선호한다고 보고되었으며, 사적 진료 활동으로 이윤을 얻는 다른 일부는 상급병원 이송을 하지 않고 직접 환자를 보아 이윤을 얻으려고 한다고 보고되었다. 최근에는 파송증 없이도 상급병원으로 환자들이 스스로 갈 수 있다는 보고와 자신의 구역이 아닌 다른 구역의 병원을 방문할 수 있다는 보고도 있었다.

아프다고 해서 무작정 (큰 병원에) 가는 게 아니고요. 배가 아프다 하면 리병원에서 고쳐야 되거든요. 잘 모르겠다 싶으면 군병원으로 가라고 써 줘. 그게 바로 파송증이란 거란 말이야. 군병원에 가서도 또 모르는 거에요. 그러면 도병원으로나 평양의 중앙병원으로 좀 가게 해 주세요 해도 마음대로 그러는 게 아니라고 … (탈북의사4).

파송대상이 아닌 사람들을 자꾸 파송하면 자기한테 불이익이 갈 수 있어요. 그러니까 무턱대고 해 줄 수 없어요. 약도 없지, 여력도 없지, 아무것도 없는데 자꾸 환자만 보내면 어떻게 해. 받는 병원에서는 부담스러워하고 보내는 병원에서는 보내니까 시원하다 이 정도란 말이에요. 돈벌이하고 관계가 없으니까 환자 책임문제지(탈북의사3).

6일 동안 치료를 해서 호전되지 않는다 하면 그때 이제 2차병원으로 파송하는 거죠(탈북의사3).

동네의사가 내가 볼 수 있다면 그런 거고 빨리 큰 병원 가라면 빨리 가는 거고(탈북의사8).

내가 환자를 담당해서 치료를 해요. 그런데 호전이 없어요. 단독 의사로서 어느 질환을 넘어설 때는 과협의가 있어요. 그다음 한 단계 넘어서서 병원협의가 있어요. 그다음 군협의가 있거든요. 군병원에 가서 협의를 해야 해요. 환자가 마지막에 사망했다. 사의 토론회 할 때 협의를 얼마나 단계별로 했는가를 따져요. 단계를 다 거쳐서 마지막에 사망이 되었다 했다면 충분히 이 환자에 대해서 협의도 했고, 협의해서 나온 약물도 해봤고, 검사도 충분히 했구나 하면 의사로서 된 거죠. 그것을 다 하지 못해서 중간에 환자를 놓쳤다 했을 때는 사의도 심각하죠. 환자를 위해서 큰 병원으로 공급하겠다 그런 경우는 없어요(탈북의사10).

상당히 오래 기다려야 하죠. 단계적으로 승인을 받는 부분이 기다림이 아주 크잖아요. 어차피 제공하는 서비스는 제한되어 있고, 받으려고 하는 사람은 많고 이 과정에서 '급행료' 부분들이 있는 거죠(대북지원가2).

하급병원에 있을 때 오는 환자들을 전달, 파송시키는 진료 진단서를 끊는 권한이 있다는 거야. 진단서를 끊어 주면 위쪽 상급병원으로 옮겨갈 수 있는 단계에서 막대도 주고 급행료도 받고 그런 부분이 있는 거죠(대북지원가2).

간부분들은 병원에도 다른 진료실 같은 데가 있어요. 또 금방 도병원으로 가시거든요. 서류가 작성되면 그냥 더 큰 병원으로 가세요(탈북의사1).

상급병원에 보내면 자기는 편하잖아요. 책임도 덜 하고, 솔직히 진료소에 갔을 때 환자들 치료를 아무리 잘 해 줘도 돈을 못 받잖아요. 환자가 아무리 많아도 쌀 1kg, 기름 1병 뭐 이 정도 가지고 생활을 유지하기는 힘들잖아요. 그렇기 때문에 부업을 해요. 약장사를 하든지 … , 약장사를 하면 의사 근무할 수 없다고 그러거든요. 그러니까 비밀리에 하기도 하고, 따로 돼지를 키워서 시장에서 파는 그런 일도 하고, 어떤 사람들은 오전에 출석만 체크하고 오후에 가서 또 다른 장사하고 …. 그러다 보니까 내가 진짜로 치료를 잘해야 하고 기술이 발전해야 한다는 이런 의무감이 없어요(탈북의사5).

같은 동네에서 사는 농장 사장네 집에 환자가 생겼다 하면 내가 치료해 줘야 그 사장이 나한테 고맙게 생각하고 혜택을 줄 수도 있다고 생각하거든요. 의사 월급도 얼마 높지도 않고 하니까. 환자를 그냥 붙잡고 있는 선생들도 간혹가다 있어요. 내가 해 줄 수 있다고 병원에 데리고 있는 선생들도 가끔 있어요(탈북의사9).

상급병원에 후송을 해야 되는데도 뭐가 있는 거 같은 사람들은 자기가 치료해 가지고 고맙다고 인사도 받고, 그런 게 그 후 (고난의 행군 후)부터 많이 있죠(탈북의사9).

지금은 환자들이 알아서 (큰 병원에) 가요 …. (파송증) 없어도 되지요(탈북의사3).

다른 구역의 애가 그쪽 병원 의사의 소견서를 가지고 왔어요. 어떻게 오게 됐냐 했는데, 아이가 설사가 너무 오래 낫지 않으니까 의사가 동대원구역에 가면 무슨 병원이 있는데 거긴 치료를 잘한다고 해서 소견서를 써줘서 온 거였어요. 구역을 넘어섰는데도 치료해 주는 걸 저희가 봤거든요(대북지원가4).

이러한 상황에서 북한주민은 상급병원이나 큰 병원을 선호하는 경우가 많다고 보고하는 전문가들이 많았다. 이는 하급병원은 약품이나 설비를 갖추지 못한 경우가 많기 때문에 제대로 치료를 받기 위해서는 상급병원으로 가야 한다는 인식 때문인 것으로 추정되었다. 실제 약품과 설비가 있는 북한의 상급병원들은 매우 붐비고 바쁜 곳으로 묘사되고 있다. 또한 상급병원일수록 진단서의 효력이 강한 것도 상급병원 선호의 이유로 제기되었다.

작은 병원보다 큰 병원으로 가고 싶은 것은 대체로 그래요. 자기가 조건만 되면 … (탈북의사1).

최근 도급 병원에서도 수술하기 어려운 조건이라고 이야기들을 해요. 결국에는 평양에 몰릴 수밖에 없는 거고 … (대북지원가1).

지역의 5개 구역을 담당하는 병원이거든요. 여기는 실질적으로 약이 있고, 검사장비가 있다 보니까 치료수준이 높아질 수밖에 없잖아요(대북지원가4).

시병원에서 할 수 없는 게 있거든요. MRI라든가 이런 진단을 내려야 될 게 있잖아요. 양강도 내 병원에는 없거든요. 평양에 있거든요. 중앙 병원에. 그러면 우리 단계에서 중앙병원에 직접 파송을 못 하거든요(탈북의사8).

수술이나 그런 거는 안 되죠. 종합진료소 같은 데는 빨리 군병원에 후송해서 보내든지 결정을 하는 거거든요(탈북의사5).

응급실로 들어오는 애들 상태 보면 진짜 어떻게 볼 수 없는 지경인데, 지역 병원에서 치료해 보려 해도 치료장비도 없고 하다 보니 올라올라 와서 여기까지 온 거죠. 근데 평양의대마저도 정확하게 진단할 수 있는 장비가 없으니까. 심정으로 그래도 의사한테 보였다는 거 외엔 치료할 수 있을 거라는 마음으로 살아가지는 않는 거 같아요(대북지원가4).

심각하다 그러면 군 단위로 보내긴 해요. 치료할 수 있는지 여부는 그 군 단위의 병원이 어느 정도 약을 가지고 있느냐에 따라서 달라지는 거고, 지역마다 차이가 있는 것 같아요. 평양의대는 그 지역에서 받지 않아도 오는 경우도 봤고, 결국은 오는 거 같아요(대북지원가4).

평의대 같은 경우는 사람이 너무 많아요. 우리나라 병원하고 상대도 안 될 정도로 바글바글해요. 약이 있는 병원에는 어떻게든지 찾아간다는 의미인 거 같기는 해요(대북지원가3).

시 · 군 병원은 대신 엄청 바쁘거든요. 어느 정도 아프다고 생각하는 사람들은 다 올라오니까, 거기는 되게 힘들어요(탈북의사5).

결석을 진단서로 청구하는데 진료소 범위 내에서는 진단서가 1주일이거든요. 1주일 이상 진단서를 못 떼니까 어떤 사람은 아프진 않지만 내가 놀아야 되겠다고 할 때는 시병원 보내 달라고 하죠. 시병원은 보름까지 뗄 수 있거든요. 보름 이상 뗄 때는 기술부원장 결제가 있어야 되고 … (탈북의사2).

그러나 모든 북한주민이 상급병원에 가고 싶어 하는 것은 아니라는 전문가들의 이야기도 있었다. 상급병원을 가려고 하는 것은 개인적 특성, 상급병원의 우월성에 대한 믿음, 지역 의사와의 친밀성, 개인이 느끼는 질병의 심각도, 주민 개인의 경제적인 여력이 중요하였다. 특히 하급병원 의사와의 친밀도가 낮을수록, 병이 위중할수록, 경제적인 여유가 있을수록 상급병원을 선호하는 것으로 보고되었다.

별로 크게 아픔을 느끼지 않으면 진료소에서 시병원에 가보라 해도 안 가고, 어떤 사람은 감기나 기관지염처럼 진료소 내에서도 약이나 주고, 주사나 맞고 (치료) 될 수 있는 것도 시병원에 가겠다고 … (탈북의사2).

다 큰 병원을 요구하는 건 아니에요. 더 잘하는 사람이 있을 수도 있고, 시병원보다 진료소가 더 잘할 수도 있으니 진료소 단계에서 실력이 있는 선생들이 있는 곳이면 괜찮고요(탈북의사8).

구내에 있는 환자들 같은 경우는 웬만하면 자기 군에서, 자기 집에서 치료받고 싶어 하죠. 하지만 도시에 있는 사람들은 진료소보다도 아는 선생님, 아는 안면, 그러니까 관계를 가진 큰 병원으로 가죠. 교환 병의서 없이 와도 봐줄 수도 있고 그런 게 있으니까. 도시에서 사는 사람들은 진료소를 많이 안 가고 도시에 있는 시병원이나 대학병원으로 많이 찾아가죠(탈북의사9).

자기 병 때문에 할 수 없이 가죠. 큰 병원에 가고 싶어 하진 않죠. 이것도 부담이니까. 고난의 행군 전에는 중병에 걸렸다면 가고 싶어 하죠. 근데 돈은 준비되었다 하더라도 일단 큰 병원에 가면 같이 데리고 가는 노동력도 있어야 하고, 같이 보전해 줘야 할 사람도 있어야 하는데, 여건이 안 되니까. 어지간해서는 참고 견디면서 자기 집에 있으려고 하지 가기를 원하지는 않아요(탈북의사7).

경제적으로 괜찮으면 즉시 (상급병원에) 가는 거고, 안 되면 참았다가 진짜 안 되겠다 하면 가는 거고(탈북의사5).

함경북도에 있는 환자라도 난치병이거나 아주 어려운 병이나 장기간 치료가 필요한 환자는 적십자병원까지 온다고 말하죠. 그러나 절차나 과정 자체가 단계적으로 승인을 받아야 되는 부분이 있고, 승인을 받는다고 하더라도 국가가 모든 것을 해결해 주지 못하는 상황에서 교통이나 평양에 왔을 때 어떻게 지내느냐 하는 부분은 자기 스스로 해결해야 하는 부분들이 있으니까 어느 정도 재산이 있으면 쉽게 할 수 있겠지만, 재산이 없는 사람들은 어려운 일일 수도 있겠고요. 옛날에는 병원에 가면 자기 직장에서 주는 양권, 밥 먹을 수 있는 그런 것도 직장에서 타서 병원에 가져다주면 밥을 먹을 수 있었어요. 그런데 양권 자체가 나오지 않으니까 병원을 옮긴다 하더라도 병원에 있으면 모든 것을 자기 스스로 챙겨야 하는 부분

… 원래는 직장에 아파서 어느 병원에 가야 한다고 말을 하면 그 기간 동안 양권을 받아서 병원에 가져다주고 밥을 먹고 이런 것들이 체계적으로 갖춰져 있었는데, 고난의 행군이 지나고 나서 그게 다 보장이 안 되니까 스스로 해결해야 하는 부분들이 많은 거죠(대북지원가2).

상급병원으로 이송하는 데 가장 중요한 교통은 허술하다고 묘사되었다. 평양 시내와 같은 곳의 이동은 어렵지 않으나, 다른 지역에서는 실제 이송하는 데 드는 시간과 노력, 비용이 상당한 것으로 묘사되었다. 이런 상황에서 제시간에 상급병원에 도착하기 어려운 경우도 있는 것으로 추정된다. 구급차는 다른 용도로 사용되는 일이 흔하며, 연료 부족으로 쉽게 운영이 어려워 마차를 이용하는 경우가 많다고 한다. 다만 최근에는 돈만 있으면 이송은 예전보다 더 낫다는 보고도 있었다.

빨리 오고 빨리 대책이 되고 교통도 좋아지고 그래야 하는데, 농촌에서는 버스가 두 번에 한 번씩 다니고, 의학적 지식도 좀 있어야 하고, 돈도 좀 있어야 되고, 농촌에서는 데려올 차를 붙잡기가 힘들어요. 늦어 오는 것도 많죠(탈북의사1).

고난의 행군 시기에는 군병원에 앰뷸런스가 하나씩 있었어요. 유엔에서 지원해줬거든요. 근데 앰뷸런스 한 대 있는 게 원장 전용차에요. 후방사업에 돼지 싣고, 다니고 감자 싣고 다니고 … 리어카에다가 이불 펴고 군병원에 가니까. 소달구지 타면 리어카보다 좀 낫죠. 소도 농장 소지요. 리 관리소위원장 승인을 받아서 소달구지 하나 써라 해야 소달구지에다가 이불을 펴고 올 수가 있어요. 도병원도 심지어 어르신들이 리어카 타고 온단 말이에요. 도병원에 앰뷸런스 있는데 왜 뛰지 못하냐. 휘발유가 없어요(탈북의사4).

구급차를 불러야 할 상황에서는 불러요. 비용은 없어요. 진짜 긴박한 상황에서는 그냥 차가 와요. 근데 만약 차가 고장 났거나 휘발유가 없다거나 할 때는 어쩔 수 없어요. 개인이 업거나 자전거로 환자를 데려오기 좀 힘든 상황일 수도 있잖아요. 시골 같은 데서는 우마차 이용하기도 해요(탈북의사5).

다치면 병원에서 바로 구급차가 가능한 건 없고, 혹시 무슨 일 생겼을 때면 구급차가 갈 수도 있지만, 대개 환자가 자기네들 아는 데서 차를 해서 가든가 … 다른 큰 병원들은 앰뷸런스가 있어서 가는 것들이 많거든요. 우리 병원은 앰뷸런스가 한 대 있었거든요. 일 생기면 한 대가 다 할 순 없잖아요(탈북의사8).

교통은 전에도 심했죠. 지금은 그래도 돈을 내면 탈 것은 있어요. 돈벌이하라고 위해서 담배라도 주고 … 공식적으로 다니는 버스는 없어요. 일 보러 왔다 갔다 하는 차가 있거든요. 그걸 서비스차라 한단 말이에요, 서비스로 태워주는 차라 해서(탈북의사7).

남한으로 온 북한이탈주민 역시 큰 병원을 선호한다는 보고도 있으며, 그렇지 않다는 전문가의 보고도 있다. 남한에서도 큰 병원을 선호하는 경우는 입국 전 억눌려 있던 건강에 대한 걱정과 더 나은 의료에 대한 욕구가 분출되면서 가장 발달된 의료혜택을 받아 보려고 하는 것으로 추정된다. 반면 그렇지 않은 경우는 북한과 남한의 의료기관을 비교하여 현재 다니는 남한의 병원에 만족하는 경우로 추정된다.

북한에서는 거의 다 의료혜택을 못 받아서인지 큰 병원을 대부분 좋아하는 것 같아요(북한이탈주민 지원가4).

한 번도 병원 서비스를 못 받아 보다가 여기(하나원) 있는 동안 예약, 이원, 검사 같은 것까지 다 도와주니까 나가기 전에 (큰 병원에 전원)하고 나가려는 것도 많고, 그걸 바라고 오는 경우도 많아요. 이송해 줄 때까지 자꾸 오는 거죠(북한이탈주민 지원가2).

하나원이기 때문에 그런지 모르겠는데 진료를 받을 수 있는 기회가 있는 거니까 최대한 진료를 받아 보려고 하다 보니까 그런(큰 병원에 가려는) 성향은 좀 있어요(북한이탈주민 지원가3).

(받고 싶어 하는 건) 혈액 검사나 방사선 검사요. 그래서 큰 병원으로 이송 가는 거죠. 그런데 이상이 없으면 안심해야 하는데 다시 (검사를) 받고 싶으면 신뢰를 못 하는 경우가 있어요. (지금 이송 갔던 병원보다) 더 큰 병원에 가봐야 한다든지 … (북한이탈주민 지원가1).

(북한이탈주민은) 그런 의료시스템이 제대로 정확한 검사도 받지 못했고, 치료도 제대로 못 받은 것 같은 찝찝함이 있기 때문에 계속 나는 건강하지 않다, 어디가 아프다는 생각을 갖고 있어요. 그렇기 때문에 큰 병원 가서 검사를 다 해 보고 싶어 해요, 지금까지 그렇게 못 했기 때문에(북한이탈주민 지원가5).

큰 병원으로 가고 싶어 하지 않은 것 같아요. 북에서는 이 정도만 되어도 상당히 좋은 병원이다. … (북한이탈주민 지원가8).

큰 병원으로 가기를 원하기보다는 제때 치료를 받지 못했던 것에 대해서 소원이 있어요. 북한의 종합진료소, 인민병원 시설보다 여기(하나원) 시설이 더 좋아요. 하나원에서 의료시설을 잘해 놓는 것은 중요한 거 같아요. 자기들을 존중하고, 의료 지원을 해 주기 위해서 대한민국이 노력하고 있다는 것이 인식이 되잖아요. 큰 병원 가자는 아니고, 외부 병원 가서 검사받으려는 거죠. 여기서는 검사가 안 된다고 하니까(북한이탈주민 지원가6).

## 2. 북한주민의 질병 관리

### 1) 자기진단 및 치료

북한주민은 의료기관에 방문하지 않고 스스로 자기의 질병이나 건강상태를 진단하고, 스스로 치료를 하려는 경우가 많다. 특히 가벼운 질병이나 자신이 오래 앓고 있는 만성질환의 경우에는 민간요법을 사용하거나 간단하게 장마당에서 알아서 약을 구해서 치료하는 경우가 많다. 반면 급성질환이나 수술 등을 요하는 심한 질환이라고 스스로 판단하면 의료기관을 방문하려고 한다. 자기진단이나 자기치료가 널리 퍼진 가장 큰 이유는 의약품 등이 부족하기 때문에 제대로 된 치료를 병원에 기대할 수 없다는 생각이 가장 크다. 그 외에도 자기치료를 선택하는 이유는 의료기관이 지리적 접근성이나 경제적 접근성이 떨어지기 때문이다. 또한 반복적으로 같은 약을 장마당에서 사라고 이야기를 듣는 경우 더 이상 의료기관을 거치지 않고 장마당으로 바로 가게 되는 형태가 나타나기도 한다.

감기 같은 것은 안 와요. 자기가 할 수 있는 것은 다 해요. 약국 같은 집에 가면 약이 다 있으니까 구태여 (진료소에) 올 필요 없잖아요. 와도 (약이) 없는데(탈북의사1).

만성적인 질병들은 알아서 하는 경우도 많아요. 앓고 나면 반의사가 되잖아요(탈북의사1).

감기 정도 가지고 왜 병원을 가냐 그거예요. 개인들이 파는 쪽에 가서 나름대로 사 먹어요(탈북의사5).

어지간한 건 약을 이미 사놓은 걸 먹는다거나, 아니면 집에 혹시 약초라도 캐 놓은 것이 있으면 먹는다든가 … (탈북의사7).

외과 같은 거는 무조건 의사한테 가야 된다고 생각해요. 금방 처치 받아야 하니까. 내과적인 부분에서도 급성일 때는 병원에 가요. 그렇지만 만성적으로 앓는 분들은 의사보다 오히려 더 많은 지식을 안다고 생각하거든요, 본인이(탈북의사5).

돈이 없고, 어디 가서 치료는 못 받으니까 최후의 방법이에요, 자기 스스로 할 때가. 병에 걸리면 어떻게든 고쳐야 하는 거잖아요. 그런데 어디서 치료받고 약을 사 먹고 힘들잖아요. 그러니까 병원에 가서 뜸 자리를 떠 달라고 해요. 뜸자리를 한 번만 가서 뜨는 거에요. 그다음 자기가 거기다 뜨고, 그다음 나는 어디 아픈데, 여기다 뜸 뜨니까 낫더라 하면 자기 스스로 아픈 데다 뜸 뜨고 하는 거에요. 침은 보통 못 해요. 그런데 뜸은 보통 해요(탈북의사7).

굳이 병원에 매달리지 않아요. 여건도 힘들고 곳곳마다 병원이 있지도 않으니까(탈북의사7).

진료소 나오기에도 한참 걸리거든요. 진료소는 이 부락 저 부락 사이에 하나 지어 놓거든요. 그럼 저 위의 사람들은 내려와야 하잖아요. 내려오기도 힘들고 하니까 거기에서 산에서 나는 약초라든가 이런 거 가지고 고치려고 하죠(탈북의사7).

경제가 어려워지고 약 사정이 긴박해지니까 환자분에게 "이런 약을 드리고 싶은데 약이 없습니다." 이런 말이 나오기 시작했죠. 환자분이 "그럼 어떻게 하면 되나요?" 하면 "혹시 장마당에 가시면 이러한 약 파는 것이 있어요. 어떤 것은 가짜고, 어떤 것은 진실합니다. 저희가 써 봤어요." 해서 사오면 치료를 했어요. 이쯤 되면 병원에 안 가도 어떤 약을 사 먹어야 되겠다는 것을 환자들이 알고 있죠(탈북의사10).

웬만한 사람들 감기가 걸렸다, 이런 병이 돈다는 정보를 알거든요. 자기들끼리 감기약을 먹을 수도 있고요. 병원 가야만 약을 먹는 것은 아니고. 항생제를 먹어야 된다 하면 자체적으로 사 먹기도 하고 그럽니다(탈북의사8).

자기진단과 자기치료의 과정에서 잘못된 의학 상식이 퍼지고 건강에 위해가 될 수 있는 행동들이 생겨나기도 한다. 자기진단의 특성상 주관적인 증상이 없으면 제대로 진단이 되지 않는 경우가 많으며, 증상과 진단을 구별하지 않고 자기 스스로 내린 진단에 대해 어느 정도 믿음을 가지고 있는 경우가 많은 것으로 보고되었다. 자신의 지식과 경험을 신뢰하면서 전문적인 진단이나 검사 결과를 의심하는 경우도 있었다. 이러한 경향은 탈북 이후 남한에 와서도 지속되기도 하였다. 탈북 이후 남한에서도 스스로 진단명을 붙이거나 자신이 생각하는 질병과 의사의 진단이 다른 경우 의심하는 경우가 보고되었다. 북한이탈주민은 치료에서도 스스로 뜸을 뜨거나, 민간요법을 사용하거나, 자신이 생각하는 약을 자기 스스로 판단해서 복용하는 일이 흔한 것으로 보고되었다. 반면 스스로 진단하고 치료하던 경험 때문에 자신이 복용하던 약품이나 주사의 명칭까지도 알고 있을 정도로 자신의 질병 정도에 관심이 높다는 긍정적인 면을 보고한 전문가도 있었다.

잘못된 의학 상식을 많이 알고 있더라고요. 오른쪽이 아프면 무조건 다 맹장이 아프다거나 간이 아프다고 그래요. 자기가 신장이 안 좋다고 하고. 잘못된 의료상식을 많이 얘기해요. 진료 보러 와서도(북한이탈주민 지원가4).

어떨 때는 자기가 다 진단을 내리고 와요. 오른쪽 콩팥이 아프다, 간이 아프다 그래요. 그래서 농담으로 남한에서는 진료를 보러 왔으면 의사 선생님이 진단을 내려 주는 대로 하는 거지 본인이 진단을 내리지 말라고 그러거든요. 어떤 때는 많이 아프다고 해서 밖에 나가 병원 검사를 해서 이상이 없으면 화를 내요. 나는 이렇게 아픈데 왜 이상이 없냐고(북한이탈주민 지원가4).

병원에 가도 특별한 게 없고 하니까, 옆구리가 아프면 담낭염이 있으려나, 신장이 안 좋은가, 이렇게 생각하는 것이고, 가슴이 아프면 심장인가 우리는 의심만 하는데, 이 사람들(북한이탈주민)은 심장병이 확실하다고 강하게 생각하는 거죠. 자기들이 그렇게 생각하고 와서 진료를 보는 것이고. 어렸을 때부터 그런 사회에서 오래 살았기 때문에 불안이란 개념이 없는 거 같아요. 불안하게 살다 보니까 심장이 항상 두근거리고, 조그마한 일에도 놀라고, 나는 심장이 약해져 있다는 생각을 항상 가지고 있어요. 나는 심장병이 있다, 이렇게 생각하는 거죠. 실제 심전도 찍어 보면, 심장병 있다고 나오지 않아요. 그래서 괜찮다고 이야기하면 신뢰하지는 않아요(북한이탈주민 지원가5).

하나센터 선생님들한테 탈북민들이 자기만의 치료법을 가르쳐준데요. 소변이 안 나올 때는 무슨 치료를 해야 됩니다, 무슨 약초를 가져다 써야 됩니다 하며 자기만의 방법을 상대에게 전수해 주는 것처럼 설명을 한다는 거에요. 우리(남한 사람들)는 확인되지 않은 것을 잘 안 한다 그러면, 우리(북한 사람들)는 치료를 그걸로 해서 굉장히 좋은 효과를 발휘했다, 이렇게(북한이탈주민 지원가6).

(북한이탈주민은) 정통편 구해 가지고 하더라고요. 북한에서도 많이 팔아먹나 봐요. 중국에서 만들어 가지고, 많이 아프고 힘들면 먹고 그러거든요. 여기서도 처음 병원 가기 힘들고, 병원 가는 정도 아니다 생각하면 그대로 하죠, 옛날 하던 식으로(북한이탈주민 지원가10).

약을 받아간 이후에는 본인들이 조절해서 먹어요. 빨간 약은 뭔지 파란 약은 무언지 알아서 따로따로 먹는 경우도 있고요(북한이탈주민 지원가1).

한국 의료를 완벽하게 이용해서 치료한다고 볼 수가 없는 부분이 있어요. 밖에서 문제가 생길 가능성이 있어요. 간이 안 좋은 사람들이 민간요법으로, 약초를 몰래 써 버리면 치료하는 의사는 자기치료가 세팅되었다고 생각했는데 이 사람은 엉뚱한 행동을 하고 있거든. 북한이탈주민의 특성을 모르는 의사들은 나중에 벙찌는 거죠(북한이탈주민 지원가6).

한방 선생님이 뜸을 떠줄 때가 있어요. 그러면 그걸 꼭 얻어가요. 자기가 뜬다고. 쑥뜸 같은 것을 또르르 말아서 관절 같은 곳에 뜸을 굉장히 잘 떠요, 능숙하게(북한이탈주민 지원가6).

소화기, 근육, 머리끝에서 발끝까지 모든 장기에 침이나 뜸이나 부항이나 이런 것을 상시적으로 사용한 거에요. 온몸에 뜸 자국이 너무 많아요. 만연되어 있다는 이야기죠(북한이탈주민 지원가6).

뜸은 대부분 혼자 배워서 하는데, 청진을 하려고 보면 뜸 자국이 관절이나 배 이런 데 다 있어요(북한이탈주민 지원가1).

북한 사람들은 남한 사람들보다 합리적이고 과학적이에요. 결핵약을 먹은 과거력이 있는 사람들 대부분 약 이름을 알아요. 대부분의 사람들이, 주사를 뭐 맞았습니까 하면 이름을 다 알아요(북한이탈주민 지원가7).

### 2) 건강 지식의 정보원

예방을 강조하는 사회주의 의학의 영향을 받은 북한은 질병이나 건강에 대한 지식을 위생선전을 통해 해결하려고 하였다. 위생선전은 진료소 방문 시 홍보와 선전을 통해 이루어지기도 하였으며, 각 구역을 담당하는 호 담당의사들이 주민을 찾아다니면서 교육하는 것을 통해 이루어지기도 하였다. 위생선전은 의료인들에게 할당된 주 업무 중 하나인 것으로 보인다. 주민에게도 위생선전은 의무적으로 따라야 하는 것이며, 따르지 않는 경우 불이익도 가능했던 것으로 추정된다.

(남한) 병원에 아파서 가면 또 오세요. 거기(북한)는 큰일 나요. 저는 깜짝 놀랐어요(탈북의사4).

북한에는 예방의학을 우선시하죠. 병원에 가게 되면 처음에 치료받는 사람들이 쭉 앉아서는 위생선전을 들어. 진료소 같은 데는 의무적으로 위생선전을 하게 돼 있어요. 감기가 왔을 때는 공기로 전염되니까 마스크를 써라. 어디 나갔다 들어오면 손을 꼭 씻어라 감기 드니까. 이런 정도로 위생선전사업을 하거든요(탈북

의사3).

병원에 가면 건강정보 계몽 그런 게 굉장히 많이 걸려 있단 말이에요. 수준이 낮은 것부터 높은 것까지, 예방주사부터 음식은 어떻게 해야 되고(대북지원가3).

각 도의 보건의료 담당하는 사람들을 모아놓고 강연회가 끝나고 나면 그 사람들이 돌아가서 하부 단위를 교육하는 시스템이 되어 있는 거죠. 그런 형태로 최하위의 말단까지 교육체계들을 세워 가는 형태로 보입니다(대북지원가1).

한 주에 한 번씩 정해진 날짜가 있어요. 담당과 의사선생님들은 자기가 맡은 인민반에 위생선전을 나가요. 오늘은 식중독에 대해서 다음에는 급성 유행성 감기에 대해서 이렇게 선전 제목이 있어요(탈북의사9).

위생선전 의사가 있어요. 예능 부문에서 이름 있는 선생님들이 주로 위생선전을 하세요. 위생선전판을 놓고 말로 합니다. 의사들한테 분담하거든요. 어느 아침, 어느 아침 평일에 5명을 선택해 줘요. 1월부터 12월까지 위생선전 제목과 계획을 다 세워요(탈북의사10).

안 하면 나쁜 놈, 국가에서 반동으로 보니 안 하면 안 돼요. 예를 들면 회충 구제를 나갔어요. 저희들은 아침 새벽에 나가면 집집마다 다니거든요. 문 두드려서 오세요 하고 약을 줘요. "어머니, 물 준비하셨죠?" "드세요. 보는 앞에서 드셔야 해요." 그런데 안 먹어요. 성인 같은 경우에는 한마디 합니다. "사 먹으라고 하면 사드시겠어요? 국가가 무료로 다 주는 약인데 세뇌교육을 받았기 때문에 안 먹으면 나쁜 사람이에요." 사상적으로 "안 하면 반동이다." "자본주의 사회 돈이 없어서 못 먹는 사람 많습니다. 죽는 사람 많습니다." 이렇게 들어갑니다(탈북의사10).

위생선전의 주 내용은 전염병에 대한 것으로 보인다. 최근 북한 지역에서 전염병이 만연한 이후 이를 예방하기 위한 노력을 보건 당국이 기울이고 있는 것으로 보인다. 성병과 에이즈 등에 대한 교육도 많은 것으로 보고하고 있다. 성병에 대한 교육이 많다는 것은 실제 성병이 북한에서 최근 증가하고 있을 가능성도 있으며, 자본주의적 성문화가 북한으로 침투되는 것을 막기 위한 북한 정부의 정치적 노력일 가능성도 있다.

> 감기를 막자, 모기 물리지 말자, 이 닦는 방법, 장내 전염병을 예방하려면 철저히 물을 끓여 먹어라, 손 씻어라, 채소는 다 씻어 먹어야 한다. 이런 식으로 주민한테 선전을 해서 1차 예방을 하자는 거야(탈북의사4).

> 감염성 질병이 돌고 하면 위생선전을 나가요. 대학생들도 나가고 병원에서 근무하시는 선생님들도 나가요. 미리 어느 한 집에 모이게 해요. 그러면 거기서 병에 대해서 설명을 해 줘요. 이렇게 되면 증상이니까 빨리 병원에 와라, 대책이 필요하다. 이렇게 선전해요(탈북의사5).

> 주기적으로 하게 되어 있어요, 위생선전이라고. 이빨을 잘 닦자, 파리나 곤충이 왕성한 8월이면 장염을 예방하자, 콜레라를 막자, 이런 타이틀을 가지고(탈북의사6).

> 돌림감기라든지 콜레라, 다 전염병 아닙니까? 그런 거나 에이즈, 매독 같은 거 교육합니다. 사회주의 의학은 예방의학이거든요. 병나기 전에 예방하는 것이 좋다. 그런 건 잘되어 있습니다(탈북의사8).

> 보건교육내용은 그 시기 전염되는 전염병에 대해서 제일 많이 하고요. 콜레라, 유행성 간염, 만성 간염, 돌림 간염에 대한 거 하고 그다음 에이즈, 성병에 대한 걸 중시해요(탈북의사9)

초기 북한주민의 건강이나 질병에 대한 지식 정보원으로 위생선전의 역할이 컸던 것으로 보인다. 다른 분야와 달리 의료나 보건의 내용은 정부의 숨겨진 의도를 의심할 이유가 없어 내용 자체는 주민에게 신뢰를 받는 것으로 보이지만 고난의 행군 이후 각 개인이 심한 생활고를 겪으면서 위생선전에 대한 관심 자체는 크게 감소한 것으로 보인다. 이러한 상황에서 위생선전 자체가 선전하는 의료인도, 듣는 주민도 추궁을 피하기 위해 할 뿐, 형식적으로 넘어가려고 하는 경향이 증가한 것으로 보고되고 있다.

틀려, 맞아 판단할 이유가 없잖아요. 선전하는 부분에 대해서 100% 믿죠(탈북의사5).

선전 자료가 위에서 내려오는 경우도 있어요. 아니면 의사들이 만들어요. 효과는 별로 없어요. 위에서부터 계획이 내려오고 추궁을 하고 수행을 해야 하니까 하는 거지(탈북의사6).

모르고 있던 걸 알게 되는 거 아닙니까? 가족적으로 주의하게 하고, 어디 가서 아무거나 먹지 않게 하고, 콜레라가 돈다고 할 때 애가 아이스크림 못 먹게 하고 절대로 끓인 물만 먹으라고 시키죠(탈북의사8).

지금은 먹을 거 없고 배고픈데 뭐 위생선전이겠어요. 근데 옛날에는 많이 했어요. 겨울이 오면 의무적으로 위생선전을 하는구나 하고 사람들이 인식될 정도로 많이 했어요(탈북의사3).

효과가 전혀 없진 않은데 너무 많지는 않고 … 예전에는 병원에서 선전하러 왔다 하면 관심을 가지고 모여서 듣기도 하고 했는데 이젠 잘 동원이 안 돼요. 사람들이 모여야 선전을 하는데 잘 모이지를 않아요. 들어봐야 그렇고 안 들어도 그만인 데다. 사는 게 급선무니까. 신뢰도는 의심하거나 거짓말이라고 표현하는 사람은 없어요. 듣고 물어보면 관심 가지기는 해요. 위생선전수첩이라는 게 따로 있어요. 거기다 오늘 내가 어디서 (위생선전을) 하면 반장한테서 수표를 받아가지고 와야 돼요. 하지도 않고 그냥 반장한테서 받아서 병원에 내요. 형식적이고 내용이 없죠. 주민도 그게(위생선전이) 부담스러운 걸로 되죠. 내가 먹고살아야, 오늘 돈을 얼마 벌어야 내일 애들 밥도 주고 학교 가는 돈도 주고 하니까. 그러니 이제는 많이 무시해 버리고 잘 참가도 안 하고 관심이 없어요(탈북의사9).

공식적 위생선전 이외에 북한주민은 비공식적으로 알고 지내던 의료인이나 장마당의 약장사에게 의료 정보를 얻기도 한다. 오히려 공식적인 의료기관에 문의하여 정보를 듣기보다는 약품을 구입하면서 듣는 정보를 더 신뢰하기도 하는데, 여기에는 과거 공식적 의료기관의 의료인에게 듣는 정보가 충분치 않은 경험도 영향을 준 것으로 보인다. 또한 실제 과거 의사들이 장마당 등의 약품 판매상이나 돈을 받는 사설 치료자로 변하면서 장마당 약품상이나 사설 치료자들에 대한 신뢰도는 더 강해진 것으로 보인다. 이와 같이 신뢰가 공식적 의료기관에서 사설 치료자로 옮겨가면서 사람들끼리의 정보나 사설 치료자의 마케팅 전략 등이 중요해지고 있는 것으로 여겨진다.

장마당에서 선생들이 진단하지만, 책임감이 있으니까 무슨 병 같은데 꼭 병원에 가서 무슨 검사를 해 보라 이렇게 말하면 그렇구나 하고 절차를 밟아서 검사를 하지요(탈북의사2).

동네에 의사들이 있거나 하면 혈압도 재주고 고혈압이라든가 그런 정보를 찾아볼 수 있거든요. 그런 사람들이 보고 "안 되겠다, 병원에 가라"고 말도 해 주고(탈북의사8).

고난의 행군 시기부터 의사들이 살기 힘드니까 장마당에 약장사 나간 사람들이 많거든요. 약을 팔기 위해서 초보적인 진단을 다 하거든요. 북한 의사들은 기계를 크게 쓰지 않으니까. 말 들어보고 무슨 병이 있다, 무슨 약을 쓰라 하면 약 쓰고 … (탈북의사2).

예전 의료 부분에서 근무하는 분들이라든지 의사로 근무하셨던 분들이 퇴직하거나 직장을 그만두고 집에서 계시는 분들이 많아요. 이런 분들이 생존을 위해서 치료를 하는 거죠. 그런 곳에(건강정보를) 의존합니다(탈북의사2).

고난의 행군 시기 이후 (의사를) 더 신뢰한다니까요. 왜 신뢰하는지 묻잖아요? 유상과 무상의 차이라니까요. 돈 주고 가면 더 믿음이 가고 정보를 주는 사람들은 더 책임성이 있고 이 차이에요. 자본주의와 사회주의의 차이가 바로 이 서비스에서의 차이에요(탈북의사3).

애기 낳고 결핵성 늑막염에 걸렸는데, 의사선생님이 처방전을 주면서 장마당에 가서 결핵약을 사 먹으라 그랬는데, 약을 살 돈이 없으니까 부항을 20일 동안 떴더라고요. 그리고 탈북을 했어요. 탈북하자마자 뇌척수에 결핵균이 침범해서 결핵성 뇌막염이 돼가지고 하반신 마비가 되었어요. 부항 20일 동안 뜬 것이 치료인 거야. 진단하는 의사가 질병에 대한 정보를 정확하게 안 주었다는 이야기지. 약만 먹어라 이랬다는 이야기잖아요. 빚을 내서라도 결핵약을 먹어야 한다(고 했어야죠). 돈이 없다고 그러면 입원을 시켜서라도 … (북한이탈주민 지원가6).

시골 같은 데는 군병원 가기 귀찮으니까 침 잘 놓는 사람 있으면 거기로 가요. 그 사람이 자격이 있든 없든 상관없이 치료가 잘 된다고 소문만 나면 잘 가요, 아무리 돌팔이라도(탈북의사 5).

누가 침을 잘 놓더라, 누가 뜸을 잘 뜨더라 하면은 그 사람 집으로 치료를 받으러 가는 거에요. 옛날에 우리 한의사 하시던 분들처럼(북한이탈주민 지원가5).

어느 선생님이 좀 잘 본다. 이런 게 입소문을 타고 나니까(탈북의사9).

(북한에서의) 신뢰는, 전문적인 것보다는 민간요법이나 장마당에서 파는 것이 더 중요한 것 같아요(북한이탈주민 지원가2).

저희가 살던 데에 여자가 전문대(3년) 졸업한 여자가 있었거든요. 고려의학도 좀 공부하고, 여자가 참 영리해요. 여자가 상과적인 기술(상술)이 있더라고요, 사람 들었다가 놨다 하는 게. 모르는 사람들한테는 통하는 것도 있고, 경험이 많으니까(탈북의사1).

자기진단이 만연하면서 각종 건강이나 질병에 대한 정보를 일반 주민끼리 공유하는 경우가 많은 것으로 보고되었다. 여기에는 주로 자신이나 주변의 경험에 따른 소문이 큰 영향을 주는 것으로 보인다. 의료인에게 듣는 정보보다 오히려 주변의 경험이나 자신이 목격한 것을 더욱 신뢰하는 경향이 있는 것으로 보고되고 있다. 간혹 책이나 유인물 등을 통해 정보를 구할 수 있다는 보고도 있었다. 일반 주민에게 전달되는 책은 민간요법을 담고 있는 경우가 많다고 한다.

주변에 누가 뭘 먹으니 나았다더라, 이런 말을 듣고 하는 (정보를 얻는) 것 같아요. 친구나 부모님이나 …. 기본적으로는 (의사 말보다는) 예전에 어떻게 했었는지를 더 신뢰하는 경우가 많은 것 같아요(북한이탈주민 지원가1).

건강에 관한 정보를 의사나 간호사를 통해서 얻는다고 말은 하는데, 실제로는 동료들을 더 믿는 것 같아요. 귀가 얇아요. 누가 친구가 무슨 치료를 했다 이러면 따라가고자 하는 것이 있고(북한이탈주민 지원가6).

같이 장사하는 사람이 감기를 앓는데 오한 나고 춥다 하면, 나도 감기를 앓았는데 무슨 약 먹으니까 낫더라 이러고. 그러면 병원에 안 가고 그 약 사서 먹어 보고(탈북의사2).

동네 사람이 의사도 아니고 보건 근무하고는 관련이 없는 사람인데도, 그렇게 아프면, 너 이렇게 해 봐라 그러면, 집에 가서 그렇게 해요. 그 말을 잘 믿고 그런 게 있어요(탈북의사9).

주변 사람들한테 서로서로 물어보고 나 이렇게 아픈데 어떻게 하면 이럴 때는 아편 꼬투리 달여 먹어 하면 그렇게도 먹고, 아주 비과학적이죠(탈북의사9).

북한에서 주민에게 나눠주는 책도 있고. 거기 보면 100가지 민간요법이라고 저도 그게 너무 신기해 가지고 …. 야채들도 많잖아요, 풀뿌리 같은 것도 많고. 도라지라든지 자연식 … (대북지원가6).

상식으로 책에도 많이 알려져 있거든요. 신문 있잖아요. 거기서 조그맣게 나오기도 하고. 마늘이 감기에 어떻게 좋다, 생강은 어떨 때 좋다(탈북의사8).

탈북한 북한이탈주민은 남한에서도 계속 주변의 지인이나 알고 지내던 사람들에게 건강 관련 정보를 얻으려는 경향이 지속되는 편이었다. 특히 남한의 생소한 의료환경에 적응할 때는 혼란을 겪는 경우가 많았으며, 남한에서도 의료기관에서 제공하는 이야기를 무작정 신뢰하는 것은 아니라고 전문가들은 보고하였다.

구전이지. 어디 아프면 뭐 먹어라, 어떻게 해라. 결국 자기(북한이탈주민)네 커뮤니티에서 하는 게 많은 것 같아(북한이탈주민 지원가11).

어느 병원에서 탈북자 잘 봐준다고 하면 꾸역꾸역 가는 거야(북한이탈주민 지원가11).

(탈북자 커뮤니티 안에 도는 정보를) 많이 신뢰해요. 남한 사람들하고 자기는 다르다고 생각하니까. 의료 수급자기 때문에 선생들이 자기한테 안 좋은 약을 처방한다는 불신도 있어. 자기네들은 공짜니까. 그게 아니잖아. 그런데 그런 거 모르고 자기들은 수급자니까 안 좋은 거, 싼 거 한다고 생각하는 것 같아(북한이탈주민 지원가11).

북한에서는 아프면 자기가 선택할 여지가 없잖아요. 진료소에 가서 어디 아프다 그러면 … . 근데 여기(남한)는 오면 병원이 너무 많잖아. 무슨 병원을 가야 하는지도 모르고. 북한보다 훨씬 세분화되어 있으니까 어디 가서 물어볼 수도 없고 …(북한이탈주민 지원가11).

자기들(북한이탈주민)끼리 모임이 있거든요. 같은 탈북민들 이야기를 많이 듣는 것 같아요. 누가 무슨 병원에 갔는데 고쳤다, 거기 갔는데 좋다 하면 이후에는 다 같이 몰려가는 경향이 있어요. 쌍꺼풀 수술도 같이하러 가고. 실정도 잘 모르고 혼자 하다가 사기당하면 안 되니까. 주변의 같은 탈북민들을 제일 믿는 것 같더라고요. 그게 잘못된 정보라면 다 같이 잘못된 정보를 알지언정. 불안하고 잘 몰라서 오는 공포반응도 있고, 나 혼자서 속은 것은 아닌가 해서 아는 사람이 안내해 주지 않으면 못 믿어요. 전문가 이야기를 그냥 믿지 못해요. 주변에서 그 사람 되게 좋은 사람이다, 이런 이야기가 있어야 믿지(북한이탈주민 지원가10).

지난번 단체로 쌍꺼풀 수술하고 온 사람들, 나이가 있어도 거름 지고 장에 가는 식으로 누가 좋다고 그러니까 어느 날 똑같은 얼굴로 나타난 거에요. 누가 간다 하면 따라가고, 의외로 의료 부분은요, 싸다고 하면은 진짜는 독이라도 마시겠더라고요. 문화체험처럼, 의료체험을 하고 싶어 하는 것 아닌가(북한이탈주민 지원가10).

### 3) 민간요법

북한에서는 주민의 민간요법 의존도가 상당히 높은 것으로 보인다. 경제적인 이유가 큰 것으로 추정되지만, 상류층에도 민간요법이 널리 퍼져 있는 것으로 보고되었다. 고난의 행군 이후 병원에 약이 없으므로 민간요법 의존도가 더 높아졌다는 보고도 있으며, 반면 약초를 구할 기력이 없어 민간요법마저 줄었다는 보고도 있었다. 이는 의약품이 부족한 정도일 때는 민간요법이 이용되지만, 경제난이 더욱 진행하여 아사자가 속출할 때는 민간요법도 잘 이용되지 않는 실정을 의미하는 것으로 보인다.

돈이 없으니까 민간요법을 일단 하고 그다음 수지침, 고려요법 … (대북지원가6).

북한 당국자나 평양사람들이니까 생활형편이 좋음에도 민간요법에 대한 의존율이 높다고 보여요(대북지원가1).

과학적이라는 말은 못 하거든요. 생활 속에서 경험하고 체험한 것들이죠. 많이 신뢰하죠. 아무래도 비용도 적게 들고, 북한에서는 많이 선호합니다(탈북의사8).

여기(하나원)서 304명을 대상으로 민간요법 경험이 있느냐 물었을 때 1/3이 경험이 있더라고요(북한이탈주민 지원가6).

고난의 행군 이후 민간요법을 더 많이 하는 거 같아요. 병원에 약이 많이 없어요. 그러니까 병원에 가봐야 거기서 거기고 주는 약도 신통치가 않고, 그 이후 병원에 안 가는 확률이 더 높죠. 민간요법을 더 많이 하죠(탈북의사9).

고난의 행군 이후에 많이 썼다고도 할 수 없어요. 산에 가서 약초 캘 힘이 없어졌고요. 먹고살기가 힘드니까. 산에 가려면 도시락 정도는 싸야 되잖아요. 굶으면 못 가니까. 그것도 거의 다 없어졌다고 봐야죠. 화분, 집에서 언제 키우겠어요, 아프고 힘든데(탈북의사10).

민간에서 가장 많이 이용하는 방법은 식품이나 약초를 이용하는 것이다. 간질환, 신장질환, 부인과질환, 위장질환, 심장질환, 근골격계질환 등 다양한 질환의 치료에 현대 생의학적 방법보다는 식품이나 약초를 사용하고 있었다. 북한의 의사들 역시 이러한 방법으로 질병을 치료하려고 하였고, 효과를 보았다는 주장도 있었다. 이로 미루어 보아 북한에서는 민간요법이 어느 정도 신뢰를 받고 있는 것으로 파악된다.

간염이면 미나리 즙 내서 먹고, 민물고기도 먹고(탈북의사1).

신장이 아프면 머리카락 태워서 먹고, 아니면 변소에 있는 벌집을 태워서 물에 달여먹고(탈북의사4).

간 복수 환자들한테는 옥수수밭에 가서 수염을 뽑아서 달여서 주고, 피부에 나는 봉와직염이라고 있는데 느릅나무 껍질 빨갛게 해서 쪄 가지고, 말려서 가루 내서 먹기도 해요. 기침이 날 때는 오미자를 말려 뒀다가 끓여서 뜨거운 물에 마시기도 하고(탈북의사9).

창출이라고 위에 최고 보약이에요. 애가 복부가 아프다 하면 대파 있잖아요. 뿌리를 다 잘라서 씻어 가지고 살짝 찧어요. 거즈 천에다 싸서 복부 배꼽 주위에서부터 상복부로 대주거든요. 한 30분쯤 지나면 싹 빠져요. 어떨 때에는 "파 뿌리를 해서 고장을 풀어봐 주세요" 하면 "선생님, 그걸로 해서 다 풀렸어요" 해서 병원에 안 오는 애들이 많습니다(탈북의사10).

산사를 찔광이라 하는데 열매를 분쇄해 주면 꿀이나 엿에 재어 먹어요. 어떤 분은 가루로 그냥 드시는 분들이 계신데, 강심제거든요. 심장 보호 약도 되면서 오미자를 많이 뜯어서 살짝 말렸다가 증류수에다 넣어서 30~40분 정도 우려서 이물질만 떼어 내거든요. 우려서 삼탕까지 하거든요, 끓이지는 않고. 그 물은 진짜 진하고 새콤하게 맛있는데, 아이들은 조금 시큼할까 봐 설탕은 너무 귀한 거라 사카린을 썼어요. 감기 온 아이들도 항생제를 떠나서 오미자로 똑 합니다(탈북의사10).

항결핵제 자체가 사람 몸에 상당히 센 약이거든요. 그 약을 투여하면 몸이 못 견뎌 토하고 하는 부작용이 있거든요. 염소라도 한 마리 잡아서 복용해라 같은 게 민간요법이거든요(탈북의사8).

남한으로 입국한 북한이탈주민 역시 민간요법에 의존하는 경우가 많았다. 현대의학이 제공되는 남한에서도 북한주민 나름의 민간요법을 버리지 않는 경우가 많다고 북한이탈주민 의료 관련 지원가들은 보고하였다.

나름대로 자기들이 생각하는 약이 되는 음식들이 있잖아요. 관절염에 민들레인가 할미꽃인가 달여먹었다든지(북한이탈주민 지원가1).

민들레도 먹고 옥수수수염 그런 것도 먹는다고 하더라고요. 소변 잘 보게 한다고 질경이를 갖다가 뿌리째 따뜻한 물에 넣어서 갖고 다니면서 마시더라고요(북한이탈주민 지원가4).

간이 안 좋다면 참외 껍질을 삶아 먹는다든지, 돼지감자를 말려서 끓여 먹으면 여자들 냉병 치료에 효과가 있다든지, 나뭇잎을 삶아 먹어서 어떤 치료를 한다든지(북한이탈주민 지원가5).

오소리술 담근 것을 매일 한 잔씩 먹어야 되는데 잡게 해 주세요, 웅담에 푼 술을 먹어 와서 몸이 좋았는데 먹게 해 주세요, 이런 요구를 많이 해요(북한이탈주민 지원가6).

어디에 좋은 민간요법 이런 건 더 공부하는 데에 비해 건강행태나 약을 어떻게 먹어야 하는지는 공부하지 않는 것 같아요(북한이탈주민 지원가1).

그런데 일부 민간요법은 상당히 비과학적으로 보이는 것들이 있었다. 피부에 음식을 붙인다든지, 시간을 맞추어 자세를 바꾼다든지, 서로 다른 풀 열 개를 모아 지혈한다든지, 고향의 흙을 가져온다든지, 뱀이 독을 빨아내고 죽는다든지 하는 행태는 대부분 주술적인 원시 치료와 유사한 행태이다. 그러나 북한주민은 이에 대한 의심을 크게 하지 않는 것으로 보고되었다.

간 복수가 왔을 때 생닭의 내장을 붙인다는 것도 있어요. 간이 붓잖아요. 그러면 계란을 깨서 풀어 가지고 붙인대요. 간 있는 부위에, 그러면 부종이 사라진대요. 담낭염 환자도 새벽 다섯 시에 일어나서 계란 흰자위를 먹고 이쪽(담낭 반대쪽)으로 돌아누우면 담즙이 잘 배출되는 게 있대요. 왜 그렇게 하지 이렇게는 안 받아들여요. 그냥 그런 게 좋대? 그럼 나도 해 봐야지 이렇게(탈북의사 5).

피 나잖아요. 아무 풀이나 열 가지 서로 다른 풀로 하면 지혈돼요(탈북의사7).

두드러기 돋는다면 고향에 가서 흙을 파다가 흙물을 타서 먹으면 토질병이 없어진다는 것도 있고(탈북의사3).

림프결핵이었는데 림프결핵이 터져버렸대요. 어떻게 치료했냐고 하니까 북한에서 뱀을 그 자리에 대면, 뱀이 화농된 고름을 빨아 먹고 뱀은 그 자리에서 즉사한대요. 결핵환자가 산에 가면 절대로 독사가 접근을 안 한대요. 결핵균이 전달이 된다는 거죠. 실제인지 아닌지는 모르지만 이분들은 그런 생각을 가지고 있어요. 실제로 독사가 물게 해서 림프결핵을 치료했다고 하는데, 3년 후 재발했다고 하더라고요(북한이탈주민 지원가6).

이러한 주술적인 민간요법 외에도 자신에게 부족하거나 귀중한 것을 자기 몸에 보충하려고 하는 민간요법도 보고되었다. 동물의 장기를 먹어 자신의 장기를 보충하거나, 피를 맞아 자신의 건강을 보충하는 모습도 있었다. 금을 삽입해 몸을 보충하려 하기도 하였다. 이러한 행태는 무엇을 먹거나 자신의 신체에 주입함으로써 자신의 건강을 보충하려는 원초적 심리에 의한 비과학적 민간요법에서 흔히 볼 수 있는 행태이다. 역으로 수혈같이 자신의 몸에서 무언가 빠져나가면 건강에 해가 될 것이라는 믿음을 가지기도 한다.

불안하고 이럴 때 심장이 안 좋다고 생각해서 토끼 심장, 돼지 심장을 먹었다는 사람이 많았어요(북한이탈주민 지원가1).

북한에서 무슨 치료를 받았냐고 하면 남의 피를 빼서 피를 맞았다는 이야기를 많이 해요. 좋은 피를 내 몸에 넣어 주면 좋다는 생각을 갖고 있는거 같아요(북한이탈주민 지원가6).

북한은 헌혈하는 것에 대해서 거부감이 많아요. 몸이 허약한데 피를 뽑으면 금방 몸이 허약해지고 죽는다고 생각하거든요(탈북의사5).

금을 굉장히 좋아해요, 금 치료를. 돈이 없어도 북한에서는 금침을 맞아요. 심지어는 아픈 부위가 있으면 그 부위에 금을 삽입하는 경우가 있고(북한이탈주민 지원가7).

주술적인 요소가 가장 크게 드러나는 점은 아플 때 북한주민이 무당이나 점집을 찾아간다는 것이다. 사회주의 국가로 무속 등을 금지하고 있음에도 불구하고 북한주민은 무속에 의지하는 경우가 종종 있는 것으로 보고되고 있다. 이는 북한주민이 질병을 초자연적인 현상이나 주술적인 현상으로 받아들이는 경우가 드물지 않다는 것을 시사한다.

안 나으면 점치러 가거나 무당 찾아가는 거, 많지는 않아도 여기에 푹 빠져 사는 분들도 있거든요. 미신 같은 거 많이 믿죠. 연초만 되면 점 잘 본다는 데는 줄을 서요. 비법이죠, 불법이죠, 분과에서 단속해요(탈북의사1).

무당이라고 해야 하나, 점치는 사람이 많아졌는데, 공동묘지를 전엔 잘 보지 않았어요. 고난의 행군 시기에 먹을 것도 없는데 산에 가면 떡도 치고 음식도 해야 되잖아요. 그렇지만 산은 더 많이 찾아간단 말이에요. 우리가 못사는 게 조상을 잘 못 모셔서 그런가 하는 한 가닥 믿음 … . 치료 부분도 그쪽으로 많이 채워졌어요(탈북의사4).

무당이 많아서 무당이 치료하는 데도 꽤 돼요(탈북의사5).

북한에서 아프면 제일 먼저 하는 행동이 뭐냐고 물어봤어요. 점쟁이한테 간대요. 심리적으로 안정을 얻고자 하는 마음이 많은 것 같아요. 자기 거주지에서 진료소로 갈 수 있는 시스템이 되어 있고, 직장에도 직장 진료소가 있잖아요. 그럼에도 불구하고 점쟁이에게 간다는 이야기를 가장 많이 했고(북한이탈주민 지원가6).

민간요법 중 일부는 비과학적이거나 비위생적인 문제로 큰 부작용을 일으키는 것으로 보고되었다. 이러한 문제점은 현대 생의학적 치료가 보급되어 있는 남한으로 입국한 북한이탈주민에게도 나타나는 것으로 보고되었다. 상처에 오물을 뿌려 감염이 악화되거나, 치약을 약으로 사용하기도 한다. 잘못된 상식으로 응급치료가 이루어지지 않기도 한다. 또한 전문적 치료가 아닌 자기치료의 형태로 부항이나 뜸을 뜨다가 화상을 입는 경우도 보고되었다. 이는 북한에서 민간요법이 정확한 지식이나 정확한 기술 없이 자기치료의 형태로 사용되어 북한주민의 건강을 위협하고 있는 면이 있음을 시사한다.

고름 나오는 상처 있잖아요. 거기다 돼지우리나 제일 더러운 걸 바르라는 것도 있어요. 누가 지금 똥오줌을 발라요, 상처에다. 상처가 났는데 항생제를 맞아야 낫거든요. 그런데 거기다 설탕 뿌리고 포도당 뿌리는데 …. 약이 없다 하니까 그런 게 자꾸만 존속하는 거에요(탈북의사4).

치약을 바른다든지, 애기 오줌을 바르는 경우도 있어요. 이상한 건 한국에 약이 많음에도 불구하고 치약이나 애기 오줌을 바르는 일이 있고요. 소화가 안 되면 녹두를 찾는다든지 하는 게 있어요. 예전에 자기가 하던 방법을 고수하려는 … (북한이탈주민 지원가1).

누가 쓰러졌을 때 119나 의료진의 도움을 구하기보다는 마사지를 해요. 이걸 30분하고 저희를 불러서 뇌출혈 환자가 안 좋은 경우도 있었거든요. (그 이후) 교육 때 객관식으로 문제를 냈거든요, 누가 쓰러졌을 때 1번 마사지, 2번 우리(의료진)를 부른다. 다 일단 주물러야 된다고 하더라고요(북한이탈주민 지원가2).

여성들은 소금이 만병통치약이에요. 부인과 쪽으로 염증이 있다고 하면 다 소금물로 … . 치약도 만병통치약이에요. 치약을 발라요, 그 부분에. 치약을 여성생식기 있는 쪽에 바르면 어떻게 되겠어요. 염증 있으면 치약 바르는 사람들이 있어요. 치약을 만병통치약처럼 쓰는 사람들도 있고(북한이탈주민 지원가6).

애가 눈 옆에 염증이 생겼어요. 약이 없으면 가만히 두면 되잖아요. 엄마가 염증을 잘 낫게 한다고 오줌을 찍어 발랐어요. 혹이 나서 왔더라고요. (남한에) 와서 수술했는데 … (북한이탈주민 지원가6).

돌 된 애기가 있었는데 이상하게 밤에 잠도 안 자고 운다고 해서, 영아반 선생님이 몸을 봤더니 애기를 컵에 라이터로 불을 붙여서 부항을 뜬 거에요. 그래서 애기가 화상을 입어서 밤에 잠을 안 자는 거에요. 놀이방에 와서도 애가 자꾸 보채더래요. 그래서 옷을 열어봤더니 엄마가 부항을 뜬 거에요. 자기가 그냥 한 거에요, 자기 멋대로(북한이탈주민 지원가4).

하나원에서도 기침을 하면 컵을 뜨겁게 달구어서 등에 데요, 부항 뜬다고. 기계가 아니라 컵을 달구어서, 우리에게 올 때는 화상을 당해서 오는 거지(북한이탈주민 지원가6).

뜸을 굉장히 많이 뜨는데 정도가 우리보다 훨씬 심해요. 2도 화상 이상으로 만든 경우가 종종 있어요. 하나원 자체 내에서도 자기들끼리 하는 걸 봤어요(북한이탈주민 지원가7).

## 3. 의약품과 진단 검사

### 1) 약에 대한 인식

북한주민은 약을 상당히 중요하고 귀한 것으로 간주하고 있다고 여겨진다. 이는 원칙상 무상치료제임에도 불구하고 고난의 행군 이후 실제 약이 부족한 것이 가장 큰 이유로 보인다. 필요할 때 없었던 약의 중요성을 절감하고 있으며, 약을 구할 수 있으면 무조건 챙기려는 경향이 크다고 보고되고 있다.

> 사람들 인식 자체가 병원에 크게 기대를 안 해요. 전에는 약을 쓰기 위해서 갔거든요. 약을 거저 주잖아요. 그런데 이제 가야 약이 없거든요. 다 시장에서 해결하죠(탈북의사4).

> 어떤 약이라도 있으면 무조건 챙깁니다. 자기에게 당장 필요하지 않은 약이라도 있으면 챙기죠. 왜냐하면 나중에 내가 필요할 때에는 그게 없을 수도 있기 때문에, 축장 경향이라고 물건 있으면 무조건 챙기는 거죠. 개인적으로든 어떤 조직이든 기관이든 그래요. 어떤 시점이든 내가 필요할 때 공수가 안 되거든. 그러니까 그때를 예측해서 어떤 물건이 남아돈다거나 잘 안 쓰이는 물건이라도 자기가 챙기는 거죠(대북지원가1).

무상의료 시절과 달리 고난의 행군 이후 약품은 일종의 재산가치로 간주되는 경향이 있는 것으로 보고되었다. 만약 돈을 내지 않고 약을 구할 수 있는 경로가 있으면 약을 충분히 챙기려는 경향이 커졌다고 한다.

> 병원에서는 자기가 원하는 약을 구입할 수 없는 경우가 많기 때문에 장마당이나 어디 시장을 통해서 …. 그때는 돈을 줘야 하니까, 굳이 돈을 내지 않아도 되면 약품을 챙기는 경향이 당연히 있죠. 또 필요하지 않아도 시장 가서 팔 수 있으니까

(대북지원가2).

예를 들어 유명한 약 타이레놀이다 그러면 그걸 어떻게든 구해 가지고 … . 유명한 약이라고 하니까 그거만 알고 가지고 싶어 하고 필요로 하는 사람들이 많아요. 어떻게든 상비약으로 가지고 있고 싶어 하는 사람들이 많아요. 주민, 의사 다 그런 걸 원한다는 느낌이 많이 들어요. 얼마만큼 어디에 써야 하는지는 잘 모르죠(대북지원가3).

의약품을 중시하는 태도는 남한에 입국한 북한이탈주민에서도 나타났다. 특히 하나원에서나 의료 보호가 유지되는 기간 동안 무상으로 받을 수 있는 약은 충분히 받으려는 경향이 강하다고 보고되었다. 무상 약품을 충분히 받지 못하면 경제적으로 손해라고 생각하는 것으로 추정하는 전문가도 있었다.

약은 북한에서부터 구하기 힘든 거였기 때문에 먹든 안 먹든, 받아서 안 먹을 수도 있지만, 없어서 못 먹으면 안 되잖아요. 약을 나쁘게 생각하기보다는 오히려 구하기 힘든 거고, 귀한 것이라고 생각하겠죠. 대부분 약 욕심이 많아요(북한이탈주민 지원가10).

(하나원) 퇴소하기 전, 나가서 병원에 바로 갈 수 없을지도 모르니까 여유 있게 약을 달라고 하는 경우는 많았어요(북한이탈주민 지원가3).

처방한 약보다 더 많은 약을 원하는 경우가 많아요(북한이탈주민 지원가9).

하나원의 경우에는 오기만 하면 접수하고 진료 보고 약을 처방해 주잖아요. 원하면 약은 무제한으로 받아먹을 수가 있는 거죠. 병원을 자주 오는 이유 중에 북한에서의 평등주의라고 할까. 저 사람이 약을 탔는데 나는 약을 못 탔다면 이 사람

입장에서는 손해야. 쟤는 약을 탔는데 나는 왜 못 타, 그렇기 때문에 나도 타러 가. 그래서 입소하고 나서 병원을 다 한 번씩 가요. 안 가면 내가 손해 본 느낌을 받기 때문에(북한이탈주민 지원가5).

약을 주민들끼리 공유하거나 빌리는 경우가 많이 보고되었다. 약을 빌려주거나 갚는 것은 약을 다른 물품과 동일시할 때 나타날 수 있는 형태이다. 이렇게 약을 공유하는 것에 대해 증상이 같아도 질환이 다를 수 있으며, 개인에 따라 심각한 부작용이 있을 수 있다는 인식이 부족한 것으로 보고되었다. 이는 개인이나 질환의 특성에 따라 정확한 진단을 거쳐 약을 투여한다는 인식이 부족한 경우 나타난다. 진단 위주의 병원 처방보다 증상 위주의 자기처방이 두드러진 문화가 가장 큰 영향을 준 것으로 보인다.

다른 사람 약도 돌려먹고 하는 경우가 있어요. 병원이 없는 곳에 살았기 때문에 그런 것들에 대해 크게 걱정하지 않고 아무렇지도 않게 하는 것 같아요(북한이탈주민 지원가2).

소화제나 두통약 같은 경우는 다른 사람과 나눠 먹는 경우가 있더라고요. 자기가 가져가서 나눠 먹는 경우도 있고요(북한이탈주민 지원가3).

약이 없으면 옆에 사람에게 꿔서 먹기도 해요. 꿔주기도 하고요(북한이탈주민 지원가4).

그 사람(북한이탈주민)들은 진통제를 많이 먹고, 중국 가서 약 사서 서로 나눠 먹고 그러는 거지(북한이탈주민 지원가11).

북한에서 진료행위와 같은 무형의 행위에 대한 경제가치는 잘 인정되지 않으며, 약과 같은 물품만이 경제적 가치로 환산되는 것도 약의 중요성이 더 커진 이유가 된 것으로 보인다. 사적 시장에서 북한 의료인은 진료행위에 대한 대가는 받지 않는 것으로 되어 있고, 약에 대한 대가만 받는 것으로 인식하는 면이 있다고 한다.

> 저희는 의술을 팔아야 하는데 약을 팔아야 되거든요. 약을 팔아야 거기서 떨어지는 게 있어요(탈북의사1).

> 진료를 받잖아요. 진단을 내리고 어떤 약을 쓰면 좋겠다, 이렇게 조언을 주지 않습니까. 그런데 환자가 진료에 대해 보상하면 좋고 안 해도 할 수 없죠. (돈을) 내라고 공식적으로 액수가 정해져 있다든지 그런 것은 없어요. 돌아가는 소문에는 주사 한 대에 500원이다 이런 경우가 있어요. 그런데 이것은 일률적으로 진료를 보시는 분들이 모임을 가지고 토론해 가지고 정한 것이 아니고, 어떤 분이 가서 주사를 맞았죠. 그러면 감사합니다 하고 성의껏 돈을 드리겠죠. 그게 전파가 되는 거에요. 나도 주사 맞으러 가야겠는데 무엇을 가지고 가면 좋을까 하는데 누구는 500원 가지고 갔다더라 하면 가격이 정해지는 거죠. 그런데 그게 500원을 안 가져갔다고 해서 안 봐 주는 것은 아니죠. 대신에 진료를 봐 주고 진단을 내리고 약명을 처방했다고 하면 약에 한해서는 그분에게 약을 사서 쓰셔야죠(탈북의사6).

> 장마당에 있는 의사가 진료비를 받는다기보다는, 환자를 진단하고 약을 팔아요. 거기서 수익을 얻습니다. 병원은 진단서가 필요하신 분들이 가지요(탈북의사2).

진료 행위보다 약품을 중시하는 경향은 진료를 받으면 약을 꼭 받고 싶어 하는 태도로 나타나기도 한다. 특히 약을 무료로 받을 수 있는 경우 이러한 경향은 두드러졌다. 다만 스스로 병이 없다는 것을 받아들일 수 있는 경우에는 약을 처방하지 않는 것에 대해 큰 불만이 없는 것으로 보였다. 진료를 하면 약을 받아야 한다고 생각하는 것은 북한의 정책 때문이라는 탈북의사의 보고도 있었다. 그러나 약품이 귀하기 때문에 실제로는 병원에서 약을 공급하지 못하거나 민간요법, 한약 등으로 대체하는 경우가 많은 것으로 보고되었다.

> 병이 없는데 지나가다가 혈압이나 볼까, 엑스레이나 찍어볼까, 하면서 오는 사람은 정상이라면 그냥 고맙습니다 하고 가지요. 억지로 약을 달라 하진 않죠. 병원에 오는 사람들은 확실히 병이 있는 사람들이거든요. 그런 경우 병원에 있는 약은 최대한 줍니다. 근데 병원에 없는 약은 본인이 부담해야 되지요(탈북의사8).

> 의사가 '약이 필요 없습니다' 할 때는 병이 심하지 않다는 거니까 환자들은 마음이 놓이는 거에요(탈북의사3).

> 병원에서 주는 약은 공짜잖아요. 돈 안 내도 되니까 약을 타 가고 싶어 하죠. 어르신들은 공짜니까 어떻게든 병원 약을 받아가고 싶어 하죠. 그런데 병원에도 요즘에는 약초 가지고 만들어서 쓰는 약을 많이 써요. 환자들이 필요 없다는 데도 굳이 원할 때는 그런 약으로 처방해 주지요(탈북의사9).

> 정책 자체가 병원 오는 사람들한테 약을 다 주게 되어 있거든요. 환자를 촉진하고 진단까지 한 다음에 처방을 해야만 차트가 끝나니까 처방을 다 해 주지요. 어떤 사람들은 동약(한약)을 먹기 힘들면 안 가져가겠다는 사람도 있지만, 우리는 처방해 주거든요. 안 타고 그냥 가는 경우도 있지요. 그렇지만 우린 처방한 걸로 되어 있으니까(탈북의사2).

진료하고 약이 필요 없다고 하면 북한주민은 의심하는 경우도 있는 것으로 보고되었다. 약품의 품귀 현상과 검사 장비의 부족 등으로 그러한 소견을 신뢰하지 못하기도 하며, 실제 약이 있는데 다른 곳에 사용하기 위해서 빼는 것이 아닌가 하는 생각을 가지기도 한다.

그런데 그 말을 믿을 수 있느냐 없느냐 하는 거죠. 내과에서 누가 제일 유명하다, 이런 것이 정해져 있어요. 그런 분들한테서 진료를 받으면 환자들이 믿겠죠. (일반 진료소에서 이야기하면) 그게 맞나 … (탈북의사6).

병원에 현실적으로 약이 없어요. 약이 나와도 없어요. 간부용으로 큰 병원으로 빠지거든요. 아니면 시장으로 빠지고(탈북의사1).

일부 반대 의견을 보이는 이들도 있었으나 북한이탈주민 의료 관련 전문가들은 북한이탈주민이 병원에 오면 약을 꼭 받으려고 한다고 보고하였다. 특히 북한이탈주민은 자신이 약이 필요하다고 판단하면 원하는 약을 받기 위해 상당히 노력한다는 보고가 많았다. 원하는 약을 당장 얻을 수 없다고 판단하면 큰 불만을 털어 놓기도 한다고 보고하였다. 이러한 행동은 특히 북한이탈주민 전문 의료기관일수록 더욱 강하며, 후송된 경우에는 덜한 것으로 보였다.

일단 병원까지 왔으니 약을 받아야 한다고 생각하는 것 같아요. 뭐라도 달라고 하거든요. 예를 들면 종기가 있어 누워 있는데 아무것도 안 해도 된다고 하면 실망해요. 원래는 좋아해야 하는데. 그런 경우 끊임없이 오거든요, 약을 줄 때까지. 약을 먹어야 하는 질환이라고 생각하면 꼭 약을 받아가는 것 같아요(북한이탈주민 지원가1).

(약을 꼭) 달라고 해요. 계속 설득하면 인정하는데 어쨌든 마음에 안 차 해요. 기본적으로 약을 좋아해요(북한이탈주민 지원가2).

오늘 와서 약 안 먹어도 되겠다면 다음날 또 와요. 기어코 한 알이라도 줘야 해요. 하다못해 조금 긁혀도 꼭 들어가서 약 발라주고 뭐라도 해 줘야 해요. 병원에 오면 뭐라도 해 줘야 해요. 약을 한 알이라도 주든지, 소독을 하든지, 반창고라도 붙여 주든지 해야지 그냥 보내면 안 돼요, 절대로(북한이탈주민 지원가4).

먹고 싶어 하는 약들이 꼭 있어요. 그 약 꼭 달라고 말해요(북한이탈주민 지원가5).

약을 덜 먹으려고 하는 경우는 없고요. 약을 먹는 것을 좋아해요. 쉽게 말해서 약에 부작용이 있고, 약은 나쁜 것일 수도, 우리 건강을 해칠 수도 있다는 생각은 안 하고, 약은 좋은 것이고 귀한 것이라고 생각해요. 내가 필요할 때 사서 먹지 못했잖아요. 그렇기 때문에 약에 대한 믿음이 좀 심해요(북한이탈주민 지원가5).

약을 꼭 받으려고 하죠. 하나원이 모든 것을 무상으로 주기 때문에 가지고 있다가 다른 용도로 쓸 수가 있고(북한이탈주민 지원가6).

북한에서 갑상선 기능 항진증이 있었대요. 외부 진료를 봤는데 갑상선 기능 항진증이 있다고 하니까 의사가 피검사를 하고 1주일 뒤 결과를 보고 약을 드린다고 한 거죠. 거기에서 나자빠진 거야. 내가 지금 이렇게 불안하고 미치겠는데, 대한민국은 나 죽어가는 데 약 한 알도 안 준다고. 증상에 초점을 맞춰서 반드시 약을 먹어야 된다고 생각하는 거야. 손에 소화제 한 알이라도 주어야 가는 거야. 그러니까 하나도 주지 않고 설득할 수는 없어요. 플라세보라도 주어야 해요. 손에 소화제 한 알이라도 쥐어 줘야 간다니까요(북한이탈주민 지원가6).

정서안정 프로그램을 했어요. 가장 큰 불만이 그거였어, 면담을 했는데 선생님들이 약 처방 안 해 주냐고. 병원 가면 약을 먹어야 한다는 생각을 하고 있기 때문에 약을 안 주면 거기에서 불신이 생기는 거죠(북한이탈주민 지원가11).

북한의 병원 의약품은 직접 약을 만드는 경우가 많다고 하였다. 나름의 원칙으로 운영되고 있는 것으로 보고되었으나, 이는 주로 수액과 단순한 약품, 고려 약(한약), 약초 등이 위주인 것으로 추정된다.

북한 병원은 대부분 병원에서 약품을 조제해요(대북지원가2).

우선은 하루에 세 번 정도 증류수 만들고 약품 타서 만들어요. 이게 제대로 된 건지 균이 없는지 보기 위해서 토끼에게 우선 주사 딱 하고, 토끼가 아무 이상 없다고 하면 사람한테 주사하죠(대북지원가2).

북한은 병원 안에 약국이 따로 있거든요. 그 약국에서 약이 다 나오거든요. 액체나 일반 대중약품이라든지 마취제라든지 대부분 다 병원에서 만들었습니다. 생리식염수라든지 포도당이라든지 이런 건 다 병원 자체에서 생산하거든요. 국소마취제도 병원에서 만듭니다. 대중약품인 아스피린 같은 약도 병원 자체에서 만들거든요(탈북의사8).

고난의 행군 시기 때 어려움을 겪고 살다 보니까 맘이 드니까 병원에서 약을 자체적으로 개발하고 제조해서 환자들에게 줬거든요(탈북의사8).

대부분 약은 장마당에서 구해야 하는데 다양한 국가의 약품이 반입된다고 하였다. 가장 많은 수가 중국 약이라고 하였다. 이에 대한 관리는 잘 이루어지지 않는 것으로 보고되었다. 외국 약의 경우 약에 대한 내용을 잘 모르고 자기처방을 하여 남용의 위험이 더욱 큰 것으로 보고되었다.

(장마당의 약은) 중국산이 대부분이고요, 그다음 남한 약도 많아요. 몰래 파는데 굉장히 신뢰도가 높더라고요. 사용설명서가 한글로 써 있어. 중국 약이나 유엔 약들을 보면 몽땅 외국 말로 써 있으니까 본의 아니게 약을 많이 남용하거든요. 한국 약은 보니까 포장도 잘되어 있고 아주 깨끗해요. 근데 많은 비중을 차지하는 게 중국 약이에요(탈북의사4).

북한에서 생산하는 약들은 설명서가 별로 없어요. 포장 자체도 예쁘지 않기 때문에 이건 북한 약이라는 걸 명백히 알아요. 돈이 있으면 독일, 인도, 한국 이런 약을 많이 쓰고, 안 되면 중국 약 쓰고, 더 안 되면 북한 약 쓰고(탈북의사5).

약은 중국을 통해서 오는 거에요. 평양 같은 곳은 유엔(UN) 약이 들어왔어요. 그럼 그 약을 받아가지고 장사꾼들이 파는 방법으로 장사가 되는 거죠(탈북의사7).

### 2) 치료 및 약물 순응도

앞서 말했듯이 보통의 경우 약을 복용하고 싶어 하나, 반대의 경우도 보고되었다. 즉, 의료진에서 권유하는 경우에도 약물을 잘 복용하지 않는 경향 역시 보고되었다. 이는 당장 증상이 없거나 약이 주는 불편감이나 부작용이 있는 경우에 많이 나타났다. 또한 경제난 때문에 돈을 아끼려고 질병이 있다고 해도 약을 잘 먹지 않는 경향이 보고되었다.

약 먹기 싫어하는 사람들은 귀찮아서 … . 회충약 있잖아요. 고난의 행군 전에 산토닌 달인 물이라는 게 있어요. 그게 되게 써요. 쓴맛이 장난이 아니에요. 그거를 아침마다 다니면서 …. 어떤 의사는 딱 앞에서 먹는 걸 봐야 돼요, 새벽에. 그 약을 새벽에 먹어야 되고 공복에 먹어야 되고 원칙이 있어요. 사람들이 너무 싫은 거에요. 저 같은 경우에는 입에 물고 집에 막 달려 들어와서 뱉어 버리고 … (탈북의사5).

결핵도 돈이 있을 때는 결핵약을 사서 먹고, 돈이 없을 때는 결핵약을 안 먹는 거야. 결핵약이 도대체 얼마인가 알아봤어요. 해산하고, 청진 쪽에서 마이신을 한 달 동안 맞는 게 1만 5,000원이래요. 아이나가 100알 들어 있는 게 120원, 리팜핀이 720원, 에탐부톨 얼마 이렇게 되는데. 북한노동자 임금이 2,000원에서 2,500원 정도밖에 안 되는데, 마이신을 1만 5,000원을 주고 어떻게 맞겠어요. 치료가 다 안 된다는 이야기가 나오잖아요(북한이탈주민 지원가6).

약을 복용하는 것을 주관적 증상 여부에 따라 결정한다는 보고가 많았다. 즉 주관적 증상이 있으면 처방한 약을 먹고, 주관적 증상이 없거나 경하면 치료가 필요해도 더 이상 약을 먹지 않는 경우가 많다는 것이다. 그러나 전술한 바와 같이 무상일 때는 약을 일단 받아 놓으려는 이유, 의사 면전에서 거부하지 않는 습관 등의 이유로 나중에 복용하지 않는다고 해도 일단 약을 받아놓는 경우가 많다고 한다.

> 병원 가서 진단받고 약 처방을 받으면 질병이 낫기 위해서 약을 꾸준히 먹잖아요. 이분들(북한이탈주민) 같은 경우에는 증상이 있다 없다 하니까 약을 타 가도 하루는 먹고, 그다음 안 먹는다든지 그런 경향이 있어요. 많이 아프면 당연히 먹죠. 그런데 안 먹는 경우도 많다는 이야기죠. 꾸준히 먹는 경우도 있지만 남한 사람에 비해서 꾸준히 먹지 않아요. 자기 마음대로 복용해요(북한이탈주민 지원가5).

> 강조하는 게 통증이 온다는 것은 이미 많이 진행된 것이기 때문에 약은 통증이 없어도 쓰라고 합니다. 의사 말을 끝까지 들으라고. 이 사람(북한이탈주민)들은 그게 아니고 내가 아프니까 하고 거꾸로 들어가는 거지(북한이탈주민 지원가11).

> 꾸준하게 타 가는데 잘 안 먹는 것들이 있어요. 퇴소할 때 청소하다 보면 방마다 약이 얼마나 많이 나오는지 몰라. 타기는 타 가는데 꾸준하게 먹지 않는 거 같아요(북한이탈주민 지원가6).

> 의사가 먹으라면 먹어야 된다는 강제성이 있으니까 그 사람(먹지 않으려는 환자)도 약을 타거든요. 타서 버리겠죠. 버리면 버렸지 의사 앞에서 안 타겠다(고 이야기하지는 않아요). 북한 사람들은 그런 거 있거든요(탈북의사2).

### 3) 약물 남용

북한에서는 약을 과다 복용하는 경우가 많다고 보고되었다. 약을 될 수 있으면 많이 먹으려고 하는 경향도 보고되었다. 돈이 있으면 비전문가도 장마당에서 약을 쉽게 구할 수 있어, 증상 위주로 자기처방을 하는 것이 주 이유가 되는 것으로 추정된다. 북한주민이 약을 과다 복용하는 경우는 약의 효과나 부작용에 대해 자세한 내용을 아는 경우보다는 자신의 불편을 더 빨리, 더 확실하게 덜기 위한 경우가 더 많은 것으로 추정된다. 그 외에도 실제 병원에서 약을 다소 적게 처방하는 것과 외국 약들의 설명서를 읽을 수 없는 것이 주민이 스스로 약을 증량하는 원인이 되는 것 같다는 보고도 있었다.

더 먹으면 더 먹으려 하지 덜 먹으려 하는 거 같지는 않는 거 같고 … (대북지원가1).

약을 남용하죠. 병원 가서 약을 못 받잖아요. 오늘 가도 내일 가도 똑같은 처방을 계속 준다고 하면 귀찮잖아요. 그러면 약을 살 수 없어야 하는데 살 수 있잖아요. 그냥 막 사는 거에요. 산다고 해서 설명서를 다 보는 건 아니잖아요. 약을 남용하는 게 많죠. 내가 먹고 싶은 대로 먹어도 누가 뭐라고 안 하잖아요. 사도 뭐라고 안 하고 … (탈북의사5).

북한에서 장마당에 가서 자기가 사고 싶은 약을 사면 되는 거야. 내가 어디가 안 좋다, 어느 약을 달라고 하면 주니까 약물 오남용이 심해요(북한이탈주민 지원가5).

자기가 사서 먹으니까 과다 복용도 할 때도 있죠. 약을 세게 써야 병이 낫는다, 그런 게 있어 가지고. 빨리 낫고 싶은 분 중에 좀 높여 해 보면 나을까 하는 분들도 있고요. 여기처럼 첨부용량이 철저하게 정확하거나 그렇지는 않아요. (병원에서는) 안 그렇죠. 처방은 정해진 대로 하거든요(탈북의사1).

더 빨리 낫기 위해 더 먹는 경우도 있거든요. 소화제 같은 거 좀 더 먹고 …(탈북

의사7).

먹어 보니까 안 듣는다고 더 먹기도 하죠. 덜 먹는 경우는 있는 거 같지 않고. 자기가 판단해서 해요. 선생님 말이 법처럼 안 돼요. 더 먹어 보니까 좋더라. 자기가 막 판단하고, 그게 큰 문제죠(탈북의사9).

처방 자체를 조금 적게 해요. 북한은 약이 많지 않으니까. 약을 적게 먹겠다는 사람은 그렇게 없어요. 의사들이 다 나가서 파니까 약을 줄 때면 용량을 낮추면 낮췄지 높이지 않거든요. 그렇기 때문에 약 줄 때나 팔 때는 꼭 강조하거든요. 이 약은 극약이기 때문에 꼭 한 알만 먹어라, 한 알 먹고 안 되면 다시 와라. 내가 또다시 줄게, 이런 식으로(탈북의사2).

중국 약이나 유엔 약들을 보면 외국 말로 써 있으니까 본의 아니게 약을 많이 남용하거든요(탈북의사4).

특히 과다 복용이 많은 약물은 항생제, 진통제, 수면제, 소화제 등이었다. 이러한 약물의 공통점은 즉각적인 효과를 보이는 약물이라는 것이다. 경과에 따른 자연적인 치유를 기다리지 못하고 빠른 치료를 원하기 때문인 것으로 보인다. 만약 즉각적인 효과가 나타나지 않으면 진통제, 수면제 등은 바로 증량하거나 다음 처방 시간이 되기 전에 스스로 추가 복용하는 경우가 많다고 보고되었다. 북한이탈주민이 머리가 아프면 혈압약을 더 먹는 등 실제 약의 치료 효과보다는 증상에 따라 복용을 하는 것으로 보아 정확한 약의 성격을 모르고 남용하는 일이 많을 것으로 추정할 수 있다.

의사들은 항생제를 남용하고요. 효과를 빨리 봐야 되니까(대북지원가3).

항생제를 굉장히 많이 남용하죠(탈북의사4).

군대에서 감기 기운 있으면 일반 사병이 항생제 섞어 가지고 주사 준대요(북한이탈주민 지원가6).

아스피린 한 알 먹으라 했는데 한 알 먹으니깐 소용없다 하면 두 알 먹어 보겠지요(탈북의사2)

진통제들, 프로포폴 이런 것들을 시장에서 파니까 남용하는 거에요. 시장에서 사기만 하면 되니까. 저녁에 아픈데 두 시간 지나면 또 아프거든요. 또 아프니까 또 맞고 또 맞고(탈북의사5).

아스피린 같은 거 계속 먹는 사람이 있어요. 시간 간격을 잘 모르는 사람도 있거든요. 머리가 아프다면서 돌아서면 또 먹는 경우도 있고 … (탈북의사8).

기다리지 못하는 것 같아요. 진통제 먹고 5분 있다 아직 효과가 없으니까 또 먹는 거죠. 약한테도 기회를 줘야 하는데. 소화제도 먹고 또 먹고. 먹으면 딱 좋아져야 되는데 그러지 않으니까(북한이탈주민 지원가1).

연고나 안약도 정말 금방 없어져요. 하루에 세 번, 네 번만 넣어도 되는데 계속 넣어요(북한이탈주민 지원가1).

수면제 처방했는데 잠이 안 들면 두 알, 세 알, 네 알 먹는 경우도 있고, 두통약도 과용량 먹는 경우가 많고 … (북한이탈주민 지원가2).

(처방한 약보다) 혈압약 1주일분을 주면 3일 만에 다 드시고 오세요. 하루 한 번 아침에 먹는 건데 저녁에 너무 머리가 아파서 한 번 더 먹었대요. 모든 약을 잘 그래요(북한이탈주민 지원가4).

> (주로 남용되는 건) 진통제. 사실 그게 진통제가 아니었을 수도 있어요. 항생제였을 수도 있고. 수면제였을 수도 있고. 그런데 자기가 이런 증상 있을 때 받은 약이니까 다른 사람에게도 그렇게 주고 … (북한이탈주민 지원가2).

항생제가 정확한 진단 없이 남용되는 경우 항생제 내성이 발생하기도 한다. 실제로 말라리아나 결핵의 경우 약이 남용되거나 약을 꾸준히 먹지 않고 증상에 따라 증감하여 내성이 생기는 경우가 많은 것으로 추정되었다.

> 유엔기구 통해서 (말라리아) 치료약들을 보냈더니, 제대로 진단하지 못한 상태에서 여름에 열만 나면 약을 주는 거죠. 그런데 말라리아 치료제 같은 경우에는 약제 내성이 굉장히 잘 생기거든요. 손쉽게 구할 수 있는 경우 오남용을 하는 경우가 있다는 거죠. 따라서 진단할 수 있는 장비, 시설, 키트가 같이 병행해서 들어가지 않으면, 약물 오남용, 약제 내성이 생길 수 있다는 측면이 있고요(대북지원가).

> 아이나(이소니아지드, isoniazid)는 결핵약인데 유엔이나 이런 데서 결핵약을 북한에다 많이 풀었잖아요. 그 약 먹으면 밥맛이 난다고 영양제 개념으로 그 약을 먹어서 국내 입국한 결핵 환자들이 검사해 보면 이소니아지드에 내성이 많이 생겨 있어요(북한이탈주민 지원가5).

> 하나원에 와서 제일 처음 들은 이야기가 "이소니아지드, 밥맛 도는 약 주시오였어요." 제가 "결핵약이지 밥맛 도는 약 아니에요" 이러니까. "선생님 무슨 소리입니까, 북한에서는 밥맛 도는 약입니다."라고 하더군요. 결핵약을 먹었던 사람들이 이소니아지드 내성이 많아요. 다제내성 환자도 많고(북한이탈주민 지원가6).

항생제 외에도 증상에 따라 자기가 약물을 과다 처방하는 경우 부작용을 겪거나 습관성이 생기는 경우가 있는 것으로 보고되었다. 북한이탈주민을 진료한 의료진들에게서는 중국에서 들어온 진통제에 대한 남용과 이에 따른 습관성이 자주 보고되었다. 그 외에도 멀미약, 변비약, 안정제, 뇌압하강제 등 다양한 종류의 약물 오남용과 이에 따른 부작용이 보고되었다. 이 역시 약물의 위험성을 모르거나 고려하지 않고 증상에 따라 남용하면서 나타나는 것으로 추정된다.

> 장마당 나가면 아스피린은 없지만 중국에서 넘어온 아스피린 계열 약이 있어요. 알아서 잡수었거든요. 병원에서 이제 안 먹어도 된다는데도 알아서 사 먹다 보니까 중독이 되지요. 의사도 어쩔 수가 없지요. 막지 못하죠. 지들이 힘들고 아파서 타 먹는데 뭐라고 하겠어요(탈북의사10).

> 진통제 많이 먹죠. 정통편이라고 중국에서 만든 약인데 북한에 많이 들어가 있어요. 해열진통제인데 중독성이 좀 있어요. 두통이 있거나 했을 때 중독되어 있는 경우가 많아요. 그 약을 먹지 않으면 힘든 건지, 날마다 5알, 6알을 먹고 그렇게 했으니까(북한이탈주민 지원가5).

> (북한이탈주민) 교육생이 한번 어지럽다고 왔는데 눈이 퍼져 있어서 응급이다 하고 생각했는데, 귀에 키미테(멀미약)가 있는 거에요. 그래서 다음에는 반만 붙이세요라고 하니까 환자가 말하길 멀미가 너무 심해서 양쪽에 붙였다는 거에요(북한이탈주민 지원가1).

> 많이 타는 약이 여자인 경우에는 변비약이에요. 계속 먹으면 나중에 장이 움직이지 않잖아요. 증상에 대해서 건강행위를 통해서 해결하고자 하는 것보다는 약을 먹어서 시원하게 해결하고자 하는 것들이 많아요. 변비약을 많이 타는 이유가 부인과 쪽으로 염증이 많거든요. 그러면 근본적으로 부인과 염증을 해결하고, 운동을 해야 되는데 … (북한이탈주민 지원가6).

> 북한에서 디아제팜(diazepam, 습관성이 있는 신경안정제의 일종)을 주기적으

> 로 맞았대요. 잠이 안 와서. 약에 대해 의존이 생긴 거야. 잠이 안 와. 여기서 수면제를 주어도 잠이 안 오는 거야. 그러니까 굉장히 힘들어하더라고요. "북한에서 디아제팜 먹었는데 디아제팜 주시오." 자기가 직접 약명을 이야기하면서(북한이탈주민 지원가6).

> 북한에서 머리가 아팠는데 의료 경험이 있는 사람한테 만니톨(mannitol, 신경외과에서 뇌부종이 심각한 경우에 사용) 주사를 뇌물을 주고 주기적으로 맞았대요. 만니톨이 뇌압 하강제에요. 그 주사를 북한에서는 머리가 아픈 사람이 주기적으로 맞았다는 거죠(북한이탈주민 지원가6).

증상 위주의 사고방식에 따라 대부분 북한주민은 빠르고 강력한 약을 선호하고 원하는 것으로 보고되었다. 주사가 효과가 빠르고 강력하다는 인식이 커서 주사 제제를 선호하는 경향이 있다고 한다. 실제 북한 의료진이 쓰는 약물 역시 남한이나 국제 사회에 비해 효과가 바로 나타나는 강력한 약물이 많다는 보고도 있었다. 이는 위험이나 부작용으로부터의 안전성보다는 효과의 신속성이나 강력함을 중시하는 경향 때문인 것으로 추정된다.

> 주사 맞는 거 좋아해요. 우리도 마찬가지지만 주사 맞으면 금방 낫는다는 생각이 있거든요(대북지원가1).

> 북한에 있을 때 링거를 맞고 치료했다면 여기(남한)서도 원하는 거죠. 포도당이나 이런 건 치료의 의미는 아니잖아요. 치료약이라고 생각을 해요. 그래서 자기는 그거 한 대 맞으면 벌떡 일어난다고, 나았다고 환상을 갖고 있는 거죠, 주사에 대해(북한이탈주민 지원가5).

> 북쪽 사람들이 쓰는 기존 약들은 굉장히 강한 약품이 많아요. 효과가 바로 나타나는 … . 북쪽 의사들의 입장에서는 자기들이 그동안 써 왔고 처방했고 만들어 왔

던 약들은 즉각적인 증상 변화가 있었단 말이죠. 반면 국제사회나 남측에서 오는 약은 그렇지 않더라는 불만을 가끔 이야기해요(대북지원가2).

주민이 구하는 약은 대부분 장마당에서 별다른 통제나 규제 없이 판매되고 있다. 이러한 실상에서 장마당에서 파는 약들이 안전하고 효과적인 약품인지, 아니면 위조 약품인지가 명확하지 않다. 특히 중국에서 들어왔다는 약에는 정식 제품이 아닌 경우도 있다고 한다. 출처를 알 수 없는 약 때문에 생명을 잃는 경우도 보고되었다. 효과가 없는 위조 약품도 있을 수 있다고 한다. 약이 만약 효과가 없으면 함량이 부족한 약을 구한 것 아닌가 하는 의심으로 더 복용하는 경우도 있다고 한다.

중국 약품은 북한 사람들이 파악이 안 되는 거에요. 개인이 만들고 이런 것도 많으니까 의료사고가 많이 나죠. 보건일꾼을 통해서 규정과 지시에 의해서 먹는 게 아니라 의학상식이 없는 사람들이 진통제 같은 거 맞고 싶은 대로 맞고 그러는 거에요(탈북의사4).

중국 밀수를 이용해서. 산통페이란 약은 두통이 있을 때 하나만 먹어도 머리가 깨끗하거든요. 북한 사람들은 앞이 없이 하루하루 산 사람들이니까 그저 장사하다가도 머리 아프면 그거 하나 사서 먹는 거죠. 어떤 사람들은 똑같은 약을 사 먹어도 위천공 오는 사람이 있잖아요. 그래서 병원에 와서 구급수술하고 …. 병원이 먼데 북한은 교통이 없잖아요. 시병원까지 오면 복막이 다 터져 죽는 사람도 있어요. 원인 모를 외상은 꼭 부검하거든요. 그럴 때 위천공, 약물중독 사례들이 있는데 다 중국 약이에요(탈북의사2).

(아는 선배가) 감기 때문에 약을 사서 먹었는데 죽었어요. 아스피린은 맞아요. 그런데 그 성분에 뭐가 있었는지가(모르죠). 수사하고 그런 건 없어요. 죽은 거죠(탈북의사5).

중국에서 북한에 팔아먹는 약을 가짜로도 많이 만들거든요. 먹어도 효과 없는 경우도 많이 경험했겠죠. 100% 들어가야 하는데 성분이 50% 들어간다든지. 그러니까 약을 두려워하지 않는 것 같아요. 잠이 안 오면 두 알 먹고 그런 거 있거든요. 기본적으로 약을 두려워하지 않는 것이 있어요. 심지어 가짜 약은 아닐까 의심까지 해요(북한이탈주민 지원가10).

북한에서 불법 습관성 물질(필로폰, 아편 등)을 사용하는 경우도 보고되었다. 아편류는 진통효과와 함께 설사, 기침 등에 효과가 있다. 고난의 행군 이전에는 마약이나 아편류에 대한 관리가 잘 이루어져 남용이 없었다고 한다. 그러나 고난의 행군 이후 의약품이 부족해지면서 습관성 물질을 의약적 용도로 사용하기 시작하였다고 한다. 이후 이를 경험한 주민들이 스스로 아편을 재배해 약으로 쓰기 시작했으며, 재배한 아편을 판매하기도 한다. 아편의 중독성을 모르는 것은 아니나 실제 많이 사용하다 보니 아편 중독이 생기고 있다고 한다. 그 외에도 빙두라고 불리는 필로폰 중독 역시 보고되었다.

(예전에는) 병원에 약국이 있고 그러니까 환자분들이 남용할 수가 없었죠. 특히 독극 마약 경우에는 독극 마약 보관 위치가 따로 있어요. 독극 마약 처방이 나갈 때는 협의가 있습니다. 반드시 원장실을 거쳐서 처방 차트에 사인이 없으면 약국에서 약을 주지를 않아요. 남용이 있을 수가 없어요(탈북의사10).

장내에 이상이 있을 때는 아편을 많이 써요(탈북의사3).

농촌에서는 아편을 많이 해요. 설사할 때 아편 먹으면 효과가 있어요. 북한도 통제는 하지만 나라 자체가 아편을 재배해요. 그래서 팔거든요. 그걸 사용해 보면 (설사가) 딱 떨어지거든요. 아편 중독이 안 되어야 한다는 초보적인 상식은 다 있어요. 그런데 통제가 안 되니까. 스스로 통제한다는 게 힘들잖아요. 우리 담임선생님 한 분이 늑막을 앓았는데 숨 쉴 때마다 마찰로 아픈 거에요. 그분이 아편을 조금 썼는데, 아플 때마다 반복하다 보니까, 자꾸 쓰시게 되더라고요 (탈북의사7).

설사 같은 건, 집집마다 밭이 있는 사람은 아편을 심어요(탈북의사9).

2007년에는 설사로 병원에 오면 아편을 달여서 병원에서 만든 약을 줬어요. 잘 듣는다고 하니까 그걸 줬는데, 요즘 보니까 감기에도 먹는 모양이에요. 병원 안 가고 자기네들끼리 만들어서 설사에도 먹고 하는 모양이에요. 많이 남용하는 것 같아요. 일반 가정에서 비슷한 걸 달여 가지고 마구 쓰고, 함흥 그런 데 가면 전문적으로 만들어 파는 장사꾼들도 있고 그래요. 그래 가지고 밀매가 되죠. 사회에서 그쪽에 제재가 없으니까(탈북의사9).

북한에서 트럭에서 떨어져서 치료를 받았다던데 병원 가서 다른 치료는 못 받고 아편을 맞았다고 해요. 아편 투여가 상용화되었다고 해요. 의료기관에 관계된 사람들이 아편주사를 놔 준대요, 집에 와서(북한이탈주민 지원가8).

약물 오남용 문제가 심각해요. 아편 흡입하다 온 사람도 많고, 빙두를 경험했다고 하는 사람들도 많이 있어요. 북한에서는 아편이나 이런 것들 많이 쓰는 것 같아요(북한이탈주민 지원가6).

### 4) 검사 관련 질병행태

북한의 경우 최신 장비를 이용한 검사가 많지 않다고 알려져 있다. 또한 전기 등 기본 인프라의 제약으로 검사를 원활하게 진행하기 어려운 경우가 많다고 한다. 이에 따라 장비를 이용한 검사보다는 촉진, 청진 등의 이학적 검사에 의존하는 경우가 많다고 한다. 특히 촉진이나 청진은 규정이나 통제 때문이라도 꼭 하는 경향이 있다고 한다. 검사비용은 원칙상 무료이므로 만약 검사를 받을 수 있다면 일단 받고 싶어 한다고 한다.

북한은 장비들이 많지 않고 구식 장비인 데다 전기가 제약되니까 엑스레이나 이런 것을 할 수가 없어요. 대체로 청진 위주로 많이 하거든요. 경험적인 거에 많이 의존하죠. 청진 간단히 하고 처방하고 …. 약 주는 것은 아니고, 진단만 해 주면 끝이에요(탈북의사1).

규정 자체가 문진, 촉진 이런 게 있잖아요. 북한은 사회주의 의학이니까 환자를 돌려보낼 때는 병원 갔는데 진찰도 안 하고 보내더라고 할 것 같아서 솔직히 체온만 재도 되는 환자를 청진도 해 보고 하거든요. 청진도 뱃속 대는 체라도 해야지 만족하니까. 차트 자체가 문진, 소견 이런 것도 다 써야 하니까(탈북의사2).

안 해도 되는 병인데 뢴트겐 시키고 피도 뽑고 하는 게 남한은 많은 것 같고, 북한은 안 그렇거든요(탈북의사9).

다 무료잖아요. 복부 초음파, 뢴트겐, 엑스레이 그런 거라면 하고 싶어 해요(탈북의사1).

무조건 받고 보려는, 뭐든지 하려는 것 같고요. 현재 병원에서 못 하니까(대북지원가5).

북한이탈주민 전문 의료진들의 보고에 의하면 이러한 검사 선호 경향은 남한에 입국한 후 더욱 두드러진다고 한다. 더 나아가 실제 스스로 어떤 검사를 받겠다고 강하게 요구하는 경우도 있다고 한다. 이는 과거 최신 장비로 검사를 받아본 적이 없기 때문에 이에 대한 보상 심리로 나타나는 경우가 있다고 추정된다. 또한 제대로 진찰을 받지 못하고 살아왔기 때문에 항상 가지고 있었던 건강에 대한 불안감 역시 최신 장비로 검사하여 건강을 확인받고 싶어 하는 이유가 되는 것으로 추정되기도 하였다. 정신과적 증상이 신체적으로 나타나는 경우(신체화, 건강염려증)에도 장비를 통한 검사로 확인받기를 원하며, 증상이 없어도 자신의 건강상태에 대해 무언가 확실한 답을 얻고 싶어 하는 경향이 있다고 보고되었다.

북한에서 검사를 받아본 적이 없기 때문에 좋은 장비를 가지고 검사를 받아 보기 원합니다(북한이탈주민 지원가1).

내시경 많이 받고 싶어 해요. 신체화 때문에 안 좋은 경우들이 있으니까 내시경 받아서 확인받고 싶어 해요. 본인이 내시경 좀 해 주세요 하고 오는 경우가 많아요. (실제 내시경 결과는) 딱히 나쁘지는 않아요(북한이탈주민 지원가2).

검사받는 거 좋아하고요. 그걸 통해 뭔가 있다거나 없다거나 확실하게 밝히는 걸 좋아하더라고요(북한이탈주민 지원가3).

요새는 CT를 알아서 CT를 찍어달라고 해요. CT로 안 나오는 것도 찍어 달라고(북한이탈주민 지원가4).

검사 같은 경우도 더 적극적으로 받으려는 경향이 있어요. 적극적이죠. 집이 멀어도 정해진 진료 날짜와 진료 시간을 잘 지키는 편이고, 한국 사람들에 비해 요구사항이 더 많고, 증상이나 징후가 없어도 검사를 원하는 경우가 있고요(북한이탈주민 지원가4).

공손하다가 요구를 들어 주지 않으면 갑자기 180도 돌변해서 무례하게 변해 버리는 경우도 있어요. 검사를 안 해 주거나 그러면 자주 따져요. 고발하는 경우도 있고 민원을 넣는다든지 하는 경우도 있고요(북한이탈주민 지원가5).

건강에 대한 불안감이 밑바탕에 깔려 있어요. 태어나서 지금까지 아팠을 때 정확하게 검사하고 치료받지 못했거든요. 예를 들어서 한국 사람들은 간이 안 좋다든지 심장이 안 좋다는 소리를 한 번 들으면 병원에 가서 검사하고 치료받고 퇴원하면 머릿속에서 지워지는데, 이분들은 그런 의료시스템이 제대로 이루어지지 않았기 때문에 정확한 검사도 받지 못했고, 치료도 제대로 못 받은 것 같은 찜찜함이 있기 때문에 계속 나는 건강하지 않다, 어디가 아프다는 생각을 깔고 있어요. 그렇기 때문에 큰 병원 가서 검사를 다 해 보고 싶어 해요. 지금까지 그렇게 못했기 때문에. 거기다가 대한민국은 병원이나 의료가 발전되어 있다고 생각하기 때문에(북한이탈주민 지원가5).

(북한이탈주민은) 검사는 많이 해 줄수록 좋아하죠. 건강염려증이 있다 보니까 머리부터 발끝까지 다 검사해 주기를 원하죠. 아프다고 난리치고 했던 사람이 내시경하고 결과 괜찮다면 다음부터 안 오는 경우도 많아요. 검사가 받고 싶었던 거야. 검사하고 이상이 없다고 하니까 괜찮나 보다 하고 믿음이 생겨서 그런 거지(북한이탈주민 지원가5).

검사를 하면 질병으로 나오지는 않아요. 증상이에요. 증상이 심리에 따라 있다가 없다가 하잖아요(북한이탈주민 지원가5).

검사에 대한 요구는 결국 경제적인 요인과 결합되어 있는 것으로 추정된다. 북한이탈주민이 남한 병원에 검사를 요구하는 것은 검사가 무료로 제공되는 경우에 국한되어 있다고 전문가들은 파악하고 있었다. 반면 본인이 비용을 지불해야 하는 경우에는 검사를 권유받으면 오히려 의심을 하거나 검사를 하지 않으려고 하는 경우도 있다고 보고되었다.

하나원에서 검사하는 건 무료잖아요. 이 사람들 입장에서 봤을 때는 모든 검사를 받고 싶어 하는 건 당연한 거지. 만약에 하나원에서 검사가 필요 없다고 안 해 주면 나는 아픈데 왜 검사를 안 해 주느냐 그러는 거고(북한이탈주민 지원가5).

내시경도 해 달라, CT도 찍어달라. 대한민국에 와서 기대감이 있는 거죠. 여기 와서 확인을 해 보자. 자기 돈이 든다면 그렇게 요구 안 하겠죠(북한이탈주민 지원가6).

북한이탈주민은 검사 좋아하죠. 공짜로 해 줄 때 좋아해요(북한이탈주민 지원가10).

나는 안 아픈데 의사들이 돈 벌기 위해서 하는 거 아니냐. 아프지도 않은데, 청진기도 안 대고 그러던데. 기계로 계속 뭐 해 보려고 한다. 이런 말을 많이 하더라고(북한이탈주민 지원가11).

내가 돈을 내느냐 안 내느냐가 중요한 거지. 돈을 내면 내가 아프더라도 안 받고, 공짜라 그러면 안 아파도 해야 하는 거고(북한이탈주민 지원가11).

## 4. 북한의 의사-환자 관계

### 1) 정성의학과 의료윤리

북한 의료진의 윤리는 정성의학으로 대표된다. 많은 대북지원가나 탈북의사들은 정성 정신에 따른 의사들의 헌신성과 희생정신을 높게 평가하고 있었다. 특히 고난의 행군 이전에는 환자들에게 정성이 없는 의사는 의사가 아니라는 분위기가 강했으며, 보수 없이도 환자를 위해 희생하는 정신으로 무장되어 있었다고 한다. 정성의학운동은 상당히 열정적으로 퍼져 나갔으며 북한 의사들의 정신에 큰 영향을 준 것으로 파악된다.

북쪽 의사들의 헌신성을 부인하는 사람은 없을 거 같아요. 대단히 헌신적인 정성정신, 대단히 열심히 하려고 … (대북지원가2).

의사지만 굉장히 헌신적이고 노동자, 기술자로서 몸 사리지 않고 … (대북지원가6).

의사로서의 헌신 같은 부분을 많이 강조하고 자기 피를 빼서 주는 심정으로 치료한다는 이야기를 많이 들었다. 정서상 의사는 환자를 굉장히 생각하는 사람인 듯했다(대북지원가8).

의사들 속에서 정성의학이 불이 붙었어. 환자들한테 정성이 없는 의사는 의사 자격이 없다고 봤어. 내가 환자를 잘 진료하지 못하면 의사가 기본적으로 갖춰야 되는 자질이 없다는 자책감이 생기게 되는 거야(탈북의사3).

객관적으로 보면 저 사람들 바보 아닌가 하는 생각이 들 정도로 보수 없이 의사들이 일을 했어요(탈북의사6).

병을 보지 말고, 생명을 살린다는 마음을 더 가지라는 거죠, 병을 치료한다는 마음보다. 의사들의 마음이 순수하죠. 특별한 혜택은 없어요. 그 자체로서 사람의 생명을 살린다는 긍지죠(탈북의사7).

공산주의 도덕 자체가 자기보다도 남을 더 위하고 살아야 한다는 도덕관을 심어줘요. 남을 위해 희생하는 정신을 주거든요(탈북의사7).

고난의 행군 전에는 사람들이 개인적인 생활, 내 생활의 이익보다도 환자의 아픔을 먼저 생각하고 치료한다는 생각이 컸어요. 그렇게 생활에 신경을 안 쓰고 치료 열심히 했는데, '정성은 명약이다' 이런 표어도 붙이고 … (탈북의사9).

남한 의사들보다 북한 의사들이 정성은 더 있는 것 같아요, 기술은 좀 떨어지지만 환자들 대하는 데서는(탈북의사9).

의사들이 정성은 도로에도 꽃을 피운다든지 그런 표어도 있고, 생활총회 할 때도 그런 이야기하고, 회의할 때도 환자에게 정성을 쏟자고 이야기하고 그러니까(탈북의사9).

그러나 정성의학이 퍼져 나가는 과정에서 무조건적인 희생만 있었다고 보기는 어렵다. 반복적인 교육이 있었으며, 정성의학 정신을 잘 발휘하고 있는지에 대한 감시와 통제가 존재하였다. 정성의학 정신을 잘 발휘한 사례가 있으면 정치적으로 인정받고, 직업적 능력도 인정받았다고 한다. 정성의학 발휘에 대해 국가 차원의 보상과 징계, 통제가 잘 이루어졌기에 의사들의 개인적 이익과 정성의학운동이 전혀 별개로 움직인다고 보기는 어려울 것으로 추정된다.

정성의학 정신을 발휘 안 할 수가 없습니다. 아침에 출근하면 가운을 입어요. 가운 앞에 정성이라는 마크를 달고 그 밑에 소아과 의사면 소아과 이름 아무개라는 명찰을 달죠. 명찰 없으면 그날 치료 들어가지 못합니다. 가운 딱 입고 모자 쓴 상태에서 아침마다 점검해요. 점검하고 아침 조회한 후에 치료가 무조건 진행됩니다. 거기서 원장님이나 책임의사나 기술부원장이 하는 이야기가 무엇이겠어요. 첫째고 둘째고 정성이죠. 정성 안 높이면 보건 일꾼 해체돼요. 그리고 사상투쟁회가 있습니다. 각 시군에서 보건일꾼들만 모여서 강하게 때리죠. 보고서 나오면서 때려요. 거기서 창피하게 망신 안 당하려면 정성해야죠. 예방접종 날이 나왔잖아요. 활발하게 진행되고 있는데 방역소에서 나와서 죽치고 앉아 있어요, 제대로 하나 보려고. 접종이 다 끝나면 방역 의사들이 주민 속으로 들으러 갑니다. 어느 선생님이 어떻게 했다 어떻게 복용하더라, 알아봐요. 그분들이 병원에 와서 어느 날 어느 선생 인민반 담당이죠, 어느 세대 가니까 이렇게 이야기하더라고 하면 발뺌 못 하죠. 국민들이 본 것을 그대로 이야기하는데. 위생선전 나갔다, 세대가 25세대인데 23세대만 참가했다, 왜 빠졌다 이유를 대야 되는 거에요. 얼마나 조직생활이 센지(탈북의사10).

정성의학은 크게 과학기술적으로 질병 치료하는 것과 자기 혈육처럼 사랑하고 치료하는 것과 두 가지인데, 걸리면 보수가 깎이거나 굉장히 비판을 받았어요. 그렇기 때문에 싫어도 환자들을 안 봐줄 수가 없어요. 우리 병원 같은 경우에는 열 가지를 점수로 평가했어요. 환자한테 불성실하게 대하거나 환자하고 싸우는 경우 감점이 되거든요. 그렇게 통제 아래 있었어요. 북한 사회는 철저하게 통제에 의한 활동이니까(탈북의사3).

잘 발휘하는 게 뭐에요. 자꾸 통제하니까 울며 겨자 먹기로 하는 거에요(탈북의사4).

의사들이 피를 뽑고 피부이식을 해 줘야만 일을 잘하는 의사가 되니까. 그때 의사들은 그렇게 해서 정치적으로 인정받으면 그다음은 든든했거든요(탈북의사2).

공장 기업소에선 사고 난 환자는 중앙병원에 파송해요. 살면 살린 의사를 비롯해 신문 전면에 나고 애국심이다 공산주의자다 이렇게 해서 선전하지요(탈북의사2).

평가나 판단을 인민들을 통해서 하는 게 있어요. 시스템이 그래서. 의사가 정성치료를 하면, 그러니까 의사의 피를 뽑아서 환자에게 준다든지 이식할 때 허벅지의 뼈를 깎아서 주었다든지 하면 칭호를 받는 거에요(북한이탈주민 지원가6).

경제난 이후 정성의학 정신이 많이 쇠퇴했다는 보고들이 있었다. 국가가 의료진을 포함한 국민을 책임지지 못한다는 인식이 퍼져 나가면서 정부 홍보나 교육의 실효성이 떨어지기 시작하였다. 또한 정치적인 인정이나 노동당 입당의 가치가 하락하면서 정성의학 정신 발휘는 더욱 줄어들었다. 의료진도 경제적 이득에 관심이 커지기 시작하고, 각종 비리가 커지면서 의료진의 정성의학 윤리도 쇠퇴하고 있다고 보고하였다.

(고난의 행군 후) 내가 믿고 살던 내 나라가 날 책임져 주지 못하단 말이에요. 그게 무너지면서 받은 교육까지도 허물어지는 거에요. 누가 아니라고 말해 주는 사람은 없지만 스스로 아니다. 내 옆집에 살던 사람이 굶어 죽고 나라에서는 아무 관심도 없어요. '내 운명은 내가 책임져야 하는구나' 이런 마음이 들거든요. 어떤 교육도 필요 없어요(탈북의사7).

고난의 행군 전에는 의사들이 무조건 환자가 생기면 피부를 이식해 주기도 하고 피도 O형이면 무조건 (수혈) 했는데, 내가 죽더라도 환자는 살려야 한다는 교육을 엄청나게 많이 받았기 때문에, 근데 지금은 아니에요. 의미가 없거든요. 그때는 (고난의 행군 전) 입당을 위해서 그런 걸 많이 하거든요. 지금은 입당하는 게 더 귀찮고 입당하면 계속 뭐해라, 어째라 계속 작은 자유마저도 빼앗기니까(탈북의사 5).

배울 때는 남조선에서는 환자의 돈주머니부터 보고 그렇게 배웠거든요. 그런데 제가 봤을 때 그쪽(북한)이 그래요. 환자 겉모습 보고 괜찮겠네 하면 치료방향이 달라져요. 이 환자는 치료를 경하게 해 주면 화내고 복잡하게 나올 것 같다면 처음부터 민간요법을 안 들어가요. 무조건 약을 사야 되고 빨리 치료를 끝내는 게 목표가 되는 거에요(탈북의사 5).

옛날에는 철저하게 실력순으로 뽑고 그런 절차가 엄격하고 그랬었는데, 최근에 와서는 간부 자식이면 전문대 3년짜리 졸업하고도 외과에 들어가고, 옛날에는 상상도 할 수 없었는데(탈북의사1).

지금은 돈이 많고 권세에 숨는, 간부 자녀고 당 일꾼 자녀고 병원비서나 원장들한테 음으로 양으로 이렇게 줘서. 옛날에는 정말 실력 있고 일 잘하는 사람은 안전했는데, 지금은 실력 있어서 뭘 해. 그저 돈 많고 권력 있으면 하고 싶은 건 다 한다(탈북의사2).

### 2) 고난의 행군 이후 의료진 변화

고난의 행군 이후 의사들도 심한 경제난을 겪기 시작했다. 배급이 끊기고 월급만으로는 의사들도 생존하기 힘들었다고 한다. 이에 따라 정성의학 정신이나 국가 충성도, 환자에 대한 열정이 과거보다 떨어지기 시작했다고 한다.

> 의사들도 이중적인 생활을 해야 되는 거잖아요. 월급 가지고는 살 수가 없고 자기 딴에 보수를 안 챙기면 가족을 책임지지 못하잖아요. 아무래도 옛날보다 충성도가 좀 떨어지는 거죠(탈북의사1).

> 배급을 탈 때는 그걸로 살았으니까 딴생각 안 하고 오직 공부만 하고 환자 치료만 하고 이랬는데, 배급이 끊어지니까 먹고 살기 힘드니까 의사들이 나와서 환자를 보는 게 아니라 오늘 저녁 집에서 쌀, 밥은 뭘로 할까 생각해요(탈북의사2).

> 80년대까지는 바빠서 집에 못 가면 병원에서 다 밥 먹고 침대에서 자고 또 환자 치료하고 이랬거든요. 그때는 바쁠 뿐이지 긍지가 있었는데. 90년대부터 우선 병원에 쌀이 없으니까 밥을 주지 못하니까. 환자들이 밥을 날라 오니까 환자가 선생님 식사하세요 하고 밥 주면 그걸 얻어먹고 그랬어요(탈북의사2).

고난의 행군 이후 의사들의 긍지와 자존심도 많이 무너졌다고 한다. 환자를 치료하면서 느끼던 강한 긍지는 줄어들고, 국가를 위해 열심히 일해야 한다는 의무감 역시 줄어들었다. 결국 의사들 역시 자신의 생존을 위해서 움직이게 되면서 더 이상 큰 긍지와 자부심을 느끼지 못하게 되었다고 한다.

> 70, 80년대 초까지는 의사들이 힘들어도 긍지도 있었는데 고난의 행군 힘드니까 (탈북의사2).

고난의 행군 전 의사라고 하면은 사람들도 엄청나게 우러러봤고 본인 자체도 긍지가 있었어요. 아픈 환자를 치료하면 다 나았을 때 그 느낌, 저는 못 느꼈어요. 고난의 행군 지나서 졸업했기 때문에. 긍지가 있다 그런 건 못 느꼈어요(탈북의사5).

긍지로 많이 베풀고 살고 있는데, 힘들어졌잖아요. 그다음 링거를 하나 놔 주고 돈이 따라오는 거에요. 전에는 내가 일하면 나라에서 나에게 돈을 주니까 일해야 한다는 의무감으로 일했는데, 나라에서 주는 것도 없지. 그러니까 다 자기가 살기 위한, 내가 어떻게 하든 살아야 한다는 거니까. 서비스도 필수고, 사람을 끌어야겠고, 한 사람이라도 더 환자를 봐야만 링거를 하나 더 놔 줄 수 있고, 그다음 약 장사꾼이 많이 나왔어요(탈북의사7).

의사들은 생존을 위해 다른 부업을 가지기도 하였다. 고난의 행군 초에는 의사들이 병원에서 나가지 못하게 해서 장사를 할 수도 없는 상태에서 배급은 끊기고, 월급으로는 생존 자체가 불가능했다고 한다. 결국 나중에는 규정을 어기고 장마당이나 시장으로 가서 장사하는 경우가 많았다고 한다. 어떤 병원에서는 아예 병원 안에서 장사하게도 하였으며, 어떤 병원에서는 장사하고 남는 일부를 병원에 내는 조건으로 장사를 허락하기도 했다고 한다. 이런 상황에서 병원의 진료 시스템은 더욱 붕괴된 것으로 보인다. 여자 의사의 경우에는 생계를 위해 병원을 나가지 못하는 경우가 더욱 많았다고 한다.

의사들은 병원에서 월급 안 줘, 쌀 안 줘 근데. 자꾸 나오라 그러지. 시장에 나가서 고구마라도 하나 팔아서 돈이라도 1,000원 버는 게 낫지. 거기(병원) 가서 그러고 있을 이유가 없단 말이야. 병원에 가면 선생님도 없는 거에요. 과에 복부외과에 전문의가 10명 있어야 하는데 5명밖에 안 나오는 거야. 나머지 5명은 생활전선에 뛰어들었죠(탈북의사4).

돈을 많이 벌어야겠다 하면 졸업하자마자 6년 배운 것을 다 물리고 장사의 길로 들어가요(탈북의사 5).

병원 선생님들도 배급을 안 주기 시작하니까 선생님들도 일하기 바쁜(힘든) 형편이세요. 저희 병원도 마지막에 원장님이 생각하기에는 병원을 운영하려면 선생님들을 장사시켜야 되겠다고 생각해서 장사를 시키려고 하니까 선생님들을 병원 밖으로 내보낼 수는 없잖아요. 그래서 병원 안에 장사할 거리를 만들어 준 거에요. 우리 병원 같은 경우에는 국수 기계를 놔서 옥수수 가루를 내서 선생님들이 국수를 많이 만들었어요(탈북의사 10).

보건일꾼들은 앉아서 한숨 쉬고 아우성이에요. 한두 달 나가 장사하고 얼마를 벌면 얼마 수입을 병원에 바치고 일을 하게 해 주세요. 그래서 시간을 받는 경우도 있었는데, 대신 남은 선생님들이 받아들이고 허락을 해야죠. 병원에다가 어느 정도 그 기간에 번 돈을 물고 장사 기간을 줘야 하는데, 장사가 잘되는 담보가 있어야 하는 거지. 장사 안 되고 돈도 못 벌면 병원에 오면 뭐가 돼요(탈북의사10).

남자들은 의대를 졸업하면 그래도 병원에 있어요. 와이프들이 벌어서 대줄 수 있잖아요. 가정을 운영할 수 있으면 의사로서의 사회적인 거는 있으니까 유지하거든요. (지인이) 도병원에서 교수로 있으면서 정형외과에서 일하고 계시는데, 한 달에 수술을 매일 7회 정도씩 해요. 그런데 월급은 없고(탈북의사 5).

일부 의사들은 자신의 의료 행위를 통해 비공식적인 수익을 얻기도 하였다. 북한은 원래 무상의료의 원칙이 있지만 실제로는 의료 행위를 하고 약을 구해서 치료해 주면서 수익을 얻기도 했고, 침을 놔 주면서 물품을 받기도 하였다고 한다.

병원에서 근무하지 않고 자기 집에서 환자를 보시는 분들도 있어요. 그분들이 엄청나게 잘해요. 그런데도 가지요. 자격은 다 있는 분들인데 퇴직하시거나 사직하시거나, 원래 다 불법이에요. 보수가 돈도 있고, 약을 팔거든요. 약에서도 떼면 남잖아요(탈북의사1).

의사가 환자에게 항생제를 주면 그만한 보답을 그 선생한테 해야 되니까. 인사차림 하는 돈이면 장마당에서 제 돈 내고 사 가지고 올 것도 다 놔 주거든요. 환자가 사온 것보다 좀 낮게 우린 살 수 있죠. 결국 다 우리 인맥이 닿아 있는 사람. 조금 낮게 사는 거기서 결국 돈을 조금. 어떤 환자들은 그걸 알기 때문에 항생제 무슨 5대 값이 4,000원이라면 4,000원을 주면서 '선생님 이걸로 사 주세요' 하면, 우린 3,500원에 사고 500원은 남기고(탈북의사2).

주로 진단서 떼는 사람들이 (진료소에) 오거든요. 진단서만 떼 주고 침 맞고 이런 거는 저녁에 집에 오라고 그런다고. 집에 올 때는 빈손으로 안 오거든요. 쌀 1키로라도 사 가지고 오고 그렇지. 어떤 사람은 저녁에 먹을 게 없지만 오늘 꼭 침 맞아야 되겠다고 할 때는 남새(채소)라도 사 가지고 와서는 침 맞으려고 왔다면. 양심에 '가져가라, 집에 가서 보태라' 그렇지만 가져온 것 또 가져가진 않거든요(탈북의사2).

의사선생님한테 가면 뇌물을 주어야 하는 부분이 많은 것 같아요(북한이탈주민지원가6).

일부 의사들은 장마당에서 약품을 팔기 시작하였다. 환자를 진단하고 약에 대해 설명할 수 있으며, 가짜 약을 판별할 수 있으므로 의사들이 파는 약은 장마당에서 경쟁력이 있었다고 한다. 처음에는 불법인 행위이기 때문에 양심에 걸려 차마 못 하던 이들도 생활에 몰려 결국 장마당에서 약을 팔기 시작한 경우도 많은 것으로 보고되었다. 장마당에서는 의료인으로서 환자에게 도움을 주려고 노력했다는 보고도 있었다.

국가에서는 절대로 의사는 약을 짓지도 팔지도 말라 하지만 약을 팔아야만 살겠으니까, 의사 노임 2,900원이에요. 그때는 북한에서 최고 노임인데 2,900원에 쌀 1키로 사서 식구 4명이 하루 살면 없는데(탈북의사2).

위에서 자꾸 단속하고, 양심이 있으니까 처음에는 못했어요. 못했다가 고난의 행군에 하나 둘 의사들도 죽어나가니까. 그다음엔 이러면 안 되겠다 해서, 의사들이 다 약장사를 하면서 살거든요(탈북의사2).

시장에 약품 매대가 고난의 행군 이후에 생겼어요. 약만 파는 매장. 그런데 그게 99%가 보건 일군들이 앉아 있단 말이야. 병원을 나와서 오히려 약 팔아서 생계를 유지하는 게 더 낫거든요. 장사도 아는 걸 해야죠(탈북의사4).

약국은 오히려 의사를 하시던 분들이 적어요. 저도 한 3개월 정도 장마당에 있어 봤는데요. 약국 같은 시설에 들어가려면 빽이 있어야 되고 돈이 있어야 돼요. 약장사를 했거든요. 배운 게 그거니까. 의사 하시던 분들이 한 70%에요(탈북의사5).

어디 가서 약을 사와라. 약 사서 먹어라. 이건 링거를 맞아야 하니까 가서 사와라. 그럼 내가 놔 주겠다. 이렇게 하거든요. 그런데 가짜 약이 많이 판치니까 선생님이 약을 좀 팔아 주면 마음 놓고 치료를 받겠다는 거에요. 밀가루를 딱 찍어서 아스피린이다 하고 파는 것도 많고 그러니까. 선생님은 진짜인지 가짜인지를 가늠할 수 있으니까. 차라리 선생님이 약을 팔면 살 수 있겠다. 그래서 저도 집에서 약장사를 했어요. 치료하면서 사 먹어라 하면 다른 사람들보다 비싸게 안 팔죠. 양심상 안 되는 거잖아요. 그니까 적당한 값에 이윤만 보면 되니까. 그러니까 약 장사꾼들이 다 숨어 들어간 거에요. 내가 싸게 팔고, 치료받고 약 팔아 주니까. 모르는 사람한테 약을 사는 것보다는 아는 사람한테 약을 사는 게 나으니까. (전에) 약 팔던 집들은 약 못 팔고 우리 집으로 쏠리는 거에요(탈북의사7).

불법이라고 해서 약 장사하는 사람들 통제하고 난리에요. 여러 곳에서 와서 통제하고 하지만, 경제적인 사정이 안 좋다 보니까 막을 수가 없어요(탈북의사5).

### 3) 의료진의 권위

대부분의 대북 의료 지원가들은 북한 의사들이 남한 의사들에 비해 권위적이지 않다고 보고하고 있다. 탈북의사 중 일부도 남한 의사에 비해 북한 의사들이 권위적이지 않다고 표현하고 있었다. 이는 주로 의사의 사회경제적 지위로 해석되는 경우가 많았다. 북한의 의사는 중간층의 기술자, 남한의 의사는 상류층의 전문가로 살고 있으므로, 상류층 특유의 권위 의식을 북한 의사에게서는 찾기 어려운 것으로 추정되었다.

우리보다는 덜 권위적이지(대북지원가3).

의사들이 부드러워요, 크게 권위적이지 않아요(탈북의사7).

부드러운 편이죠. 남한 의사들은 권위적이죠. 아무래도 북한 의사들은 부드러운 편이죠. 북한주민은 의사들을 존경합니다(탈북의사9).

의사들이 북쪽 사회에서 차지하는 사회적 위치가 남쪽과는 비교가 어렵죠. 사회주의, 특히 북한에서 의사들의 위치는 중간에서 약간 높은 정도, 한국에서의 의사는 상층. 북측 의사들은 권위적이지 않은 거 같아요. 전문가보다는 기술사에 더 가깝죠. 의사들이 병원에 있으면 페인트칠도 하고, 건물도 짓고, 막노동도 하고, 그래서 권위적이지는 않은 거 같아요(대북지원가2).

남한 여기는 무슨 의사가 대통령이야. 얼마나 기분 상하는지. 교수를 만나려면 미리 예약하고 대통령 만나기보다 더 어려워. 얼마나 권위적인지 몰라. 북한은 다

수평관계에 있단 말이야. 월급 자체가 차이가 없으니까. 여기는 교수만 해도 엄청나게 많이 돈 버니까. 내가 병원에 입원했지만 기분이 상하더라고. 일은 젊은 사람들이 다 하는데 그렇다고 특별하게 그 사람이 잘나지도 않았는데, 그게 굉장히 차이 나요 북한하고(탈북의사4).

의사라고 사회적으로 우대해 주는 그런 게 없어요. 여기(남한)는 의사면 봉급이 높잖아요(탈북의사7).

시 · 군 병원은 남자 분들이 왜 많나 하면 동원 같은 걸 많이 시켜요. 의사도 계속 건설장 같은 데 무료 봉사, 무보수 노동을 해요(탈북의사5).

그러나 북한의 의사들이 남한에 비해 높지 않은 사회적 지위에도 불구하고 권위적이라는 탈북의사들도 적지 않았다. 이는 주로 의사와 환자의 관계를 설명하면서 보고되었다. 환자가 의사를 어려워하며 의사 말을 따르지 않았을 때 겁이 나서 말을 하지 못한다고 한다. 어떤 탈북의사들은 무상의료 시스템에서 환자는 의사에게 공손하게 행동하는 것이 당연하다고 하기도 하였다. 특히 환자에게 친절하게 양해를 구하는 것이 아니라 환자에게 딱딱하게 명령조로 이야기하고 무조건 따르라는 말투나 태도에서 북한 의사들이 더 권위적이라는 느낌을 받는다고 하였다.

북한은 환자들 자체가 의사들 앞에서 어려워하거든요. 선생이 하라는 대로 하겠다 이런 견해가 있거든요(탈북의사2).

좀 권위적이죠. 의사의 말에 복종해야 되는 환자라고 생각하기 때문에(탈북의사5)

아스피린 한 알 먹으라 했는데 한 알 먹으니깐 소용없다 하면 저절로 두 알 먹어 보겠지요. 그래 두 알 먹어 보고 뭐 괜찮으면 뭐 그걸 나아서 말 안 하는데 두 알 먹고 속이 좋지 않다든가 자기 부반응이 있으면 그건 와서 말도 못해요, 겁이 나서. 시키는 대로 안 했으니까(탈북의사2).

환자도 돈을 안 내고 진료를 받잖아요. 환자 입장에서는 의사한테 미안하잖아요. 그러니까 수그러들게 되어 있고, 의사들은 내가 돈을 안 받고 진료를 봐 주니까 권위적일 수밖에 없고(탈북의사6).

무상치료제니까 치료해 주는데 고마우니까 뭘 따지지 못해요(탈북의사4).

여기(남한) 와서 보니까 부드러운 편이 부족하다고 봤어요. 마음이 부드럽지 않다기보다는 말투가 세고 주로 북한은 명령조요. 그런 면에서 저는 권위적이라고 생각이 드는데(탈북의사10).

북한은 선생님이 좀 더 높이 있죠. 여기는 환자들을 진찰하면서도 '괜찮겠어요?' 하고 양해를 구하고 하는데 북한은 의사의 지시를 거의 무조건 따르게 되어 있어요(탈북의사9).

북한 의사의 명령하는 태도나 불친절은 사회주의 의료체계의 특성과 관련이 있다는 전문가들도 있었다. 북한 의사들은 환자들이 자신을 다시 찾게 하거나, 많은 환자를 볼 이유도 없으며 간단하게만 이야기하려는 경향이 있다고 하였다. 다만 환자가 지위나 돈이 있는 경우에만 최선을 다하는 경향이 있다는 이도 있었다.

수가제가 아니기 때문에 이 환자가 나한테 자주 오게 해야 된다는 게 없어요. 자주라는 게 많이 아프다는 말이 아니라 병이 왔을 때 제일 먼저 생각나는 의사가 되어야 한다는 의무감이 없어요. 그냥 오늘 치료받으러 왔으니까 내가 치료해 줄게. 그런데 만약 간부라든지, 직위가 높다든지, 돈이 많다든지 그런 사람일 때는 부드럽게 최선을 다해서 해 주고(탈북의사5).

친절하게 끝까지 설명을 안 해요 귀찮아서. 이런 치료를 하는 목적은 환자한테 이렇게 설명하고 그런 게 불필요하거든요. 하고 싶으면 하고 싫으면 말아라(탈북의사 5).

북한에서는 의사가 노동자잖아요. 10명을 보던 20명을 보던 그 시간에 진료만 하고 가면 되잖아요. 그런데 남한에서 진료를 보려면 환자 주머니에서 돈이 나와야 되며, 자기가 실력을 키워 놓지 않으면 일을 할 수가 없잖아요(북한이탈주민 지원가 6).

어떤 전문가들, 특히 대북 지원가들은 북한 의사들이 문진과 검진을 자세히 하고 있어 의사-환자 관계가 좋다고 보고 있었다. 이는 북한 보건의료제도하에서 의사들과 환자들이 친밀도가 높으며, 장비가 없는 상황에서 자세한 문진과 이학적 검진에 열성을 보이는 것들을 원인으로 추정하였다. 북한이탈주민 역시 남한의 간단한 진료에 대해 불만을 가진다고 보고되었다.

(의사-환자 관계) 굉장히 좋지요. 존중도 하지만 남한처럼 그렇게 거리 있는 사이도 아니고, 5분 진료 보고 나가게 하는 그런 식은 아니고, 굉장히 친밀해요(대북지원가 6).

남쪽 의사들은 장비에 의존해서 환자를 치료한다면 북쪽 의사들은 그게 없는 상태에서 환자를 봐 왔던 경험을 가지고 없는 상황에서 정성스럽게 한다(대북지원가 4).

의사들도 환자에 더 신경 쓰게 되고, (남한의) 병원에 다녀오면 저 선생이 내 병을 알면서 진단을 한 건지 의심한 적이 많다고 해요. 신경도 안 써 주고, 그런데 북한 의사들은 안 그런단 말이에요. 배 다 만져 보고, 열 다 재 보고 신경 써 준단 말이에요. 양해를 일일이 구하고 그런 건 없지만(탈북의사 9).

북한은 문진하면서 다 알아야 하잖아요. 위가 아프다면 (남한에서는) 위 내시경

하면 다 나오는데, 북한은 끝까지 대화해서 풀어내야 하는 거잖아요. 그래서 북한 의사들은 대화를 길게 할 수밖에 없는데. 그걸 인식 못 하니까 친절하다고 느끼고. 환자에 대한 친밀감은 남한보다는 더 있겠죠. 의사라고 해 봐야 동네 사람들이니까 농담도 하고 지나가는 이야기도 하고 이렇지만. 우리(남한 의사)는 한번 만나면 환자로 보지 인간으로 안 보잖아요(북한이탈주민 지원가11).

북한에서는 소설을 써야지 의사들이 알아 먹으니까. 여기(남한)에서는 소설을 쓰면 의사들이 딱딱 가로막으니까, 오히려 질문하고 그러니까. 그래서 불만이 많고, 나를 뭘 알고 진단을 하는지 불신을 하고 그러는 거죠(북한이탈주민 지원가 11).

### 4) 의료진에 대한 태도

북한 의사들의 이야기에 북한주민은 대체로 신뢰하며 복종하는 것으로 보인다. 의사에 대한 존경과 신뢰, 친밀감, 감사의 마음도 큰 것으로 보인다. 같은 지역에서 환자들과 같이 어울리고 살기 때문에 신뢰와 친밀감이 높은 것으로 보이며, 돈을 받지 않고 무상으로 열심히 진료해 주었기 때문에 감사의 마음도 큰 것으로 생각된다.

의사들을 믿어 주는 경향이 많아요. 대체로 순종적이에요. 다 의사 선생님들을 존중해 주고(탈북의사1).

의사에 대한 신뢰도는 상당히 높다고 보거든요(대북지원가4).

(환자와 의사는) 친하게 지낸다고 봐야죠. 환자하고 의사하고 사이에 치료 때문에 갈등은 있지만 돈 때문에 갈등은 없거든요. 대체로 상당히 의사를 고맙게 생각해요. 근데 여기(남한) 와 보니까 '저 도둑놈 같은 의사' 이렇게 생각하는 게 좀 있어(탈북의사3).

친구하고 길바닥을 쭉 걸어가면 왜 지나가는 모든 남녀노소가 다 너한테 인사를 하느냐는 정도로. 의사하고 환자하고 높고 낮은 관계보다도 친밀한 게 있죠. 존경 받아요(탈북의사3).

어쨌든 치료를 해 주잖아요. 나를 통제하는 직업이 아니고. 나를 치료해 주는 직업이니까. 인간적으로 가까워지려 하고, 치료해 줬으면 고맙게 여기고(탈북의사7).

환자들에 대한 관리를 계속성 있게 한단 말이야. 호 담당의사는 어느 집에 숟가락 몇 개 있다는 것까지 다 알고 있다는 거야(탈북의사3).

집으로 밤에 와서 침만 맞으면 될 것 같다고 하면 거절을 못합니다. 응급 구급을 거절했다가는 큰일 나요. 그 밤에 그 집에 갑니다. 차가 있는 것도 아니고 걸어서 갑니다. 20~30분씩도 걸어요. 걸어가서 일단 환자를 봐요(탈북의사10).

환자들이 아파서 부르면 왕진을 많이 해 줬거든요(탈북의사3).

남한에 온 북한이탈주민 역시 의사에게 대부분 공손한 편이다. 고마움을 표현한 경우가 많고 의사들을 존중하는 편이라고 북한이탈주민 의료 전문가들은 보고하고 있다.

지나치게 공손할 때는 있어요. 기분 나쁜 공손함은 아니에요. 어쩌면 생에 처음 만나는 의사일 수도 있고, 아니면 설명을 자세히 해 주는 첫 번째 의사일 수도 있으니까요. 설사 내가 약을 안 주고 설명만 한다고 해도 너무 고맙습니다 하는 얼굴로 밝아져서 나가거든요. 아직은 의사에 대한 그런 믿음과 그런 게 있는 것 같아요. 우리 사회에서는 안타깝게도 엿볼 수 없는 것들이죠(북한이탈주민 지원가2).

의사에게 공손한 편이에요. 선생님 선생님 하면서, 대우를 해 준다고 해야 하나.

(의사) 말에 대해서 토를 달거나 그러진 않는 것 같습니다(북한이탈주민 지원가3).

공손한 경우가 더 많죠. 가끔씩 감사의 답례로 하나원인데도 불구하고 매점에 가서 사탕이라도 사 가지고 선생님한테 주고 가는 사람도 있어요. 제가 봤을 때 정신과 선생님들이나 이런 사람들한테 자기가 이제까지 받아 보지 못했던 것에 대한 답례인 거 같아요. 자기를 한 인간으로 대접해 주면서 이야기를 했고, 자기가 심리적으로 이제까지 알지 못했던 심리에 대해서 도움을 받았고 이런 사람들은 의사를 존중하는 것 같아요(북한이탈주민 지원가6).

예의를 지켜 주려고 해요. 북한에서 의사는 진단서를 발부해서 노동의 시간을 결정해 주는 권한을 가지고 있기 때문에 어느 정도 지위가 있다고 생각을 하는 거야. 쉽게 말하면 의사의 권위에 대해서는 인정을 하는 거 같아요(북한이탈주민 지원가6).

북한이탈주민이 특별히 더 불순하거나 했던 경우는 없었어요(북한이탈주민 지원가9).

일반적으로 고마워해요. 나중에 여기서 큰 수술이든 작은 수술이든 하고 나서 우리나라 사람들은 퇴원하고 나서 인사하고 가는 사람들은 비율이 점점 주는데, 북한 사람들은 그렇지는 않아요(북한이탈주민 지원가8).

반면 의사와의 개인적 친분이 반드시 감사와 존경 때문만은 아니라는 이야기도 있었다. 물론 감사와 존경이 있지만 의사와의 친분은 여러 면에서 유리하다고 한다. 우선 의사와 친하면 자신이나 가족의 건강이나 치료에 도움이 될 것이라는 생각이다. 그 외에도 진단서 발부나 병원 약 처방의 우선권 확보, 상급병원 후송 등의 의사가 가진 권한이 있으므로 개인적 친분을 이용하면 이득을 볼 수 있다는 생각도 있다고 한다. 북한이탈주민의 경우도 특별한 대우를 받고 싶어 의사와 친분을 맺으려는 사례가 있다고 한다.

의사와 가깝게 지내고 싶어 하고, 아무래도 생명을 맡기는 거니까. 개인적으로 가까워지고 싶어 하는 경우가 있어요(탈북의사1).

저희(의사)가 친하지 않으려고 해도 동네 사람들이 친하게 합니다. 혹시 가정에 환자가 생기고 하면 제일 먼저 올 수 있는 게 동네 의사거든요. 진료소가 멀다고 생각해요(탈북의사8).

진단서 떼고 싶어 하는 사람들은 실제 아프지 않지만 저 선생한테 잘 사업해서 바쁜 순간엔 진단서도 뗄 수 있는 이득을 위해서 친한 사람들이 있죠. 치료를 위해서 내가 저 선생한테 잘 붙어야 되겠다는 거보다 약, 항생제나 이런 걸 떼자고 하고(탈북의사2).

(의사와 친하면) 병원에 갔을 때 빨리 볼 수도 있고, 병원에 가기는 귀찮고 금방 진단받고 싶고. (그럴 때 의사가) 그냥 너 뭐 사 먹어라 그러면 되잖아요. 그리고 일할 때 아파서 못 나간다는 진단서 제출해야 하는데 병원에 가야 하잖아. 그렇지만 출근해야 되고 장사해야 되고 이럴 때 … 의사를 알면 아무 때나 새벽이든 밤이든 가서 물어보고 치료받을 수 있고. 약이 아니라도 침이나 부항을 할 수 있으니까 의사랑 친한 거는 좋은 거죠. 저희는 의사가 참 좋아요. 경찰서에 가도 통하고(탈북의사5).

북한은 사회가 투명하지 못한 부분이 많아요. 안면만 있으면 바로 좋은 약도 처방해 줄 수 있고 교환병의서 없이 와도 봐 줄 수도 있고(탈북의사9).

의사랑 알고 있는 게 좋게 생각을 하세요. 자기 집안이나 친척들에게 이 환자 좀 잘 봐 주십시오, 같은 부탁을 많이 하죠. 예약도 잘 봐주세요 하고, 약 처방 항생제 같은 것도 일반 환자들한테는 가서 사오라고 하는데 병원에서 주기도 해요. 그래서 개인적으로 다들 친해지고 싶어 하죠. 친해지면 좋은 게 많죠. 개인적으로 가정, 집안 일가친척들이 아플 때 그 선생님한테 얘기하죠(탈북의사9).

조금 친절하게 대해 주면, 자기만의 특별대우라고 생각해서 순서를 좀 안 지키고 빨리 와도 된다고 생각해요. 사실 환자니까 잘 대해 주는데, 이 사람은 친분관계가 있으니 빨리 와도 된다고 생각하구요. 기다리는 순서가 있어도 그냥 오구요(북한이탈주민 지원가1).

의사하고 친밀하게 하려는 사람은 반드시 이차적 이득에 대한 생각이 있어요(북한이탈주민 지원가6).

반면 북한의 권력층이나 상류층의 경우 오히려 의사들에게 자신들의 특권을 요구하기도 한다. 권력층의 요구를 수용할 수밖에 없는 위치에 의사들, 특히 하급병원 의사들이 놓인 것이다. 의사들 내부에서도 상급자에게 잘 보여야 하는 경우도 있다고 한다. 이 때문에 북한이탈주민 중 일부는 남한에서도 상부 기관이나 높은 사람이 아래 의사의 판단을 바꿀 수 있을 것이라는 착각을 하기도 한다.

경제적으로 능력 있는 사람들은 병원에 안 가요. 의사 보고 나 이렇게 아픈데 좀. 의사는 병원에 가서 다른 사람 이름으로 의약품 타 가서 쓰고. 이러한 선례가 많아지면서 완전히 의사가 환자의 심부름꾼이나 하수인이 됐죠. 특히 낮은 병원일수록 그런 게 더 많죠. 진료소, 그다음 군병원 단위, 대학병원 정도 같은 선생님들은 조금 권위가 있으세요. 하지만 거기도 그런 선생님들도 계시고(탈북의사9).

직무를 다하려면 기술부원장한테 잘 보이고, 인사사업은 원장이나 비서가 하니까 승급하려고 하는 사람들은 원장한테 잘 보이고. 내과 의사인데 산부인과 하고 싶다 이럴 때는 원장이 인사조정을 하거든. 최종 인사조정은 당 비서가 하는데 원장이 계획한 걸 당 비서가 결론을 내릴 뿐이지(탈북의사2).

북한 같은 경우 윗사람들한테 잘 보이거나 윗사람이 해 주라고 하면 해 주는 시스템이잖아요. 우리는 그렇지는 않잖아요. 의사가 아니면 아닌 거잖아요. 그런 걸

이해 못 하고 윗사람한테 알리면 달라질 거라는 (생각). 민원을 넣고 고발을 하는. 원장님이나 이런 분한테 가서 재기를 하고 해결하려는 경우가 있어요(북한이탈주민 지원가5).

의사들의 권위 역시 고난의 행군 전후에 많이 변하게 되었다. 특히 주민들이 약을 스스로 사서 자기처방을 하는 상황에서 의사는 진단하고 진단서를 끊어 주는 역할로 전락하였다. 약품 부족과 서비스 낙후로 인해 환자들의 의사들에 대한 불만은 더욱 커진 것으로 추정된다. 의사들이 물질적 이득을 추구하거나, 자신이 아는 사람에게만 혜택을 주면서 의사들에 대한 주민들의 신뢰도는 하락하였다고 보고되었다.

이전에는 병원에 오면 선생이 다 살려 주는 줄 알았는데 지금은 선생님 진단만 해 주시오. 내 약은 내가 다 대겠습니다(탈북의사2).

환자가 약도 안 주는 의사, 여기서부터 반발이 생기지 않습니까. 의사 선생님이 보수도 없고, 사탕 하나를 못 드렸으니까 미안한 마음을 가지고 왔더라도. 감정이 격해지고 보면 미안한 마음은 없어지거든요. 제대로 진료도 안 봐 주고 약도 없고(탈북의사6).

(고난의 행군 이후 의료진에 대한) 불신과 불만이 자연히 커지죠. 왜냐하면 우선 서비스 질이 떨어지니까(탈북의사4).

(고난의 행군 이후) 사적인 관계가 더 많이 작용하고 물질적인 게 많이 작용하니까. 가령 아는 사람이 기름이라도 한 통 사 주는 사람과 없어서 못 하는 사람과 의사들이 대하는 태도가 다르니까. 의사들에 대한 불신 그런 게 많죠. 아픈데 가봐야 잘 봐 주지도 않고. 기다리고 있는데 의사들이 아는 사람 데리고 먼저 데리고 들어가고. 안 그런 사람들을 안 봐 주고 그런 건 아니지만, 예전에는 다 알맞은 약을 처

방해 주고 그랬지만, 지금은 나오는 약이 제한되어 있고 그러니까 아는 사람들에게만 처방해 주고, 다른 사람들에게는 사서 먹으라고 하고, 아무래도 이러니까 사람들이 의사들을 불신하고 그러겠죠? 물질적인 관계가 많이 작용하다 보니까(탈북의사9).

의료진에 대한 북한주민의 태도에는 개인적 차이도 매우 큰 것으로 보인다. 대부분 공손하지만 일부는 의료진에게 적대적인 경우도 있었다. 전체로 확대하기에는 무리가 있으나, 적대적 태도는 남한으로 입국한 북한이탈주민 전문 의료진에게서 많이 보고되었다. 개인의 심리적 특성, 과거 북한에서 충분히 치료를 받았는지, 의사가 자신에게 한 태도나 행동, 원하는 진단서나 치료를 받았는지, 의사와의 개인적 관계 등에 따라 공격적이거나 무례한 행동을 하기도 한다. 그러나 대부분 그렇지 않다는 것이 전문가들의 보고였다.

어떤 사람은 너무 공손하고, 어떤 사람은 자기 멋대로 감정조절이 안 되는 경우가 많아요. 심리적으로 불안하고 그러니까. 화 조절이 안 돼 가지고 대드는 경우도 있고, 따지는 경우도 있고, 하기 싫습니다 하는 경우도 있고, 많지는 않고(북한이탈주민 지원가5).

먹고사는 문제가 너무 힘들어서 약 같은 거 먹어 보지도 못한 사람들은 여기 와서 소화제만 처방해 줘도 너무 감사해 하고. 한 부류는 북한에 있을 때 무슨 주사도 맞고 다 했는데 여기서는 왜 안 해 주느냐 따지는 경우도 있고. 경제 상황이나 살아온 수준에 따라서 보이는 태도도 좀 달라요. 막 대들거나 그런 사람은 극히 부분적이고(북한이탈주민 지원가5).

필요하다 싶으면 엄청 공손하다가도 마음에 안 드는 의사에게는 막 나가는 것이 있어요. 보통 남한 같으면 체면 때문에 못할 말과 행동, 제가 당한 것은 아니지만 진단서를 써 달라고 했는데 검사하고 어쩌고 하니까, 못 받아들고 따지죠. 대한민국 욕까지 하면서 나가더라고요(북한이탈주민 지원가10).

계속 관계를 맺고 있는 의사는 말을 잘 따르는 편이에요. 일단 계속 다닌다는 것은 그 의사가 마음에 든다는 거잖아요. 그런 관계에서는 순종적인 편이죠. 잘 모르기 때문에, 그 의사를 쉽게 바꾸는 거에 대한 두려움이 있어서 웬만하면 한 번 맺은 관계를 안 깨려는 그런 것이 있죠(북한이탈주민 지원가10).

코뼈가 부러졌다고 병원에 갔는데 이미 오래된 골절이 있었던 거에요. 그래서 고정만 해 주었는데 이 사람은 수술을 하고 싶었던 거에요. 왜 수술을 안 하는지 따지는 거죠. 받고 싶으면 수술 적응증 무시하고 따지고 그래요(북한이탈주민 지원가1).

고발했어요. 아니면 원장님한테 쫓아가거나, 자기가 원하는 검사나 원하는 수술 치료를 안 해 줄 경우에는(북한이탈주민 지원가5).

권리의식을 너무 찾는 사람들이 있어요. 환자가 우리 간호사한테 자기 예금을 찾아 달라고 시킨다던지, 저한테 하나원 직원하고 통화해서 간병인을 보내 달라고 요청한다던지. 일반적으로 한국 사람들에 비해서는 무상적인 권리에 대해서는 강해요. 사선을 넘어왔기 때문에 생기는 권리의식이지 아니면 공산주의에서 받았던 의료서비스에 대한 권리의식인지는 모르겠지만(북한이탈주민 지원가8).

### 5) 의료진의 재량권

북한에서 치료에 대한 중요한 결정은 원칙적으로 협의를 통해 결정된다. 특히 입원환자나 중환자의 경우 협의를 통해 결정되어 의사 개인이 독단적으로 치료방법을 결정하기는 어렵다고 한다. 책임을 피하기 위해서도, 적절한 치료를 하기 위해서도 상부와의 협의가 중요하다고 한다.

환자가 중하면 북한은 협의제거든요. 일단 자기 책임이 두려워서라도 의사들 다 같이 보고, 결론이 나면 과장이 결론을 내서, 더 심하면 기술부원장 지령에 의해서 치료가 되니까, 그리고 약 자체도 많지 않으니까 어중간한 극약도 다 부원장의 결제가 있어야 처방되니까 부원장한테 다 환자를 보이거든요. 원장도 의사인데 병원 내부 사업을 해야 되니까 치료에 여념할 새가 없고, 그다음 기술부원장이 총 환자 치료, 기술부원장이 제일 실력가죠(탈북의사2).

북한은 철저히 협의제에요. 수술 하나 해도 꼭 과 협의를 하는 거야. 단독으로 이 사람 충수염이니까 빨리 배 째자 했다가는 큰일 나요. 잡아가요. 꼭 누구누구 과장 협의, 원장 협의, 상급단위협의, 상급의사 데려다 협의(탈북의사4).

일반 환자들은 의사 자기가 치료하지만 보통 입원 환자는 의사들 간에 협의를 해야 돼요. 과장이랑 협의하고 치료전술에 대한 것을 쭉 짜지요. 약물치료, 그다음에 환자 정성 이런 걸 작성을 해서 의사협의에서 통과해야 해요. 그리고 담당의사는 집행하는 거죠. 솔직히 말하면 철저하게 과장의 감시하에서 집행하는 거죠(탈북의사4).

환자를 입원시키겠다고 할 때는 외래 선생님이 입원담당 선생님과 협의를 같이 해요. 외래 선생님 혼자 단독으로 입원시키겠다고 해서 입원실에 넣지 못해요. 입원환자일수록 깊이 들어가지 외래에서는 그렇게 깊이 들어가지 않아요(탈북의사10).

그러나 이러한 협의제가 각종 편법으로 인해 잘 이루어지지 않는 경우도 있다. 또한 책임을 피하기 위해 실제 사실과 다른 내용을 기재하는 경우도 있다고 한다. 오히려 지나친 감시나 체계가 정확한 기록이나 진료를 막기도 한다고 한다.

의사 3명의 협의가 있어야 환자 차트가 끝나거든요. 솔직히 어떤 때는 의사가 개별적인 사업이 있어서 어디를 나갔다 없어도 차트에는 협의를 한 걸로 해 놓거든요. 정책이 그러니까. 그렇게 한 건 모르고 자꾸 정책만 나쁘다고 할 필요가. 정책은 괜찮은데 먹을 게 없고 이렇다 보니까 실천하지 못하는 거지(탈북의사2).

북한에서도 의사가 치료를 하다가 사람이 죽으면 사인을 규명하는 연회가 열린데요. 거기에서 의사가 잘못해서 죽었다고 그러면 지탄이잖아요. 그래서 대부분 죽음의 원인을 갑자기 심장사, 고혈압으로 쓰러져서 뇌졸중으로 죽었다. 이렇게 해 버린 데요. 죽을 수밖에 없는 상황이다. 사인규명을 해서 의료를 어떻게 발전시키고 하는 게 아니고 순차적으로 면피하기 위해(북한이탈주민 지원가6).

어떤 북한 의사들은 중환자가 아니면 의사의 개인적인 재량권이 매우 크다고 한다. 상부의 의사라고 해도 조언을 할 뿐이지 크게 간섭하거나 명령하기 어렵고 개인적 판단에 의해 치료를 한다고 한다. 협의도 역시 큰 사고가 나기 전에는 따지지 않는다고 하였다. 오히려 의료 보험 등의 규제를 받는 남한에 비해 북한 의사의 재량권이 크다고 하였다. 이러한 의견의 차이는 질병의 심각도에 따른 차이가 가장 큰 것으로 보인다. 즉 중병의 경우 병원 내의 협의가 이루어지나, 가벼운 질병의 경우 개개인 의사의 재량권이 큰 것으로 보인다.

저희(북한 의사)는 하고 싶은 대로 하잖아요. 진단서나 병력 차트에 한 사항을 표기만 하면 돼요. 그렇다고 너 왜 어쨌느니 이런 거는 사망하기 전까지는 별로 안 따져요. 진단서를 허위로 하는 사람이 많기 때문에 검열 내려오는 상황은 있어요. 여기(남한) 병원에 가면 절차가 많잖아요. 약뿐만 아니라 의료 실기도 받잖아요. 자그마한 시술받는 상황에서도 의료보험이 되는 게 있고 따지는 게 많잖아요. (북한은) 그런 게 없어요. 내가 봤을 때 이 환자는 한의학 쪽으로 치료해도 된다면 한방 치료하는 거고, 양방치료로 해야 된다면 하는 거고, 내 단계에서 못하면 후송하는 거고(탈북의사 5).

과장도 뭐라고 못하죠. 무슨 약을 쓰느냐고 했을 때 내가 어떤 약을 쓴다면 조언만 할 뿐이지, '내가 쓰라는 약을 써라' 이렇게는 절대로 안 하거든요. 담당의사들에게 최대한 권한을 주거든요. 담당의사가 잘 못할 거 같다고 하면 과장이 나서든지. 다른 높은 사람이 나설 수도 있고, 과장은 한 명이라도 의사를 더 키워야 되는 입장이거든요(탈북의사8).

## 6) 처방에 대한 순응도

탈북의사들은 북한의 환자들이 북한 의사들의 말을 잘 듣고 따르며 잘 믿는다고 보고하였다. 특히 심각한 질환일 때 의사들에 말에 잘 따른다고 한다. 북한주민이 의사들의 이야기에 잘 순응하는 이유는 문화적인 차이도 있겠으나, 다른 이유로는 북한에서 다른 선택의 여지가 없었기 때문이라는 주장이 많았다. 주민들이 다른 의사를 선택하거나 치료 의사를 바꿀 수 없었기 때문이라는 것이다.

북한은 환자들 자체가 의사들 앞에서 어려워하거든요. 선생이 하라는 대로 하겠다 이런 견해가 있거든요(탈북의사2).

북한은 의사의 지시를 거의 무조건 따르게 되어 있어요(탈북의사9).

거기(북한에서)는요. 의사가 어떤 처방을 하고 어떤 치료를 할 때 다 믿어요. 나는 이걸 더 해 달라는 분은 만성적으로 자기 병에 대해서 잘 알고 있는 분이에요(탈북의사 5).

전문치료가 필요한 분들이 있잖아요. 그런 분들은(의사 이야기를) 잘 듣는 편이에요. 그러다가 치료가 안 되면 반감이 생기고 의심이 생기죠(탈북의사1).

한국 사람들보다는 의사가 한 말에 대한 믿음은 더 있는 거 같아요. 이의제기를 안 해요(북한이탈주민 지원가8).

치료를 선택할 수 있는 게 아니잖아요. 여기 갔다가 맘에 안 들면 여길 간다는 게 아닌 상태이기 때문에 의사에 대한 의존도가 더 높아질 수밖에 없을 것 같아요(대북지원가3).

북한 분들은 의사들을 많이 믿는 편이에요. 여기(남한)는 갔다가 마음에 안 들면 저기 가고 그렇잖아요. 아직 북한은 그러지는 않은 것 같아요. 어느 정도 의사들 기분을 맞춰 주는 그런 것도 있죠. 여기(남한)는 그렇지 않잖아요. 여기는 환자가 더 세잖아요(탈북의사1).

그러나 고난의 행군 이후 경제난이 심해지고 난 후에는 의사 지시에 따르는 경우가 예전보다 줄어들었다는 보고도 있었다. 그렇다고 해서 의사를 무시하거나 믿지 못하는 것이라기보다는 경제난으로 인해 건강에 신경을 쓸 시간적 금전적 여유가 없었기 때문이라고 한다.

고난의 행군 이전에는 (의사 지시를) 잘 따랐죠. 그러나 고난의 행군 시기 이후에는 따를 필요가 없죠(탈북의사4).

(의사 지시를) 무시하지는 않는데, 생활적으로 바쁘니까 지키기에 힘들죠. '언제 오세요'라고 해도 다른 도에 장사하러 갔으면 못 오잖아요. 의사를 무시하는 게 아니고 내 몸에 대해서 마음이나 시간적 여유가 없어요(탈북의사9).

위와 같은 보고와는 다소 달리, 북한이탈주민 전문 의료진들은 북한이탈주민이 의사의 지시를 잘 따르지 않는다고 보고하는 경우가 드물지 않았다. 이는 고난의 행군 이후 경제적 이유 등 다른 이유로 의료진의 지시에 따르지 않은 것이 습관이 되거나, 북한에서 자기가 판단해 온 질병에 대한 믿음과 남한 의료진의 설명이 다르기 때문인 것으로 추정할 수 있다.

> (북한이탈주민은) 우리(남한 의사)가 하라는 대로 하지 않고 임의대로 하는 경우가 많아요(북한이탈주민 지원가4).

> 의사가 '병이 없습니다' 하면 신뢰를 하고 감사합니다 하는 게 아니라 의구심을 갖죠. 이상하네, 북한에서는 심장이 안 좋다고 이야기 들었는데 어떻게 정상이 되었지? 증상이 있는데 왜 정상이지 의심을 갖죠. 바로 받아들이지는 않아요. 정도가 사람에 따라 약간 차이는 있어요. 대부분 아팠는데 검진을 하고 검사 이상이 없다고 그러면 조금 있으면 나을 것이라는 믿음을 가지고 받아들이는데, 어떤 분들은 내가 아픈데 왜 병이 없다고 나오지, 이거 검사가 잘못된 거 아니야, 이상하네 하고 안 받아들이죠(북한이탈주민 지원가5).

> 의료인의 지시를 잘 안 따라 해요. 언제 오세요 하면 안 오잖아요. 안 오는 연유가 그날 자기 이익과 관련된 것이 있다든지. 예를 들면 하나원에서 약을 먹어 보고 엑스레이를 언제 찍으러 갈 건데 오세요 하면 그날 현장 견학이 있어도 와야 되잖아요. 현장 견학이 더 우선순위인 거야. 자기 손바닥 이득이 있는 것에 따라서 달라져요(북한이탈주민 지원가6).

### 7) 증상 표현 방식

북한주민이 증상을 느낄 때는 증상을 강하게 호소하는 경우가 많다고 북한이탈주민 전문 의료진들은 보고하였다. 증상이 호전되어도 완전히 없어지지 않으면 호전되지 않았다며 환자 역할을 계속하려는 경우도 있다고 한다.

북한의 경우엔 과도하게 안 하면 안 되는 경우가 많아서 그런지 정말 과도하게 얘기해요. 예를 들면 허리가 아파서 걷지도 못한다고 말해요. 그런데 걸어오셨거든요. 약을 먹어도 바로 다음날 다시 찾아와요. 하나도 효과가 없다고, 자세히 물어보면, 어제 10 정도 아팠으면 지금은 7~8 정도 아프다고 하면서 아예 아프지 않다는 것이 아니니까 약이 효과 없었다고 말해요. 조금 나아진 것은 효과가 없다고 생각해요. 과장되게 표현해요. 걷지를 못한다. 움직이지 못한다 하구요. 어지럽다는 환자에게 링거를 줬는데, 환자가 점심시간에 없어졌어요. 그러다 4시쯤 돌아왔어요. 어디 갔다 오셨냐고 물어보니까 운전면허 필기시험을 보고 왔다는 거에요. 그럼 사실 시험 보고 올 정도면 다 나은 건데(북한이탈주민 지원가1).

남한 사람들 같은 경우엔 참고 넘어갈 만한 증상을 아파 죽겠다고 이것 때문에 운동도 못 하겠다는 경우도 있었고요, 그것 때문에 아침에 조회 나가기도 힘들다는 분도 있었어요(북한이탈주민 지원가3).

거의가 과도하게 얘기하고요. 꼭 하는 말은 안 오려고 하다가 왔다고 하면서. 우리는 '눈이 따갑고 까끌까끌 해요'라고 하는데 교육생은 눈을 뒤집어요. 뒤집어서 안에 알이 있다고 하고. 과도하게 얘기해요(북한이탈주민 지원가4).

우리가 생각한 것보다 조금 강하게 호소를 하지요. 과학적으로 측정된 게 아니니까 조금 강하게 호소를 합니다. 쉬운 예로 충수염의 경우에 이학적 검사를 통해서 느끼는 아픔보다는 주관적인 통증을 호소하는 경우 그런 경우죠(북한이탈주민 지원가8).

이 사람(북한이탈주민)들은 환자이고 싶어 해요. 링거주사를 맞으면 아주 좋아하면서 많이 아프냐면서 관심 갖고 그래요(북한이탈주민 지원가4).

증상을 강하게 호소하는 이유는 장비를 이용한 다른 객관적 검사가 불가능한 상황에서 환자의 호소가 질환의 진단이나 심각성을 판단하는 데 비중이 크기 때문이라고 한다. 증상이 심하다고 해야 질병으로 인정받고 치료와 약물도 우선으로 받을 수 있다고 한다.

늘 전기가 들어온다는 것은 상상이 안 되니까. 병원도 불이 안 올 때가 많거든요. 엑스레이 찍으면 며칠 동안 다녀야 할 때도 있어요. 환자의 호소에 의존할 수밖에 없잖아요. 그러니까 과장이 많이 생기는 거죠(탈북의사 5).

의사는 보조진단 기구를 통해서 초음파도 하고 CT도 하고 여러 가지를 해야 되는데, 거기는 환자의 증상만 듣고 진단을 할 수밖에 없는 환경이 있어요. 그러니까 과도한 호소를 하는 게 먹혀들어 가는 거야(북한이탈주민 지원가6)

특히 진단서를 받아야 하거나 의무를 면제받기 위해서는 더욱 증상 호소를 심하게 하는 경우가 있다고 한다. 진단서를 위한 증상의 과장은 어느 정도 습관적으로 만성화되어 있다는 주장도 있었다.

진단서 필요한 경우 있잖아요. 그러면 더 (증상 호소를) 심하게 하겠지요(탈북의사1).

장애 진단이나 노동 능력 상실 진단서를 뗄 적에 많이 호소하죠(탈북의사4).

조금 과장하는 경우는 있어요. 치료를 받으러 왔을 때는 그대로 얘기하지만, 진단서를 뗄 때는 회사나 공장 같은 데 월급도 안 주는 데 나갈 필요도 없는데 나가야 되잖아요, 귀찮잖아요(탈북의사 5).

어떤 사람들은 진단서를 받기 위해서 안 아픈데 아프다고 하는 경우가 있어요. 참을 이유는 딱히 없는 것 같아요(탈북의사9).

증상 자체를 아주 과도하게 호소하는데. 북한이란 곳에서 생활할 때 사회보장이나 이런 것을 주는 기준이 되니까. 조금 아프다면 인정을 안 해 주잖아요. 노동일에 나가야 하는데, 공장에 나가야 하는데 빠질 수 있는 조건이 아프다는 것 이외에는 없거든요. 그러한 특수한 상황에 살았기 때문에 이분들이 증상을 과도하게 호소해요. 그리고 그게 만성화되어 있는 거죠(북한이탈주민 지원가5).

북한에서는 의사의 진단에 의해서 노동 시간이 결정이 돼요. 그러면 의사선생님한테 자기가 굉장히 많이 아픈 환자라고 호소를 해야 하는 거야(북한이탈주민 지원가6).

증상을 과도하게 호소하는 데는 검사를 받고 싶거나 개인적으로 입원 등을 통해 얻고 싶은 게 있을 때 증상을 더 심하게 호소하기도 하는 등, 노동의 면제 이외에 다른 복합적인 이유들도 있을 수 있다고 한다.

과도하게 호소하는 분이 많아요. 10년 전 뇌타박상을 받아서 머리가 어떻게 된 것 같습니다. 당장 검사를 해 주시오. 과거력을 동원해서 증상을 크게 만들려고 하는 부분이 많아요. 만약 10년 전 뇌타박상을 받아서 문제가 있었다면, 중간에 경련도 있을 것이고, 졸도도 할 것이고, 무언가 나타났을 텐데 그런 건 하나도 없거든요(북한이탈주민 지원가6).

검사를 목적으로 아프다고 하는 경우도 있고, 외부 병원에 가서 가족이나 친구를 만나기 위해서 아프다고 하는 경우도 있고. 심리를 정확하게 꿰뚫기 힘들어요. 아프다고 오는 여러 가지 이유가 복합적이라는 것이죠. 여기가 단체생활이고, 밖에 병원에 가고 싶고, 병원 나가면 수업을 빼먹을 수 있으니까. 나간 김에 병원에 입원하면 가족들이 면회를 와서 만날 수 있으니까 그것도 염두에 둬서 외부병원 진료를 계속 요구하는 경우도 있고, 아프다고 이야기하는 경우도 있고(북한이탈주민 지원가5).

정신과적 불안 증상이 심한 경우나 신체화가 있는 경우에는 증상을 과도하게 호소하는 경우가 많다. 북한의 심장신경증 증상은 남한의 불안장애 증상과 매우 유사한데 이 경우 증상을 과도하게 호소한다. 북한주민에게 불안 장애가 흔하다면 그 역시 북한주민의 과도한 증상 호소에 영향을 줄 수 있다.

> 환자가 심하게 할 때는 왜 심하게 했느냐 원인을 봐요. 심장신경증이라는 게 있어요. 심장실조증이라는 것도 있고. 그런 분들은 많이 불안하고 우울해하면서 무언가를 심하게 호소를 하세요(탈북의사10).

> 보통은 (증상 호소를) 더 심하게 해요. 신체화 때문에 그런 것 같아요(북한이탈주민 지원가2).

반면 객관적으로는 신체질환이 심한 상태에서도 증상을 억지로 참으려고 하는 북한이탈주민도 있다고 북한이탈주민 전문 의료진들은 보고하였다. 많이 아프고 힘들어도 경제적인 혜택이나 인간관계 때문에 치료를 하려 하지 않는 경우가 있다고 한다. 지역사회에서는 다른 여러 가지 이유로 증상을 참아서 질환이 악화되는 경우도 있다고 한다.

> 소풍 같은 것에 민감하거든요. 1박 2일로 가정체험을 가요. 환자니까 못 간다고 하면 그래도 갔다 와서 다시 누워 있고 그래요. 가면 선물을 주고 이러니까 참고 가는 거죠. 그리고 공연해야 한다고 빨리 퇴원하게 해 달라고 그러고요. 퇴소할 때 아래 기수가 노래 불러 주거든요. 그런 걸 엄청 좋아해요. 그리고 주사 맞다가도 빨리 빼 달라고, 도라지 노래 연습하러 가야 한다고 하구요. 참을 때는 정말 참구요(북한이탈주민 지원가1).

> 보험 드는 것 때문에 (진단을) 불리하게 생각하는 경우도 있어요. 아예 일부러 병원을 안 와요. 나가 있는 가족이나 여러 사람한테 정보를 받잖아요. 보험에 들려면 기록이 남을 수 있어요(북한이탈주민 지원가5).

과장하기보다는 웬만하면 참는다는 것 같아요. 그래서 병을 키우는 경우가 오히려 많지(북한이탈주민 지원가11).

북한주민의 증상 표현 중 가장 중요한 특징은 증상과 진단(질병명)이 혼용되어서 사용된다는 것이다. 자기진단이나 치료가 만연되어 있던 북한 사회에서 객관적인 검사를 받지 못하다 보니 어떤 증상은 곧 어떤 병이라는 식의 잘못된 상식이 널리 퍼져 있다고 하며, 이를 남한의 의료진에게도 똑같이 표현하는 경우가 많다고 북한이탈주민 전문 의료진들은 보고하고 있다.

오른쪽 배가 아프면 간이 안 좋다 이런 식이죠. 그런 걸 공통적으로 가지고 있어요. 각인이 되어 있다 보니까 쉽게 놓지 않은 것 같아요. 아무리 검사를 바깥 병원에서 했거나 국정원에서 했거나 그렇더라도 그 결과를 제대로 믿지 못하고, 알겠다고는 하는데 거기에 대한 걱정은 남아 있는 것 같아요(북한이탈주민 지원가2).

어떤 증상에 따른 인상 같은 게 있는데, 그게 좀 과해요. 머리가 아프면 고혈압이다. 어지러우면 빈혈이다(북한이탈주민 지원가2).

증상과 진단은 다른 거다. 이런 면에 집중해서 교육하려고 해요. 이전 알고 있던 의학적 상식에 대해서 의존하지 말라고, 그것 때문에 오히려 불안이 커지고, 의료행위가 과하게 들어가는 경우가 많기 때문에, 그런데 교정이 영 안 되는 것 같지는 않아요(북한이탈주민 지원가2).

한국 사람은 병원에 갔을 때 내가 아픈 증상만 이야기하잖아요. 이분들은 아니에요. 제가 심장이 아파요, 제가 장염이 있어요. 진단명처럼 이야기하는 거죠. 무슨 약을 주세요, 항생제를 주세요, 이렇게 이야기하는 경우도 있고, 하나원 입소하면 교육을 시켜요. 한국에서는 그렇게 이야기 안 한다, 여러분들이 왔을 때 증상만 이야기해라, 여러분은 의사가 아니다, 진단은 의사가 내는 거다. 그래도 습관이 되어 있으니까, 이런 식으로 이야기를 하지요. 제가 어디가 아픈데 약을 주세요(북한이탈주민 지원가5).

### 8) 진단서 및 소견서

북한 의사들의 주 업무 중의 하나가 진단서 발부이다. 진단서가 발부되어야 직장에서 결근해도 무단결근이 아니고 처벌을 받지 않기 때문에 북한에서 진단서는 매우 중요한 의미가 있다고 한다. 별로 버는 것이 없는 직장에서 빠질 수 있는 근거를 제공하는 것이 진단서이므로 의사 진단서의 중요성은 상당히 크다. 진단서를 받으면 주민들은 직장을 빠지고 개인적인 이윤을 추구하는 일을 할 수 있었다. 이는 진단서가 실제 질병을 진단하는 역할보다는 노동 면제와 사적 이득 추구를 위해 다른 용도로 사용되었음을 시사한다. 진단서를 위해 의사에게 개인적인 부탁을 하는 일도 있다고 한다.

철저한 노동법에 의해서 살아가니까 하루만 무단결석하면 제재가 많아요. 진단서에 의한 거는 불이익이 하나도 없고 진단비가 나온단 말이야(탈북의사4).

진단서 있으면 사유 있는 걸로 해 주기 때문에 완전 무단결근이 안 되는 거에요(탈북의사7).

진단서가 중요하거든요. 북한은 일을 안 하면 무직자로 분류되거든요. 그러면 경찰들이 데리고 들어가거든요. 단련을 시킨다고 그러거든요. 실제로 아픈데 진단서 안 떼서 직장에 못 나가면 아프다고 해도 안 믿어 주니까. 대학생 같은 경우 보면 한 달 동안 아프면 진단서 내면 휴학도 하게 해 주고 도움이 되거든요(탈북의사8).

이전에는 (진단서 효용성이) 되게 컸죠. 장사를 가야 되겠는데 내가 일하는 곳에 출근을 안 하면 정치적, 조직적으로 비판도 받고, 얼마 안 되는 월급이지만 잘리고,

배급도 끊기고 하니까. 정상이 630그램이라고 보면, 진단서를 넣으면 하루에 500그램 정도 그냥 줄 거에요.

진단서, 소견서를 많이 원해요. 호 담당 하루 업무 절반 이상이 진단서 떼어 주는 일이에요. 직장에 월급도 주는 게 없으면서 무조건 나오라는 거거든요. 장사는 그때 해야 하는 거고, 나갈 필요 없잖아요. 요구하면 3일분 떼어 주거든요. 그러면 직장에 넣고 자기 볼일 보는 거에요. 호 담당 같은 경우에는 길면 보름, 짧으면 6일(탈북의사1).

북한에서는 의사선생님이 진단을 끊어 주면 일 안 해도 돼요. 일 안 해도 배급을 똑같이 받는대요. 그렇기 때문에 안 아파도 의사에게 살살거려서 담배 같은 거 사다 주고 진단서를 끊어 달라고 그럼 끊어 준대요(북한이탈주민 지원가4).

장애 진단이나 노동능력상실 진단을 떼면 자기 텃밭 일만 하고 얼마나 소득이 큰 차이 나는지 몰라요. 국가 밭에 나가서 일하고 100원 받는 것하고 하루 종일 제 텃밭만 가꾸면 차이가 크고(탈북의사4).

북한에서는 일하고 이럴 때 진단서 때면 면제가 되니까 자주 떼려고 하고. 북한에서는 사실 병원에 가는 게 치료를 받는 경우보다도 진단서를 떼려고 갔던 게 많았던 것 같아요(북한이탈주민 지원가1).

의사들의 진단서 발부에 대해서도 감시와 통제가 있었다고 한다. 진단서에서도 다른 의사들과의 협의제를 이용하였다. 진단서 발부가 너무 많으면 제재가 있을 수도 있다고 한다. 그러나 환자가 개인 사정을 하면 넘어가는 경우도 있으며, 진단서 문제로 의사가 큰 곤란을 겪을 확률은 높지 않다고 한다.

진단서도 불법으로 자기 마음대로 의사가 못 떼거든요. 차트에 선생님이 단독으로 뗀 진단서가 선생님 사인이나 도장이 있지만, 과에서 협의했다는 협의 도장이 또 있어요. 원 협의 도장이 또 있어요. 원장 사인이 있어요. 단, 진단서 대상이 안 된다는데 '오늘 출근 못했는데 선생님이 진단서를 안 떼어 주면, 무단이면서 법적으로 올라가고 사상투쟁이라고' (이렇게 이야기하면) 할 수 없죠. 떼 주면서 하는 이야기가 '그러면 쉬는 기간에 일하는 사람들 눈에 띄게 출근 안 하고 나가서 자기가 할 일 하면 안 됩니다'(라고 이야기합니다). 일 잘하던 사람이 아플 때는 봐 줄 수 있는데 진짜 일하기 싫어한다고 할 때는 직장에서 병원에 연락이 와요. 이 분이 진단서를 떼었던데 진짜 일하기 싫어하는 분이다. 진단서에 자꾸 출근을 안 하려고 할 수도 있습니다. 이렇게 회사에서 주의도 주면 참고 많이 하죠(탈북의사10).

환자가 많다고 잘했다고 안 해요. 환자가 많을수록 안 좋은 거거든요. 월에 진단서가 많으면 말을 하니까 양이 적어야 해요. 이것을 주시하니까 병원에서 진난서가 증가했다 감소했다 해요(탈북의사10).

기준은 있지만 의사가 조정할 수 있죠. 감기는 3일밖에 안 되겠지만, 위궤양은 한 달씩 안 나가도 되니까 법의감정원에서 판단하거든요. 그런데 거의 걸릴 위험이 없지(탈북의사9).

고난의 행군이 시작되고 직장에 나가지 않고 수입을 얻기 위한 일을 하기 위한 진단서 요구가 일시적으로 늘어났다고 하였다. 그러나 다른 보고에 의하면 고난의 행군과 경제난이 길어지면서 진단서의 가치는 떨어지기 시작해 오히려 예전보다도 더 떨어졌다는 보고도 있었다. 예전에는 진단서가 있어야 노동에서 면제가 되고 배급도 받을 수 있었는데, 이제는 굳이 진단서가 없어도 돈을 내면 직장에서 인정을 해 주고, 어차피 배급도 받을 수 없기 때문에 진단서 필요성이 줄었다는 것이다.

고난의 행군 지난 다음에는 아파서라기보다는 먹고 살아야 되잖아요. 내 밭에 가서 농사를 해야 한단 말이에요. 국가 농장에 가서 일해 봐야 내 몫이 엄청 작으니까. 내 밭에 가서 내 거 먹고 그러니까 더 와서 진료받거든요. 우선 진단서 떼 달란 사람이 있으니까, 우리도 사람이니까 떼 줘요(탈북의사7).

고난의 행군 시기가 오면 그게(진단서가) 실용성 자체가 떨어졌어요. 전엔 진단서가 있으면 공장을 안 나갔거든요. 일을 안 했거든요. 이제는 굳이 안 나가도 되니까. (직장에서) 쌀도 안 주고 돈도 안 주는데 진단서 굳이 필요 없거든요(탈북의사4).

요즘은 그렇지도 않아요. 요즘 직장들 자체에서도 안 오는 날 그날만큼 돈을 얼마씩 내야 돼요. 그래서 출근을 안 하거나 해도 돼요, 그 돈을 내면. 요즘은 별로 진단서가 예전처럼 효력을 발생하진 않아요(탈북의사9).

진단서를 중시하고 진단서를 노동 면제나 수급 유지의 수단으로 간주하는 경향은 남한에 입국한 북한이탈주민에서도 나타난다고 북한이탈주민 전문가들이 보고하고 있다. 장애진단이나 근로능력평가에서 장애가 있어서 많은 혜택이 주어지기를 바라는 경우가 많다고 한다. 즉 진단서는 의학적 의미보다는 경제적 의미로 해석되는 경우가 많은 것으로 보인다. 특히 북한보다 정확한 의학적 기준에 따라 진단서를 쓰는 남한 의료를 이해하지 못하고 과도한 호소만으로 더 심한 진단명이 적힌 진단서를 강력하게 요구하는 경우도 있다고 보고되고 있다.

북한 사람(북한이탈주민)들이 오는 것을 보면 주로 치료도 있지만 수급자 혜택 받으려는 것 있잖아요. 근로능력평가 이런 거요. 치료도 치료지만 그런 걸 받기 위해서요. 장애 등급 같은 것도 받으려고 노력하고 장애가 안 나오면 어떻게 먹고사는지 걱정하면서 울고 가고 이런 경우가 많아요(북한이탈주민 지원가1).

직업 훈련 같은 것을 쉴 때 어떤 기간을 못 채우면 마이너스가 되고 정착 보조금 같은 것을 깎이고 할 수가 있을 거에요. 그래서 아마 진단서가 필요한 경우가 있는 것 같아요(북한이탈주민 지원가2).

우리나라는 진짜 아픈 사람은 해 주지만 억지로 해 주는 일은 없다고(설명하죠). 수업 나가기 싫다든지 조금 불편하다든지 그러면 진단을 많이 끊어 달라고 해요(북한이탈주민 지원가4).

진단서나 소견서 때문에 오는 경우가 상대적으로 많아요. 근로능력진단서 같은 것 동사무소에 내서 혜택받으려고 하는 거죠. 안 그러면은 잘리니까(북한이탈주민 지원가10).

(북한이탈주민은) 진단서를 떼야지 사회보장을 받으니까, 안 해 주면 싸움이 나는 거지. 북한에서는 원리원칙대로 안 되잖아요. 위에 힘이 좀 들어간다거나 의사한테 후사를 좀 한다거나 하면 어느 정도 가능한데. 우리는 정확하게 되어 있잖아요. 급여도 정확하게 분류되어 있고. 의사는 불이익을 안 보려면 곧이곧대로 해 줘야 하는데, 이 사람들은 다리 한쪽 못 쓰는데 어떻게 일을 할 수 있느냐는 식으로 생각하니까, 굉장히 불만이 많죠. 근로능력이 무능력으로 판정을 받고, 또 어르신들 같은 경우는 그런 걸 해야지만 기초생활수급자 판정을 받고 병이 있어야지 월에 60~70만 원을 받을 수 있거든요. 그래서 그런 거에 사활을 걸지. 내가 어떻게 해서 능력을 쌓아서 취직해야지 그런 게 없고, 어떻게 하면 돈을 더 많이 타 먹을까. 의료 쪽도 마찬가지지. 여기 가면 진단서 떼어 준다더라. 동네 의원 같은 데 가서 잘 봐 주고 후하게 해 주면 경상도에서 막 와요. 지금도 그런 일 있어요. 병이 들었다고 빨리 고치자, 이런 차원이 아니라 웬만큼 참고 어떤 생활의 방편이라는 거지(북한이탈주민 지원가11).

환자이고자 하는 마음은 있어요. 자기가 아프다고 해 가지고 속는 셈 치고 데리고 가는 사람 많잖아요. 내시경도 하고, CT도 하고 정상으로 나와요. 화를 내는 사람이 있어요. 내가 아픈데 왜 정상으로 나왔냐 이거지. 그 이면에는 환자이어야만 내가 쉴 수 있고, 무언가를 요구할 수 있는데 그게 안 되니까 화가 나는 거지요(북한이탈주민 지원가6).

자기가 완전 맹인으로 인정을 받을 줄 알았나 봐요. 그런데 대한민국 안과를 가서 검사를 하니까 1급이 아니고 2급을 받았어요. 화가 나서 난리인 거예요(북한이탈주민 지원가6).

### 9) 환자 권리 및 편리

북한에서는 병원 예약이 흔하지 않은 것으로 보인다. 고난의 행군 이후 예약은 더 없어진 것으로 보인다. 병원에 사람이 줄었기 때문이라는 의견이 있었지만, 반나절 이상 걸리는 경우에도 기다리거나, 환자가 많은 경우에도 검사를 받기 위해 길게 줄을 서는 경우를 보고하는 것으로 보아 예약이 정착된 것으로 파악되지는 않는다. 예외적으로 평양이나 주기적 방문의 경우 예약이 있다고 한다. 그러나 남한보다는 진료를 기다리는 시간이 짧은 경우가 많다고 한다.

예약 같은 것은 없어요. 병원에 와서 검사받고 진단서 떼고 이러는데 반나절은 걸린다고 보시면 됩니다. 당일 진단을 못 받게 되면 다음날 와서 진료 보는 거죠(탈북의사6).

옛날에는 예약을 했는데, 넌 몇 시에 와라 넌 몇 시에 와라 이런 식으로 했고요(탈북의사3).

고난의 행군 이후 만나는 시간이 더 짧아졌어요. 병원에 사람이 없으니까(탈북

의사4).

복부 초음파 같은 거는 의사 1명이 하니까 하겠다는 사람을 다 못 하니까. 정말 중환자 땐 기술원장이나 과장 거쳐서 하지만. 해 보겠다는 식으로 할 때는 갔다가 할 때 되면 몇 시에 오라 해서 하죠(탈북의사1).

저는 엑스레이 쪽에 있었는데 아침에 딱 나오면 환자들이 줄을 서 있거든요. 줄이 끊기지 않고 계속 쭉 있습니다. 병이 있어서 오는 사람도 있겠지만 병이 없어도 건강검진처럼 와서 하는 사람도 있거든요. 시급, 도급 이런 병원들은 항상 많이 기다려야 합니다(탈북의사8).

도병원 같은 데는 꽤 오래 기다릴 수 있어요. 환자가 많이 밀려 있으면 한 반나절 정도는 걸려야 진료까지 볼 수 있다고 생각하시면 돼요. 하루 정도 품을 들여서 가야 되고, 진료소 같은데 경한 질병은 그 자리에서 볼 수도 있어요. 예약절차 없어요. 평양 같은 데는 예약제가 있다고 하더라고요. 도병원 급에서도 별로 예약은 (없지만) 주기적으로 오는 환자들은 예약돼 있어요. 여기서처럼 나 언제 가겠다, 이런 건 없어요, 전화도 없으니까(탈북의사5).

여기(남한)만큼은 안 기다려요. 북한 사람들 대부분이 한국에서 진료받으려면 너무 기다려야 해서 짜증이 난다고 이야기하는데 그런 게 없어요. 예약은 전혀 없어요(탈북의사10).

북한에서도 역시 수술이나 시술 전에는 동의를 받는다. 그러나 남한처럼 환자가 직접 서명하는 것은 아니며 구두로 동의를 받는다고 하며, 이 사실을 기록한다고 한다. 공식적인 서류에는 의사들 간의 협의 사인만이 있다고 한다.

수술할 때 가족한테 동의를 당연히 받지요. 그런데 남한에서처럼 사인을 하거나 그런 것은 없어요(탈북의사6).

서명은 안 받고요. 동의를 받아요. 그게 기록되거든요. 가족 측의 동의를 받았다고 기록되거든요(탈북의사8).

서면을 남기지는 않는데, 간단한 수술 같은 건 몰라도 큰 수술은 동의를 받는 거 같아요. 가끔 필요하면 가족 중에 누구를 수술장 참석을 시켜요(탈북의사9).

동의를 안 받는 거는 아니죠. 동의서라는 게 없을 뿐이지. 이야기는 다 해 줘요. 차트에 다 기록이 되기 때문에. 환자들이 동의하셔야 한다면서 환자에게 차트를 준다거나 그런 것은 없습니다. 차트에 글 쓰는 것은 의사하고 협의회, 원장 사인밖에 없어요. 환자들이 쓰는 것은 아무것도 없어요(탈북의사10).

## 5. 북한주민의 건강행태

### 1) 질병 예방 행동

북한의 사회주의 의학에서는 항상 예방을 강조해 왔다. 진료소나 병원에서는 위생선전에 중점을 두었다. 지역에서 할당된 호 담당의사 등을 통해 체계적인 교육이 이루어지기도 했다. 그러나 고난의 행군 이후 당장의 생존이 어려운 상태에서 미래의 질병을 예방한다는 것이 주민들에게 크게 와 닿지 않았다고 한다. 경제적 생존 때문에 건강이 후순위로 밀리는 경우가 많았으며, 질환 치료도 잘 이루어지지 않는 상황에서 예방에 대한 강조는 현실적으로 느껴지지 않는 경우가 많았다고 한다.

북한 어디나 병원이나 진료소 가면 거의 다 구호가 붙어 있어요. 사회주의 의학은 예방 의학이다. 북한 하면 진료를 우선하는 것이 아니고 예방을 기본으로 하기 때문에 위생선전, 예방접종은 기본으로 들어가요(탈북의사10).

다들 내일은 어떻게 살아? 다음 달은? 그러니까. 물론 예방이라는 말은 있어요. 북한의 구호가 '사회주의 의학은 예방의학이다'에요. 그런데 말은 그렇지만 그럴 상황이 아니에요. 빨리 돈을 벌어야 되고 어떻게 10원에 넘겨다가 15원에 팔아야 되잖아요. 그런 생각을 많이 하다 보니까 미리 예방검진을 받아야겠다고 생각하는 부분이 아니에요(탈북의사5).

북한 사람들에게 (건강은) 큰 부분이 아니에요. 내가 먹고사는 게 큰 부분이거든요. (건강이) 1순위가 아니에요(탈북의사7).

80년대 초반까지 북한이 보건교육이나 전염병 관리 교육을 우리보다 훨씬 더 많이 시켰어요. 호 담당제, 자기 지정병원이 있잖아요. 의사들을 가까이서 만날 수 있었고. 그랬는데 체제가 무너지면서 80년대 이후부터 제대로 안 된 거죠. 질병예방에 대한 것은 젊은 층 같은 경우는 생각을 못 하죠. 아픈 것도 치료받지 못하는 상황인데 질병을 예방하기 위해서(북한이탈주민 지원가5).

전염병으로 인한 사회 전체의 심각한 피해를 막기 위해 예방접종은 시행되고 있는 것으로 탈북의사들은 보고하였다. 예방접종은 무료이지만 백신 보관 등에 문제가 있는 경우도 있다고 한다. 예방접종은 강제적이며 의료진도 주민들도 억지로라도 시행해야 하는 의무로 여겨지고, 예방접종을 제대로 했는지에 대해 확인하고 통제하기도 한다. 북한에서 예방접종은 정치적이고 사회적인 행위로 간주하기도 한다. 즉 예방접종이 전염병으로부터 개인의 건강을 보호한다기보다는 전염병으로 인한 사회의 붕괴를 막기 위한 것으로 파악하기도 하며, 이 때문에 제재가 더 많이 이루어지기도 한다. 이러한 강제성에 대한 반작용인지 결론은 내릴 수 없으나 남한에 입국한 북한이탈주민은 예방접종에 큰 관심이 없다는 보고도 있었다.

지금도 나라 상황이 안 좋다고 하지만 예방접종은 다 무료로 해요. 그런데 예방약에 이상이 생기는 경우가 좀 있고 보관이 잘 안돼서(탈북의사 5).

북한은 예방주사는 잘 놓거든요. 특히 호 담당의사들은 예방주사 자기 등록인원이 70명인데 68명을 놓았다면 2명 안 놓은 것까지도 자꾸 채문하니까 따로 가서도 놔 주거든요. 북한은 의사들이 예방주사 놓는 시기는 4월 전투라고 이름 붙이고 새벽 출근하거든요. 한 병에 1,000명분이면 1,000명분을 의사들한테 주거든요. 그걸 유효기간 1주일 동안 1,000명 다 놓아라. 안 놓은 사람이 있으면 저녁에 가서. 환자들 자체가 맞기 싫어도 의사들 자꾸 오고. 인민반장들한테다가 자꾸 누구누구 주사 안 맞았는데 몇 시까지 빨리 보내라고. 병원에서 선전할 때 주사 안 맞는 거는 너 하나 죽는 거는 괜찮지만, 네가 전염병을 퍼뜨려서 다른 사람들도 그러니까(병에 걸리니까) 결국은 사회적으로 나쁜 행위니까 맞으라 하면서 정치적으로 딱 걸어 놓으니까 맞기 싫어도 맞아야 돼요(탈북의사2).

B형 감염 예방을 해 주거든요. 쪽지에 적어 주고 퇴소 전에 3차까지 맞춰서 내보내야 하는데 안 오는 거에요. 방송을 해도 안 오고. 나중엔 결국 왔는데 쪽지 작성한 거 어쨌냐니깐 버렸다는 거에요, 우리가 답답해서 가서 모셔다가 놔 주는 거에요(북한이탈주민 지원가4).

북한주민의 흡연율이 높고, 음주량이 많다는 보고도 있었다. 특별한 곳 외에는 금연이 아니라고 한다. 오히려 돈이 있어야 술 담배를 할 수 있다는 의견도 있었다. 북한에서는 사람들끼리 선물이나 인사로 담배를 주고받는 것이 흔하다고 하였다. 이를 통해 볼 때 북한주민 특히 남자들은 금연이나 절주에 대해 남한보다는 신경을 적게 쓰는 것으로 추정된다.

북한 사람들은 술 하고 담배를 너무 많이 하구요. 흡연율도 굉장히 높고, 몸이 굉장히 안 좋아져야 담배를 안 하고 술을 안 하고 그래요(대북지원가5).

엘리베이터, 호텔 로비, 그리고 성지 빼고는 다 피울 수 있어요(대북지원가1).

요양소 같은데 가면 안내원들이 담배를 막 핀대요. 이거를 피워야지 균이 죽는다고 생각한대요(대북지원가6).

돈이 있는 남자들은 담배도 피우고 술도 먹어요. 돈이 없는 사람들은 술, 담배도 못하는 거야(북한이탈주민 지원가6).

북한은 문화 자체가 담배를 주고받는 게 인사니까. 남자들이 만나서 주머니에서 잎초 담배 그걸 주면 그게 인사거든요. 젊은 사람들이나 발전된 사람들은 곽담배 주면 감사하다고 한 대 좀 달라고 말하자면 문화면서 인사거든요(탈북의사2).

술 담배를 많이 한다고 해서 금연이나 절주에 대한 보건교육이 북한에 전혀 없는 것은 아니다. 병원에서 금연이나 절주에 대해 선전도 하고, 김정일은 금연에 대해 대대적인 홍보를 하기도 했다고 한다.

금연 절주도 북한에서 상당히 많이 하죠. 병원에서 선전도 많이 하고(탈북의사3).

김정일이 이야기했던 3대 바보가 외국어 못하는 사람, 컴퓨터 못하는 사람, 아직도 담배 피우는 사람으로 대대적인 캠페인을 한 번 했었는데 별 실효성은 못 거두었죠(대북지원가1).

'담배는 심장에 겨누는 총탄이다'라는 표현까지 하면서(대북지원가2).

금연이자 절주 교육이나 홍보는 큰 효과를 보지 못했다는 의견이 많았다. 사람들이 술이나 담배가 건강에 좋지 않다는 것을 모르는 것은 아니라고 한다. 다만 건강을 위해 스스로 금연이나 절주를 하려는 이들이 별로 없다는 보고가 많았다. 당장 증상이 나빠져야 금연이나 금주를 생각하는 경향이 강하다고 한다. 탈북의사들은 미래의 건강을 위한 금연과 절주에 대한 무관심 역시 당장의 생존에 급급한 현실 때문이라고 파악하고 있었다. 건강한 삶에 대한 욕구가 전반적으로 높지 않다고도 하였다.

본인이 담배 피우지 말아야겠다고 하면 하는 거지. 물론 다 나쁘다고는 해요. 그렇지만 무조건 담배 피우지 마라 이러지는 않아요(탈북의사 5).

간이 많이 나쁘다고 하면, 술을 끊어야 한다고 하면 하는데 미리 예방을 해서 먹지 않는다거나 그런 건 안 하는 거 같아요. 금연도 사회적으로 잘 안 되어 있어요(탈북의사9).

금연과 절주는 사람들이 상식적으로 다 알고는 있어요. 알고는 있는데 실천으로 옮기는 거는 사람마다 다른 거죠. 그리고 건강이 제일 중요한 게 아니라 먹고사는 것이 가장 중요해요(탈북의사 6).

담배가 병에는 안 좋다고 설명을 하죠. 그런데 의사의 말을 믿지 않아서라기보다, 내가 담배를 안 피운다고 몇 년을 더 살까. 삶에 대한 의욕이 높지를 않아요(탈북의사9).

술 마시다가 끊어야 되겠네, 생각은 다 하죠. 그러나 건강에 치중할 새가 없어요. 그건 행복한 사람들이 하는 거고, 사람들이 그때그때 메우자는 게 있잖아요(탈북의사7).

보수적인 북한 사회에서는 여성 흡연자가 거의 없다는 탈북의사의 보고가 있었다. 반면 북한이탈주민 지원가는 남한에 온 북한이탈여성 중 흡연자가 많다고 보고하였다. 이는 북한이탈여성이 겪는 탈북 과정에서의 경험에 의한 차이일 가능성도 있다.

> 망나니로 보기 때문에 여자가 담배를 크게 피우지 않아요. 옛날 할머니들이 피웠지만 지금 할머니들은 피우지 않고(탈북의사2).

> (북한이탈주민 중) 담배는 청소년도 피우고 여자들도 피우는 사람이 많아요. 말로는 건강 걱정은 되게 많이 해요. 근데 실천은 안 한다는(북한이탈주민 지원가4).

북한주민이 건강을 위해 운동을 별도로 하는 일은 많지 않은 것으로 보였다. 과거에는 직장에서 체조하기도 했으나 현재는 잘 이루어지지 않는다고 한다. 대부분 북한주민이 평소에 많이 걷고 움직이기 때문에 자신은 충분히 운동한다고 생각한다. 북한에서 건강을 위해 운동을 하는 일 자체가 별로 없고, 비만은 드물고 이것이 오히려 사회적 지위를 상징한다고 한다.

> 공장기업소, 병원도 업간 체조라는 게 있어요. 사무직장은 다 있거든요. 건강 태권도, 인민 보건체조 이런 거 하라는 건데 지금 사람들이 잘 하질 않죠. 80년도 전에는 업간 체조시간이면 정말 싫어도 나가서 업간 체조하고요(탈북의사2).

> 운동 많이 하죠, 대단히 많이 합니다. 원해서 하는 운동이 아니고, 어쩔 수 없이 걷기를 해야 해서. 교통수단이 없으니까 무조건 걸을 수밖에 없어요. 북에서 내려오신 분들의 이야기가 처음에 와서 남쪽 사람들이 운동하는 거 보면 대단히 신기했대요(대북지원가2).

> 운동은 따로 안 해도 돼요. 살려면 자전거 타고 하루 종일 다녀야 하거든요. 비만이 거의 없으니까요(대북지원가6).

북한 사람들은 운동에 대한 개념은 없어요. 일상적으로 운동을 많이 하니까. 교통이 안 되어 있으니까 시내에서 15, 20리 길은 걸어 다니니까, 짐 지고 이고 다니고 하니까요(탈북의사9).

운동은 없어요, 걸어야 되니까. 애들이 학교 가는 것도 15분 걸어서 가는 정도니까. 운동은 된다고 보기 때문에요(탈북의사10).

소화된 후에 천천히 걷는 운동이라도 하세요 하면 말 끝나기도 전에 벌써 '운동합니다' 하고 나와요. 그런데 실제로 운동하는 사람은 많지 않아요(북한이탈주민 지원가4).

북한에서는 뚱뚱한 사람은 사회적 직위가 있다고 생각을 해서 어디 통행증을 안 내도 통과시키는 경우도 많데요(북한이탈주민 지원가6).

남한에 입국한 북한이탈주민도 건강을 위한 운동이라는 개념 자체가 희박한 경우가 많다고 한다. 운동은 에너지를 소비하는 것이므로, 최대한 내 몸에 있는 것을 보전하기 위해서는 몸을 움직이지 않는 것이 건강에 좋다는 생각을 가지기도 한다고 한다. 반면 약이나 영양제를 통해 자신의 몸에 무언가가 들어와야 건강해진다는 개념이 더 강하다고 한다. 건강을 위해서는 충분한 열량을 소비하는 정도의 운동을 해야 한다는 개념을 가지지 못한 경우가 흔하다고 한다. 결국 남한 입국 이후 북한이탈주민의 체중 증가와 대사장애 발생 비율이 급증하는 경우가 많으며, 학동기 아동의 경우 남한에서 갑자기 비만이 되는 경우도 흔하다고 한다. 다만 남한에 적응을 잘하고 있는 북한이탈주민은 운동을 열심히 하는 경우도 최근 생기기 시작했다고 한다.

가까운 거리를 걷는 것과 버스를 타는 것 중 무엇이 더 건강하다고 생각하느냐에서 당연히 버스를 타는 것이 더 건강하다고 생각해요. 걷는 것은 내 근육을 쓰고 에너지를 쓰는 것이므로. 개념 자체가 전반적으로 운동해서 건강해진다는 것보다는 먹는 것으로 건강을 좋게 한다는 생각이 있는 것 같아요(북한이탈주민 지원가1).

30분 만에 걸어갈 수 있는 거리는 걷는 것이 차를 타는 것보다 건강에 좋습니다. 이러면 눈을 똥그랗게 뜨고서, 선생님 몸을 위하려면 차를 타야지요(북한이탈주민 지원가6).

먹는 것도 힘들어 죽겠는데 무슨 살 빠지게 운동을 하겠어요. 우리는 건강해지기 위해서 운동을 많이 해야 한다고 생각하고 있잖아요. 이분들(북한이탈주민)은 그런 생각을 안 해요. 건강해지기 위해서 좋은 약이나 영양제나 이런 것이 훨씬 더 신뢰감을 주는 거죠. 그게 더 필요하다고 생각을 하죠(북한이탈주민 지원가5).

운동하고 건강과의 상관관계를 인식 못 하고 있는 거죠. 운동하세요, 이러면 운동 많이 합니다. 무슨 운동하냐고 하면 아침, 저녁 체조하는 것, 운동을 30분 이상 해서 땀을 흠뻑 흘려서 몸이 활성화되고 이런 관계들을 몰라요.

국내 입국해서 하나원까지 대개 살이 5~10kg 쪄요. 살이 갑자기 5~10kg 찌면 불편하잖아요. 계단을 오르면 숨이 찬 거야. 그리고 와서 심장병이라고 하는 거에요. 갑자기 작은 양의 식사를 하던 사람들이 여기 와서 너무 많은 양 식사를 해서. (북한이탈주민) 대사장애 발생비율이 남한 사람보다 7~8배 높다고, 복부둘레 같은 것들이 2년 만에 남한 사람보다 더 커지고 있고. 학동기에 있는 애들 하나원을 나가서 2년 만에 남한 애들 비만하고 비율이 똑같아졌다는 거죠. 예방이나 이런 것들이 전혀 안 되어 있다는 이야기죠(북한이탈주민 지원가6).

요즘 의식 있는 사람들은 탈북자들도 운동을 해요. 여기 와서 남한화 된 사람들은 알아서 운동도 해요. 예전에 탈북자들은 등산을 내려올 걸 뭐하러 하냐 그랬었어요(북한이탈주민 지원가11).

## 2) 합병증 예방

고혈압이나 당뇨, 고지혈증과 같은 질환은 당장 증상은 없어도 나중에 합병증을 막기 위해 꾸준한 치료를 받아야 한다. 소수 반대 의견도 있었으나 북한주민은 합병증을 막기 위해 꾸준한 치료를 받지 않는 경향이 있다고 보고하였다.

> 대체로는 좀 나아지면 (치료를) 그만두었다가 심해지면 또 치료받고 그래요. 자기 건강에 대해서도 여기(남한) 분들처럼 책임감이 높지 못해요. 대체로 증상이 나타나지 않으면 다 무시해요(탈북의사1).

> 남한은 어렸을 때부터 계속 스크린 해 주잖아요. 의료보험에서도 1년에 한 번씩 무료 검진받으라 하고, 그런데 북한은 그게 안 되어 있잖아요. 그게 아니기 때문에 어쨌든 증상이 없으면 건강하다고 생각한다고요. 보통 전조 증상은 모르거든요, 무시하죠(북한이탈주민 지원가11).

꾸준한 치료를 하지 않는 이유로는 당장의 생활이 어렵기 때문에 장래의 문제를 미리 생각해 여기에 대한 경제적 여유도 심리적 여유도 없기 때문이라는 해석이 많았다. 물론 의사의 말은 잘 따르는 북한주민이지만 증상이 없는 상태에서 당장 생활에 급급하기 때문에 어쩔 수 없다는 것이다. 당장의 삶이 힘든 북한주민에게는 건강이나 장수에 대한 애착이 높지 않다는 의견도 있었다.

> 당장 먹고살 게 걱정인데 뭐 앞으로 병 걸리지 않겠다고. 옛날에는 잘 따랐어요(탈북의사3).

> 따르죠. 근데 거기다 신경을 쓸 새가 없어요. 거기다 머리 쓸 새가 없거든요(탈북의사7).

의사의 말은 신뢰하고 잘 따라요. 그런데 내가 지금 당장 먹고살 것이 없는데 나중에 합병증이 생긴다고 해서 그것을 먼저 챙기고 한다는 것이 쉽지는 않죠(탈북의사6).

잘 따른다고 말할 수 없을 것 같아요. 먹고사는 게 당장 급하지. 당장 눈에 안 보이는 병을 예방하며 살라고 하는 게. 아무튼 자기 삶에 대한 욕구, 애착 이런 게 다 많이 낮아요. 건강을 위해 담배를 끊고, 술을 끊고 운동을 하고 그런 게 없어요. 의사들도 모여서 그런 이야기를 하는 게 없어요(탈북의사9).

이러한 모습은 남한에 입국한 북한이탈주민에게도 보인다고 한다. 증상 위주로 건강을 인식하기 때문에 지금 증상이 없는 질환은 질환으로 간주되지 않는 편이라고 한다. 따라서 합병증 예방을 위한 자기 관리나 꾸준한 치료가 잘 이루어지지 않는 경우가 종종 있다고 한다. 증상이 나타나면 약을 먹고 증상이 없어지면 약을 먹지 않는 경우도 많으며, 고혈압과 두통의 예에서 보듯이 증상과 질환을 혼동하기도 한다. 약물 외의 다른 합병증 예방방법에 대해서도 처음에는 잘 받아들이지 않는 경우가 많다고 한다. 그러나 지속적인 교육을 하는 경우에는 어느 정도는 자기 관리가 이루어지기도 한다고 보고하였다.

고혈압도 약을 계속 먹어야 하는데, 혈압이 높다고 머리가 아픈 건 아닌데 약이 남아 있어도 머리 아픈 날만 약 먹고 그래서요(북한이탈주민 지원가1).

당뇨나 고혈압에 걸리면 식이요법을 통해서 일차적으로 운동을 통해서 치료를 하려고 하는데 그런 개념이 없어요. 병에 걸렸는데 약을 안 주고 식이요법을 해라 운동을 해라 그러면 의사가 약 주기 싫어서 핑계를 대나 보다 오해하는 경우도 있고, 잘 먹지도 못하고 몸도 병에 걸려 있는데 여기서 더 식사를 하지 말라고 이야기를 하면 서운한 거죠(북한이탈주민 지원가5).

당뇨가 있다. 고혈압이 있다 이러면 주기적으로 와서 상담도 하고, 어떻게 되었나 하기보다는 그냥 넘어가는 거 같아요(북한이탈주민 지원가6).

혈압 같은 경우 혈압약을 매우 장기적으로 먹어야 하잖아요. 이것도 처음엔 순응도가 없다가 나중에 잘 설명하면 잘 들어요(북한이탈주민 지원가2).

여기(하나원)서는 교육시키면 해요. 혈압도 우리가 매일 재러 오라고 그러고, 당뇨도 혈당계 구입을 해서 주고 중간중간 저희가 체크를 하고 그러니까 따라서 하죠. 그런데 나가서는 자기가 돈 벌러 직장생활을 해야 되고, 하면 못할 확률도 높죠(북한이탈주민 지원가5).

## 6. 고려의학

북한에서는 고려의학, 즉 한의학의 위상이 높다. 일부 전문가들은 북한주민이나 의사들에게 고려의학의 신뢰도가 높으며 실제 치료에도 많이 이용되고 있다고 하였다.

고려의학을 많이 신뢰하는 편인 거 같아요. 당연시하고. 지금 상황에서 절실하기 때문에 하고 싶어 하고요(대북지원가3).

중증인데도 침 맞고 부항 뜨고 이런 건 있죠. 종합병원인데도 부항 뜨고, 무시할 순 없죠. 어쨌든 사람들이 공유해서 할 수 있는 치료법이고, 믿고 있는 부분도 당연히 있기 때문에(대북지원가3).

약재를 채집해오는 데 보관에 한계가 있다. 환으로 만드는 한약 기구가 있으면 약초들을 훨씬 장기간 보관하면서 환자들을 볼 수 있다고 요청하더라고요. 침도 지금 지원해 준 것보다 더 해 줬으면 좋겠다. 전체적으로 고려의학 담당 부분은 있는 거 같아요(대북지원가4).

신뢰를 많이 하죠. 약을 타 먹기가 번거롭잖아요. 처방전 들고 왔다 갔다 하기 싫잖아요. 약을 먹으면 다 화학적 신약이다 그런 인식이 있어요. 바로 침 맞고 일어나 가시면 그렇게 좋아해요(탈북의사10).

동의학 중요합니다. 내과에 오래 한 선생들은 동의학을 절대 무시 안 합니다. 신의학이 안 되면 동의학이 되거든요. 신의학이라는 건 순차적으로 낫게 한다고 생각하면 동의학은 꾸준히 체력을 만들어 주는 거거든요(탈북의사8).

북한은 의과내학에서도 양방과 한방이 합쳐진 교육을 받으며, 의사들 역시 양방과 고려의학을 같이 사용해 치료하는 경우가 많다. 양방을 전공한 일반 임상 의사들도 고려의학 전문 의사에게 침이나 뜸 환자를 보내지 않고 직접 치료한다고 한다.

고려의학을 신뢰합니다. 교육 자체가 양의학과 고려의학 자체의 구분이 없어요. 양의도 일정 부분 고려의학을 배우고, 고려의학과도 양의도 기본적으로 배워야 하고. 이원화되어 있지 않아요(대북지원가2).

호 담당과에서 한방치료 많이 하거든요. 한방과 따로 전문가가 있기는 있어요. 거기는 신경통에 좀 오래된 분들, 많이 아픈 분들이 가지요. 일반 임상 의사들도 호 담당 같은 데는 침 치료가 반드시 필요한 거거든요. 많이 쓰죠(탈북의사1).

북한이 한의학이 대단히 발달했어요. 계속하니까. 양의학 의사들도 어지간한 침의학 다 알고 있어요(탈북의사4).

심하게 명치가 아프다. 다른 증상은 없는데, 모든 지표는 정상이세요. 그러면 신의사지만 동의과로 보내지 않는 거에요. 침을 놔요 뜸뜨거나(탈북의사10).

반면 고려 약에 대해 주민들의 신뢰도가 그리 높지 않다는 탈북의사들도 있었다. 그들은 한약의 신뢰도가 남한에 비해서 높을 수 있겠지만, 양약에 비해 신뢰도가 높은 것은 아니라고 하였다. 이는 한약이 양약에 비해 복용이 불편한데다, 즉각적인 효과를 보이지 못하기 때문으로 해석하고 있었다. 다만 뜸이나 부항과 같이 효과가 빠른 치료는 선호한다고 하였다. 일부 북한이탈주민 의료진들도 북한이탈주민이 한방 치료보다는 여태까지 받아 보지 못했던 양방 치료를 더 선호한다고 하기도 하였다.

꿀, 엿 이런 게 (방부제가 없어) 들어 못 가고 먹기가 쓰고 맛이 없지만(탈북의사2).

많이 신뢰하질 않아요. 효과에서 차이가 있잖아요. 양의학은 금방 차이가 나요. 그런데 한의학은 서서히 차이가 나거든요. 아스피린 먹으면 금방 열이 떨어지잖아요. 한약재를 먹으면 금방 안 떨어져요, 한의학이 좋은 건 아마 사실인데 신뢰도는 떨어져요(탈북의사4).

신뢰도가 높아요. (양약과 비교하면) 그래도 양약이죠. 양약이 빨리 치료하니까. 그러나 부항 그런 거는 그 자리에서 나타나거든요. 그건 신뢰도 높고(탈북의사7).

양의를 선호하지. 훨씬 더 많이 선호하지. 한의도 불신하기보다는 선호가 더 양의 쪽이 많다는 거죠(북한이탈주민 지원가5).

양의학은 그동안 못 받아본 것이기 때문에 그쪽 진료를 더 많이 받아 보고 싶어 하는 분들이 많은 것 같고요(북한이탈주민 지원가3).

그럼에도 불구하고 고려의학이 북한에서 어느 정도 퍼져 있는 가장 큰 이유는 병원의 시설이 낙후되어 병원에서 양약을 구하기 어렵기 때문이라는 주장이 많았다. 양약에 비해 한약의 재료들을 자연에서 쉽게 구할 수 있기 때문이다. 실제 약초를 구하는 것이 의사들의 주 업무 중 하나라고 하였다. 주민들이 양약을 살 경제력이 없기 때문에 한약을 이용하기도 한다고 하였다. 병원에 약이 부족하게 되면서 침이나 부항, 뜸을 하러 병원에 가는 경우가 생기면서 고려의학에 대한 신뢰도가 오히려 증가했다는 의견도 있었다.

서양의학 체제가 무너지면서 기계나 시설이나 제대로 갖춰지지 않으니까. 옛날에 했던 한의학이 깔고 있어요. 거의 50대 50 정도로(북한이탈주민 지원가5).

양의로 진단하고 약품이 없으니까 고려의학 치료방법 많이 이용하죠(대북지원가2).

리만해도 양약과 고려 약이 50%, 50%거든요. 그런데 양약은 구할 수가 없는데 고려 약은 1년 두 번씩 약초를 캐러 나가서 몇 키로를 재배해 가지고 와야 하는 게 의사 소임 중의 하나에요(대북지원가4).

동약밖에 없어요. 병원에 와야 환자들이 크게 받아갈 만한 것이 없잖아요(탈북의사1).

호 담당 같은 데는 침 치료 많이 쓰죠, 약이 없으니까(탈북의사1).

신뢰하는 게 아니라 그것밖에 없으니까. 침이라도 맞고 가야 병원에 온 의의가 있으니까(탈북의사2).

북한은 일반 약이 없으니까 자꾸 한약을 장려시키는 거에요. 이빨이 썩어도 침으로 진통시켜라. 배가 아픈데 어디 침을 놔라(탈북의사4).

신뢰보다도 할 수 없이 적용하는 거에요. 약은 먹어야 되는데 돈이 없으니까. 소화가 안 되면 소화제는 살 수 없지, 나가서 뿌리라도 캐먹어야 될 거 아니야(탈북의사3).

더 신뢰해서 치료한다기보다는 쉽잖아요. 오미자 꿀이나 설탕가루에 재웠다가 먹이면 애들이 피도 건강해지고 감기도 잘 안 걸리고 이렇게 얘기를 하잖아요. 오미자는 산에 가서 딸 수도 있잖아요. 쉽게 할 수 있으니까 그걸 많이 하려고 노력하는 것 같아요. 돈을 주고 하는 것은 솔직히 어렵잖아요(탈북의사5).

예전에는 동의학을 잘 신뢰를 안 했는데, 병원들의 약이 없으면서 요즘 오히려 동의학 병원 쪽에 환자가 더 많이 가는 것 같아요. 차라리 침 맞고 부항하고 그런 거요(탈북의사9).

고려의학이 북한에서 널리 퍼진 또 다른 이유로는 주체사상이나 북한의 국가적 자존심과 관계가 있는 것 같다는 의견이 대북 의료 지원가를 중심으로 제기되었다. 북한이 주체적으로 의약품을 제조하고 공급할 수 있는 고려의학에 대한 자부심, 고려의학에 대해서는 자신들의 수준이 높다는 자부심이 느껴진다고 하였다. 서양이나 다른 나라의 기술을 빌리지 않고 민족 독자적으로 의약품 만드는 것을 중시하는 것은 북한의 정치사상과도 연관이 있을 수 있다.

주체사상이란 우리가 다 할 수 있다는 사상이다. 우리가 핵도 만들고 다 지킨다는 사상. 의학도 그런 자부심을 가지는 것 같다. 나름의 약을 만들고 한약재로 환 같은 것을 공급하고 그러는 것 같다(대북지원가8).

굉장히 그거(고려의학)에 대해서 자기네(북한) 수준이 높다고 생각하는 부분도 있는 거 같고(대북지원가3).

신뢰보다도 무시하지는 말라는 게 더 확고한 거 같아요. 고려의학은 굉장히 훌륭한 학문이고 동의보감도 그렇고, 옛날부터 전해 내려오는 것이기 때문에 상당히 훌륭한 학문이라고 너나없이 얘기하는 걸 보면 의존도도 높지만 그런 게(무시하지 말라는 게) 더 많은 거 같아요(대북지원가3).

양약의 부족과 민족 주체성의 강조라는 배경하에서 북한 정부는 고려의학을 정책적으로 장려하였다. 주체의학이라고 하여 우리 민족에게는 우리의 약초가 건강에 맞는다는 개념을 주입시키기도 하였다. 특히 치료를 할 때 양약과 고려 약을 적절히 배합하는 것을 지시하여, 실제 의사들이 이를 잘 지켰는지 확인을 받아야 하는 경우도 있고, 의사들이 한약을 개발하여 실제 임상에서 직접 적용하고 이러한 결과를 계속 학문적으로 발표하도록 장려하기도 하였다.

북한에서 동의학을 장려를 했다고 되어 있어요. 김일성 주석이 우리 인민들한테는 우리 주변에 나는 온천수라든지 약초라든지 이런 것들이 우리 몸을 건강하게 하기 때문에 발전시켜야 한다고 교시를 내렸어요. 주체의학이라고 부르는 부분들이 쉽게 이야기하면 우리 신토불이와 같은 개념이에요. 우리 몸에 맞는 물이라든지 온천수라든지 약초라든지 이런 것을 개발해서 건강을 회복시켜야 된다. 그런 것들이 인민들 속에 스며든 거죠(북한이탈주민 지원가6).

북한의 동의학하고 신의학을 서로 병합해서 치료하라는 김일성 주석 지시가 있었거든요(탈북의사8).

총화 때 치료를 10명 중에 몇 명 배합을 해서 했냐 이런 것까지 따졌어요. 김일성, 김정일 말씀이 있기 때문에, 그것 따지면서 보건일군이 그날의 하루 치료 총화를 해 주거든요(탈북의사10).

하루에 처방 2~3가지 주면 그중 꼭 동약을 하나씩 처방해야만 비례를 맞추게 됐거든요. 다 신약으로 쓰지 말고 동약을 같이 주라는 정책이 있거든요. 감기다 처방하면 2가지는 신약을 주고, 1가지는 꼭 동약을 처방해서 한 처방에 3가지를 해요. 그렇게 해서 같이 먹게(탈북의사2).

북한은 신의사들도 동의학을 연구해서, 소위 자력갱생으로, 한 분기에 한 번씩 구역의사들이 다 공동장소에 모였을 때 대표 몇 명이 자기 연구한 걸 발표하거든요. 연구한 걸로만 끝나는 게 아니라 실례 들어서 환자 몇 명한테 썼는데 효과가 있었다. 솔직히 의사들은 그런 걸 한 번씩 해야 급수가 올라가니까. 동약 3가지를 쓰는데 다른 걸 하나 더 넣고, 환자를 몇 명 해 보고는 했었어. 점수 따기 한 것도 있긴 있는데 그렇다고 나쁜 게 아니니까(탈북의사2).

앞서 말했듯이 북한주민은 고려의학 중에서도 효과가 느린 한약보다는 효과가 빠른 뜸이나 부항을 선호한다. 그런데 의사들이 침을 놓거나 뜸을 뜨는 경우도 있지만, 비전문가에게 침을 맞거나 서로서로 뜸을 떠주거나 하는 경우가 많다고 한다. 뜸이나 부항은 특히 병원에 가지 않고 자기치료로 많이 사용하는 것으로 추정된다. 이러한 비전문적 치료는 피부의 화상 자극 등을 유발하기도 한다.

애들은 감기가 오면 설사도 하면서 소화기 장애가 오잖아요. 배꼽 위에 소금 깔고 그 위에 뜸을 떠줘요. 애들이 엄청 뜨거워하잖아요. 그렇게 해 주면 같이 기혈을 보호하고 그런 작용도 있어서, 거기다 약을 지어서 병합을 해서 치료를 해요(탈북의사5).

침 같은 것도 의사가 아닌 사람한테서 막 맞는단 말이에요. 자기 건강, 자기 존재를 귀중히 여기지 않아요. 함부로 내 몸을 맡기고 하는데. 급체 환자인데 진료소에 먼저 안 오고 침을 배우지도 않고 놓는 그런 사람한테 가서 침도 맞고 뜸도 뜨고. 정 안 나으면 진료소 달려오죠. 그런데 대해 별로 아무렇지 않게 여겨요(탈북의사9).

보통 뜸을 많이 좋아하는 편이구요. 일반적으로 오래 아프던 사람들은 무릎이나 소화가 안 됐던 사람들은 뜸 자국이 대부분 남아 있더라고요. 아니면 실제로 하나원에 와서 뜸을 말려서 자기들이 뜸을 뜨는 경우도 본 적이 있고요. 부항 같은 것도 좋아하는 편이라서 자기가 부항을 만들어서 병원에 안 오고 민간요법처럼 자기가 부항을 뜨고 오더라고요. 손침이라고 해서 손으로 마사지해 주는 건데 자기들은 손침이라고 부르더라고요(북한이탈주민 지원가3).

북한이탈주민이 배에 화상자국이 다 있거든요. 체하거나 그랬을 때 뜸을 뜨는 것 같은데. 정말 정식 고려의학하시는 분이 하시는 건지 잘 모르겠지만 미용적으로 정말 안 좋아요. 배에 다 가지고 있어요. 여자도요. 그냥 북한에서 받았다고만 하고, 병원은 가본 적 없다고 하는 걸로 봐서 민간 방법이라는 생각은 드는데(북한이탈주민 지원가2).

한약에 대한 신뢰도가 높다는 보고도 있었으나, 한약보다는 뜸을 더 신뢰한다는 보고도 있었다. 이는 주로 증상의 빠른 호전과 관련이 있는 것으로 추정된다는 의견이었다. 또한 남한에서 이루어지고 있는 한의학적 지식과 북한주민의 고려의학에 대한 지식과는 차이가 있다는 의견이 있었다. 한약이나 침에 대한 개념도 남한과 차이가 있는 것 같다는 의견도 있었다. 즉, 북한의 고려의학이 남한의 한의학과는 깊이 들어가면 상당히 다른 내용을 가지고 있을 가능성도 존재한다.

한약을 우리처럼 보약 개념이 아니라 그때그때 증상에 따라 가서 어떤 것을 삶아 먹으면 좋더라, 효과가 있더라, 그런 식으로 치료하는 것 같아요. 그때그때마다 증상에 맞는 처방도 받고 민간요법처럼 누가 무슨 약을 먹고 좋아졌더라, 그렇게 옆 사람이 이야기를 하잖아요. 북한에서는 침이 크잖아요. 그러니까 아프다는 생각을 하고 있기 때문에 침을 잘 안 맞으려고 하는 경우도 있고, 뜸이나 부항 같은 경우는 좋아하고(북한이탈주민 지원가5).

뜸이나 이런 걸 굉장히 신뢰하는 것 같아요. 체하고 이럴 때에도 쫙 내려가는 침 놓아 달라고 하는 경우가 많아요. 그런데 한약을 주면 싫어하더라고요. 한의사 선생님이 계시는데 약 대신 뜸이나 침을 선호해요. 딱 맞고 바로 효과가 나타나는 것을 좋아하는 것 같아요. 사실 뜸 같은 것은 자기가 뜰 수 있다고 생각하니까. 한의사를 만나지 않아도 내가 할 수 있다고 생각하니까요(북한이탈주민 지원가1).

동의를 많이 접해 봤다고 생각을 했는데 사실 그렇지 않고. 민간요법으로 침, 뜸, 부항 그것만 해 왔기 때문에 한방에서 말하는 맥을 짚어서 어떻게 한다든지 이런 전문적인 것은 안 되어 있는 거 같아요. 한방선생님이 이야기하더라고요. 동의 쪽으로 많이 봐서 친밀할 거라고 생각했는데 그렇지 않다는 거에요. 침을 맞으라면 아프다고 안 맞으려고 하고 차라리 약 먹으려고 하고. 어떤 사람은 한의만 치료받으려는 사람이 있어요. 어디에서 들었는지 양약은 속을 다 해한다고, 어떤 사람은 절대 침 안 맞으려는 사람도 있고요(북한이탈주민 지원가6).

## 7. 특수 질병 및 상황에 대한 행동

### 1) 만성질환

북한에서도 만성질환에 대한 진료나 교육은 이루어진다고 한다. 원칙적으로는 의사가 환자를 방문하기도 하며, 혹은 환자가 병원을 방문하기도 한다. 그러나 실제로 만성 환자의 합병증을 막기 위한 꾸준한 관리는 잘 이루어지지 않는다고 한다. 꾸준히 약물을 복용해야 하는 고혈압의 경우에도 계속 약물을 복용하지 못한다는 보고가 있었다. 급성질환이나 응급질환도 잘 치료하기 힘든 현실에서 만성질환 관리는 어렵다고 하였다. 심한 만성질환자는 중환자 취급을 한다고 한다. 증상 위주로 판단하는 북한이탈주민에게 증상이 없는 만성질환은 잘 관리가 되지 않는다고 한다. 관리를 잘해서 장수하겠다는 의욕이 떨어져 있는 것도 무증상 만성질환의 치료나 관리가 어려운 이유로 보기도 하였다. 남한으로 입국한 북한이탈주민 역시 만성질환의 관리나 치료가 잘되지 않는다는 보고가 있었다.

> 호 담당 같은 경우는 선생님들이 2~3명씩 있거든요. 1명씩 돌아다니면서 주민 속으로 가서 만성 환자들만 상담을 하고 와요. 신방이라고 하는데. 병원에서 주는 약은 드시고 계시는지(탈북의사10).

> 혈압에 대해서는 수시로 체크하고 혈압약 복용해야 되고, 가정에서 짠 음식 먹지 않아야 되고, 이 정도는 알고 있어요. 호 담당의사가 맡은 부분 안에 고혈압 환자가 있고, 당뇨환자도 있고 주기적으로 가요. 그런데 담당의사가 그렇게 한가하지는 못하기 때문에 예방적으로 가서 하지는 않아요(탈북의사5).

> 고혈압 환자 같은 경우도 병원에 내원을 해요. 혈압을 수시로 체크를 했고, 혈압약을 여기처럼 평생을 먹어야 된다는 것은 못 봤어요. 일정하게 드시다가 끊을 때도 있었어요(탈북의사10).

> 당장 급한 것도 치료를 못 하는데 어떻게 만성질환까지 관리하겠어요. 능력이 안 되죠. 일단 당뇨병, 고혈압은 약재가 있어야 돼요. 만성관리를 어떻게 해요. 여기(남한)는 굉장히 그걸 많이 신경 쓰더라고. 관리를 대단히 잘하잖아요(북한에서는) 안 한다고 보면 돼요(탈북의사4).

남한은 건강관리를 잘하고 약물 복용도 잘해서 놀랐어요. 만성 신부전증 환자를 그렇게 오랫동안 상태를 지속시키는 거 보고. 우리는 만성 신부전증이면 그냥 누워서 밥도 맹물에다가 무염식을 해야 한다고 하고, 반찬도 먹고 싶은 거 하나도 못 먹고, 아주 중환자 취급하고 그렇게 사는데. 그런 게 너무 이상적이더라고요. 그런데 북한 사람들은 그런 거에 대해서 10년을 더 살라나, 20년을 더 살라나. 삶에 대한 의욕 같은 게 많이 없는 거 같아요(탈북의사9).

(북한이탈주민은 만성질환) 치료 잘 못해요. 그걸 누가 관리를 좀 해 줘야 돼요. 본인은 증상을 느껴야 병원에 가고. 웬만하면 됐다고 이야기하지. 그래서 종합검진 결과가 나오면 누군가가 그걸 계속 체크를 해 줘야 된다고. 그런 걸 관리해 주는 사람이 있어야 할 거 같아(북한이탈주민 지원가11).

## 2) 수술과 마취

최근에는 수술할 때도 직, 간접적인 비용이 들어간다고 한다. 약품이나 수술을 위한 소모품 등이 충분히 구비되지 않은 상황에서 환자나 가족들이 이를 준비해야 한다고 한다. 그러나 응급 수술은 돈을 받지 않아도 일단 이루어진다고 한다.

수술을 해도 다 가지고 가라는 거에요. 약을 쭉 적어 줘요. 마취과에서 종이에다가. 마취약, 붕대부터 시작해서 다 적어 줘요. 사다가 주면 그걸로 (수술)하는 거에요(탈북의사7).

위급한 상황에서는 돈에 구애되지 않고 달려가고. 가면 그 자리에서 돈이 있나 없나 이러지는 않아요. 응급상황일 때는 그냥 수술해야 되는 게 원칙이거든요. 일단 수술하고 이후 본인이 이런 걸로 갚아야 한다고 정해지고. 적어도 시군병원 경우에는 응급수술은 다 해 줘요(탈북의사5).

북한에서는 수술할 때 환자들이 통증에 대한 공포가 크다고 보고하는 탈북의사도 있었다. 반면 그렇지 않다는 의견도 있었다. 이는 수술 시 마취 여부, 마취약 제공, 마취 방법 등에 따라 다른 의견을 보인 것으로 보인다. 실제로 마취약을 따로 구입해서 환자가 제공할 수 있을 때는 큰 문제가 되지 않는 것으로 보인다. 그런데 작은 절개일 경우 마취를 하지 않는 경우도 있으며, 국소마취만으로 작은 수술을 시행하기도 한다고 한다. 이 경우 환자들이 통증을 참아내야 하는 일도 있는 것으로 보인다. 이런 경험을 겪거나 들은 주민들은 수술과 통증에 대한 두려움을 가지기도 하는 것으로 보인다.

(수술에 대한) 공포가 대단히 심하죠. 한 사람이, 나 이번에 마취해서 아파서 죽다 살았다 말이 입을 걸러서 공포심이 조성되거든요. 북한은 하다가 생배 째고 그래서 죽나 살고 박 묶어 놓고 째고 그러니까. 나 이번에 돼지 잡듯 하더라고 이러면 공포 안 느끼겠어요? 수술에 대한 공포가 대단히 많아요(탈북의사4).

수술할 때 마취하죠. 공포가 심하거나 그런 거는 없는 거 같아요. 병원에 마취약이 없으면 환자에게 사오라고 해서 마취하고 수술을 하는 거죠(탈북의사6).

시골에서는 마취도 안 하고 수술한다는 얘기하더라고요. 저는 본 적 없어요. 충치 발치할 때도 무조건 마취해야 한다고 생각하고. 마취약도 다 사오면 되죠(탈북의사5).

(북한에서) 다 국소마취만 시켰어요. 마취를 깊이 못 해서 겁이 나면서 수술을 했는데 두 번 다시 안 하겠다 하는 정도로. 다들 아프면서 그렇게 수술을 이겨내요. 국소 마취를 많이 하죠(탈북의사10).

아픈 거에 대해 참을성이 많아요. 봉와직염 같은 거 절개를 해야 할 때는 국소마취 같은 거 안 하고 그냥 째요. 그래도 다 참아요(탈북의사9).

북한이탈주민은 수술을 선호하는 경향이 있다고 북한이탈주민 전문 의료진들은 보고하고 있다. 이는 남한에서는 마취에 대한 걱정이 없기 때문이기도 하지만, 수술을 좀 더 확실하고 빠른 치료로 간주하는 경향 때문인 것으로 보인다. 일부 경우에서는 수술 적응증이 아니거나 약물 치료로 충분한 경우에도 수술을 요구하는 경우가 있다고 한다.

> 조금만 아파도 수술을 해 달라는 경우가 많아요. 초음파 검진으로 낭종(물혹)이 발견되면 약물치료가 가능한 상황에도 수술을 원하죠. 초산인 경우에도 자연분만을 시도 자체도 하지 않고 제왕절개를 요구하는 경우도 많아요(북한이탈주민 지원가9).

> 수술에 대한 불안감은 적은 것 같아요. 남한 사람들은 수술 동의서를 설명하면 합병증이나 이런 것에 대한 관심이 굉장히 많거든요. 북한주민은 '당신 수술해야 됩니다' 하면 그냥 기꺼이 해요(북한이탈주민 지원가8).

수술이 끝난 후에는 대부분 약간의 활동을 통해 장 유착을 막는 것이 원칙이다. 그런데 북한이탈주민은 수술이 끝나면 계속 누워 있어야 한다고 생각한다는 북한이탈주민 전문 의료진의 보고가 있었다. 또한 입원 기간을 최대한 길게 가지려고 한다고 한다. 이는 활동을 최대한 줄이고 안정을 취하며 푹 쉬는 것이 자신의 에너지를 보충할 수 있으므로 건강에 도움이 된다는 건강관을 가지고 있기 때문인 것으로 보인다. 수술 자체를 명확하고 근원적인 치료법으로 간주하고 수술 전후의 처치에 대해서는 중요성을 무시하기 때문일 수도 있다. 그 외에도 입원이나 투병 기간을 길게 잡는 것이 개인의 노동의무 면제에게 유리한 사회주의 제도 때문에 생긴 습관일 수도 있다.

> 맹장수술을 하면 걸으라고 하잖아요. 북한에서는 이게 이해가 안 되는 것 같아요. 내가 큰 수술을 받았는데 어떻게 걸어 다니라고 하는지. 수술 후 퇴원하라고 하잖아요. 이해 못 하는 것 같아요. 작은 수술을 해도 오래 누워 있어야 하고 안정을 해야

한다고 생각하는 것 같아요. 회복하기 위해서는 쉬는 것이라고 하면 정말 움직이지도 않고 그래야 한다고 생각해요. 회복하기 위한 활동 같은 것은 안 해요. 어떤 분은 팔 마비가 있었는데, 재활 운동해야 하는데 전혀 움직이지 않으면서 낫지 않는다고, 수술을 받았으면 끝이라고 생각하는 것 같아요(북한이탈주민 지원가1).

수술하고 오면 장이 빨리 회복이 되라고 운동하라고 권유를 하고 있고, 그게 정석으로 통하잖아요. 북한에서는 충수돌기염 수술을 하면 1주일 동안 꼬박 누워 있어야 한다고 생각하는 거예요. 의사선생님도 그렇게 이야기를 한데요. 난소 낭종을 수술했다고 그러면 20일 동안 누워 있으라고 그런데요. 그래서 누워 있어요. 수술하고 3일 정도 지나면 퇴원시키잖아요. 다음부터 교육에 참석을 안 해요. 자기가 생각한 안정을 해 나왔다고 생각하는 순간 나오는 데 2주 걸려요. 엑스레이를 찍어보면 북한에서 수술을 했던 병력이 있고, 그 사람들 중 장 유착이 굉장히 많아요(북한이탈주민 지원가6).

### 3) 스트레스와 정신장애

북한주민은 스트레스라는 단어를 거의 들어본 적이 없다고 한다. 스트레스 때문에 질병이 발생할 수 있다는 것은 북한주민과 북한 의사 모두에게 생소한 개념이었다. 남한에 와서야 스트레스나 심리적인 이유로 질환이 생긴다는 개념에 대해 접하게 된다고 한다. 스트레스나 심리적인 이유로 생기는 증상에 대해 다른 내과적인 원인이나 질환을 생각하는 경우가 많다고 한다.

사회주의 자체가 스트레스가 있을 수 없잖아요. (남한에서는) 비중을 두어서 심리치료도 하고 그러는데 그러는 거는 없어요(탈북의사1).

여기(남한) 와서 '스트레스'라는 말을 처음 들어보았는데 북한 사람들은 단순해서 스트레스가 생길 이유가 없어요. 스트레스를 북한에서 들어 보지도 못했어요(탈북의사6).

여기 (남한) 오니까 무슨 병에 걸리면 스트레스받아서 그렇구나. 이렇게 흔히 말하지만 거기(북한)서는 그런 말 안 했어요. 병이 있나 하고 약 주고 다른 데서 원인을 찾자고 하고 의사 자체도. 환자들 자체는 전혀 생각을 못하고(탈북의사7).

스트레스 자체를 병으로 생각하진 않아요. 신체의 영향을 미친다고 생각도 못 하고. 한국에 오니까 스트레스에 대해서 많이 신경을 쓰던데. 북한은 의사를 하면서도 그런 거에 대해 많이 중요시하지 않았고 관심이 없었던 것 같아요(탈북의사9).

(스트레스가 신체증상을 일으킨다고는) 생각을 안 하는 것 같아요. 따로 (정신과와 무관한) 병이 있다고 생각하는 것 같아요. (설명을 해도) 거의 수긍을 안 하시고. 설득해서 (정신과) 약을 먹고 나아지면 수긍을 하는데. 그럼에도 불구하고 완전히 믿지는 않는 것 같아요(북한이탈주민 지원가1).

그러나 북한의사들도 심리적인 요소가 신체적인 증상을 일으킬 수 있다는 것을 전혀 느끼지 못하는 것은 아니다. 신경을 쓰면 소화가 잘되지 않기도 하며, 흥분이나 불안이 심장 증상을 일으킨다는 것은 임상 경험으로 알고 있었다. 그러나 이러한 경우 심장신경증과 같은 명칭으로 불리며 정신과적 증상이나 진단으로 파악하지는 않았다고 한다.

'신경을 썼더니 소화가 안 되네'가 대명사입니다(탈북의사8).

심계항진이거나 혈압이 평시보다 그럴 땐 의사들이 무슨 흥분한 일이 있거나 신경 쓴 일이 없었냐고 물어보는 때도 있고. 어떤 때 자기가 '내가 무슨 일이 있어서 이렇게 신경을 썼습니다.' 그러면 의사가 그게 원인이니까 구급 대책을 해 주거든요(탈북의사2).

심장신경증이라는 게 있어요. 심장실조증이라는 것도 있고, 그런 분들은 많이 불안하고 우울해 하면서 무언가를 심하게 호소하세요. (그러나) 스트레스 때문에 병이 걸린다. 이런 것은 안중에 없어요(탈북의사10).

북한의 의사들이나 주민들 모두 정신과에는 심한 정신질환 환자들만이 간다고 바라보는 시각이 있다고 한다. 우울장애나 불안장애와 같은 질환은 실제로 거의 쓰이지 않는 개념이며, 주민과 의사 모두에게 생소한 개념이라고 한다.

정신과학을 보조과목으로 졸업했어요. 정신과에는 정신병 환자들만 간다고 생각했어요. 불안, 우울 이런 것을 일반 사람들이 가지고 있다고 생각 안 해요. 스트레스라는 말은 의학용어로 의료인들한테만 쓰이는 거지. 여기처럼 일반 사람들이 스트레스, 우울 이렇게 애기를 안 해요(탈북의사5).

그러나 북한이탈주민 전문 의료진에 의하면 북한이탈주민에게서 흔하게 스트레스로 인한 증상이나 정신과적 문제를 발견할 수 있다고 한다. 물론 북한에 거주하는 주민과 다른 북한이탈주민의 특수한 경험 때문일 수 있으나, 북한주민에게서도 아직 진단받지 못한 불안장애나 우울장애가 흔할 가능성도 생각할 수 있다. 그런데 북한이탈주민은 불안이나 우울의 증상을 신체의 증상으로 생각하는 신체화 경향이 매우 높다. 따라서 불안과 우울에 따른 통증, 피로, 불면, 식욕부진, 무기력 등을 모두 내과적 질환으로 판단하는 경우가 많으며, 정신건강의학과 진료를 거부하고 내과 검진을 원하는 경우가 많다고 한다.

(하나원에서) 병원에 많이 오는 사람들이 대부분 심리적 스트레스를 받는 사람들이 많이 와요. 수업에 집중하지 못하고, 여러 걱정이 많고 고민이 많은 사람은 앉아 있어도 머리 아프죠. 잠을 못 자니까 수업에 집중할 수가 없고(북한이탈주민 지원가5).

심장이 안 좋은 게 아니라 불안이다. 그래서 약 먹고 좋아졌거든요. 그래도 나중에 예방접종 맞을 때 과거력을 쓰라고 하면 심장병을 써요. 내과 선생님한테 전화 받은 적도 있어요. 환자가 심장이 안 좋아서 왔다고 하는데 약을 보니 정신과 약이니 확인하라고요. 정신과에서 치료받았지만 본인은 심장 치료를 받으러 간 거죠(북한이탈주민 지원가1).

머리가 아프면 머릿속에 문제가 있다, 소화가 안 되면 위에 문제가 있다, 이런 식으로 떼어서 생각하는 거 같아요. 신체화 증상은 여기 와서 듣는 소리니까. 나는 여기도 아프고, 저기도 아프고, 아픈 거지, 질병이지. 우리처럼 마음의 병으로 몸까지 망가졌구나, 이런 것보다 머리가 아프고, 허리가 아프고, 옛날에 다쳐서 허리가 아프고, 위가 안 좋고, 이렇게 떼어서 내가 병이 생겼다. 증상을 병으로 같이 생각하는 게 많아요. 어디가 아프면 거기에 병이 있다고 그렇게 생각을 해요(북한이탈주민 지원가5).

심리적으로 계속 머리 아프다, 소화 안 된다, 온몸이 아프다, 이런 사람은 자기 스스로 병을 이기고자 하는 것보다는 의료진에게 가서 풀어 버리는 거야. 그런데 신체화 증상은 정신과 선생님이 개입을 안 하면 도저히 문제가 해결이 안 되는 거야. 여기(하나원)에 수많은 환자가 있는데 신체화 증상이 너무나 많다는 거죠. 머리 아프다는 사람이 제일 많아요. 적응 관련해서 생기는 부분이고(북한이탈주민 지원가6).

(정신과 신체의) 상관관계를 모르고 나타나는 증상에 연연해요. 그냥 잠이 안 온다, 머리가 아프다, 가슴이 두근두근하다, 잠이 안 올 수밖에 없고, 가슴이 답답할 수밖에 없고 그렇잖아요. 북한에 있는 가족도 걱정을 해야 하고. 북한에 있는 가족을 걱정을 해서 밤에 잠이 안 온다, 이런 상관관계로 걱정을 하는 게 아니고. 현재 자기가 불편한 증상 하나만 이야기를 하는 거에요. 그냥 머리가 아파요, 잠이 안 와요(북한이탈주민 지원가6).

### 4) 전염성질환

북한에서 가장 신경을 쓰는 질환은 전염성질환이다. 전염병은 사회 구성원 사이에 퍼져 나가고 많은 사람이 한꺼번에 이환될 수 있어서 그 사회의 기능을 마비시킬 수 있다. 북한과 같은 집단주의 문화에서 남에게 옮길 수 있는 전염병은 매우 중요한 이슈가 될 수 있다. 위생선전도 많은 경우 전염병에 맞추어져 있다. 전염병 환자의 격리도 즉시 이루어진다고 한다. 주민들에게도 전염병이 퍼지지 않도록 미리 검사하기도 한다고 한다.

> 북한에 어떤 게 있는가 하면요. 전염병은 계속 신경을 씁니다. 한 아파트가 다 걸리고 하기 때문에 예방사업이나 선전을 합니다. 어떤 증상이 나타나고 어떤 병이리고 알려 주거든요. 그러면 증상 일고 약 먹고 합니나(탈북의사8).

> 전염병 환자의 치료 분류 체계가 잘되어 있어요. 결핵 같은 것도 비개방기 때는 외래치료를 했고 개방화되면 이제 재까닥 분리시켰죠. 특수전염병은 즉시 격리시켰어요. 이런 체계가 잘되어 있었어요(탈북의사3).

> 학교 가면 옷 다 벗어서 털고 검사를 해요. 누구한테 서캐랑 이가 있는지. 다른 사람한테 옮기 때문에 보호하기 위해서 이 죽이는 약을 바늘로 기워서 천으로 봉지 만들어 가지고 옷에다가 달아요(탈북의사5).

탈북의사들에 따르면 전염병 때문에 주민들이 불안해하는 모습은 있다고 한다. 그러나 전염병 때문에 주민들이 서로 심한 갈등을 보이는 일은 없다고 한다. 오히려 환자가 늘어나자 주민들이 전염병에 대해 다소 무감각해지기도 했다고 한다.

> 불안해하죠. 사회적으로 깨끗하지가 못하니 전염병이 자주 발병을 해요. 국제보

건기구에 전염병이 없다고 거짓 보고를 많이 하는데 사실 전염병이 많이 생겨요. 그래서 다들 불안해하죠(탈북의사9).

써 붙이잖아요. 집 앞에 홍역환자 이렇게. 그 집 지날 때 조심하라는 뜻이기도 하고 그 집에 들어가지 말라고 써 붙여요. 그렇지만 막 싸우거나 그러지는 않아요(탈북의사5).

고난의 행군 시기에 전염병이 너무나 많아져 가지고. 장티푸스나 콜레라 같은 거는 대단한 전염병이거든요. 그런데 크게 신경을 안 쓰더라고요. 사방에 환자들이 가득하니까(탈북의사4).

전염이 될까 불안해하는 거는 어느 정도 있겠지만, 마을 사람끼리 싸우거나 그러지는 않아요(탈북의사6).

### 5) 장애인 복지 및 재활

과거에는 북한에도 장애인에 대한 프로그램이나 복지 체계가 있었다고 한다. 장애진단을 받으면 노동 의무에서 면제받고 다른 일을 할 수 있어 생활에 다소 유리한 부분도 있을 수 있었다고 한다. 그러나 최근에는 장애인에 대한 복지가 많이 줄어들었다고 탈북의사들은 보고하고 있다.

예전에는 (장애인을 위한 프로그램이) 있었대요. 농아 교육도 있고, 척추뼈가 휘어지는 곱사등이 있잖아요. 예전에는 시계방 운영하는 기술도 배워 주고 있었대요. 그런데 저희 대에는 그런 건 없고. 물론 농아학교는 있기는 해요(탈북의사5).

전에는 장애인들에게 보조가 좀 있었어요. 돈도 좀 나오고, 사회보장이니까. 사회보장자는 일을 안 해도 다른 사람들이 일을 하는 것보단 적지만 줬단 말이에요

(탈북의사7).

(진단을 받으면) 사회보장자로 넘어가는 거에요. 여기(남한)서 말하는 장애인처럼. 그렇다고 장애인연금 나오고 그런 거는 별로 없는 걸로 알고 있어요. 나와 봐야 연금이 쌀 1kg도 안 되는데 얼마나 되겠어요. 이 사람(장애인 진단을 받으려는 사람)들은 시간이 필요한 거에요. 자기 딴에 다른 부업을 할 수 있는 시간(탈북의사1).

북한에서는 장애인을 위한 복지 프로그램이 많지 않다고 탈북의사들은 보고하고 있다. 심한 장애인은 집에서 쉬고, 경도의 장애인은 약한 노동을 하기도 한다고 한다. 장애인은 직업을 선택하는 데도 차별을 많이 받는다고 한다. 북한주민은 장애인에 대해 자기와 상관없는 사람으로 여겨 별로 관심이 없다고 한다. 북한에서는 장애인에 대해 사회에 도움이 안 되는 인간으로 보기 때문에 부정적이고 차별적인 시각이 심하다는 의견도 있었다. 남한의 장애인 복지 시스템에 상당히 감명을 받았다고 표현하는 북한이탈주민도 있다.

북한은 장애인을 치료하는 프로그램 같은 건 없어요. 남한에 와서 참 놀란 부분인데 장애인을 사람으로 한 인격체로 보고 해 주잖아요. 북한은 그런 게 없어요(탈북의사6).

장애인에 대한 관심이 없어요. 복지라는 말을 몰라요. 저 사람은 저렇게 태어났으니까 불쌍하다. 깊이 생각하면 불쌍하다, 그렇지 않으면 그냥 무시해요 나랑 상관없는 사람으로, 그래서 장애인을 위한 시설이 있고 프로그램이 있다면 이상하다고 생각할 거에요 아마. 그래서 여기(남한) 와서는 많이 느꼈어요. 내가 참 인간적이지 못했구나(탈북의사5).

장애인에 대한 것이 아무것도 없거든요. 장애인이 1, 2, 3부류 있잖아요. 제일 심한 1부류는 그냥 집에서 쉬어요, 병원에서 끝까지 관리하는 거고. 일을 한다면 몇 시간 하는지 분류해 줘요. 거기는 전부 장애인이 일을 하는 데죠. 시간 노동들을 하는 거죠. 적게. 그 안에서 장애인들을 위한 관리가 이루어지는 거죠(탈북의사10).

장애인이 되면 뭐가 두려운가 하면 직업을 선택하는 데 있어서. 여기는 장애인들은 하고 싶은 것 다 할 수 있잖아요. 북한은 한계가 있어요. 일반 직장은 시간으로 해요. 그런데 의사공부를 하고 싶다 하면 장애인이기 때문에 못 해요. 교육자를 하고 싶다 해도 아예 못해요. 오직 장애인이 들어갈 수 있는 부문은 편의시설, 머리 깎는 이발, 구두닦이, 이런 것. 대학에 입학할 때 신체검사에서 장애가 하나라도 있으면 공부를 잘해도 떨어져요(탈북의사10).

시각장애가 있는 아이를 엄마가 (남한에) 데리고 왔어요. 오자마자 장애인 복지시설에 맹인 등록하니까 놀라는 거에요. 한 인간으로 대접해 주는 것에 대해서 이제까지 받아 보지 못했던 것에 대해서. 이 엄마는 대한민국에 큰절을 하고 싶다고 해요(북한이탈주민 지원가6).

장애인에 대해서 우대하고 그런 사회적 분위기가 없어요. 장애인이라고 쳐다보고 그런 것 있어도, 한국처럼 장애인 우대 그런 건 없어요. 차별하죠, 쳐다보는 것도 어찌 보면 차별이잖아요. 사회생활할 때도 많이 위축이 되죠(탈북의사9).

북한이 장애인을 바라보는 시각이 어떤 줄 아세요. 머저리 병신이에요. 북한의 김일성 주체사상을 지탱하고 지켜 가야 될 힘을 다른 인민들한테는 다 주었는데 장애인한테는 그 힘이 없는 거야. 쓸모가 없는 사람인 거야. 사회 조직에 하나의 나사라고 하면 나사로서의 역할이 안 된다는 거죠(북한이탈주민 지원가6).

대부분의 북한 장애인은 우대를 받지 못하지만, 국가에 도움을 주는 일을 하다가 장애를 입은 경우 확실하게 보상하려는 제도는 있다고 한다. 군대에서 장애를 입은 상이군인(영예군인)이나 국가의 공공사업 현장에서 장애를 입은 이들에게는 치료도 잘 이루어지며 사회적으로도 우대하나, 개인적인 이유로 장애가 생긴 경우 혜택이 없다고 한다.

> 장애인에 대한 우대가 전혀 없어요. 있다고 하면 영예군인(상이군인)에 대한 우대는 있어요(탈북의사4).

> 사회적으로 우대를 받는 장애인이 있거든요. 군대를 갔다가 다친 사람들이라던가, 건설 현장에서 일하다 다친 사람들. 그런 사람들은 기차도 무임승차할 수 있고 그 사람을 위한 자리도 따로 있고 그렇거든요. 사회적으로 일을 하다가 다친 사람들은 우대를 해 주거든요. 나머지 사람들은 장애인이라고 해서 우대하고 그런 건 없는 것 같습니다. 사회와 집단을 위해서 다친 사람들은 떠받들어 주는데 아닌 분들은 그렇지 않죠(탈북의사8).

> 북한의 모든 사람은 김일성을 위해서 일을 할 수 있도록 세팅되어 있는 사람들이에요. 그런데 일을 하려는데 아프니까 빨리 일을 할 수 있도록 돕는 거에요. 어쨌든 일을 시키기 위해서 도움을 주는 거에요. 예를 들어서 사업장에서 일을 하다가 다치면 치료를 해 줘요. 산재로 해서. 어디 다른 데 가서 다친 것은 치료를 안 해 주는 거에요(북한이탈주민 지원가6).

북한에서 국가에 해가 된다고 판단하는 경우 복지는 거의 이루어지지 않는 것으로 보인다. 대표적으로 교화소 같은 경우 의료서비스 제공은 거의 이루어지지 않았다고 한다.

> 살 사람들 죽어가는 것도 꿈쩍 못하는데 교화서에서 죽는 사람들 죽어가든 아프든 크지 않아요. 220명 정도 되는 데서 한 해 20~30명씩 죽었어요. 죽는 게 있잖아요. 굶어 죽어요. 영양실조의 합병증으로 죽는 거에요. 전에 가지고 있던 병으로 죽는다, 이게 아니에요(탈북의사7).

북한에서는 예방, 진단, 수술, 약물 등의 개념에 비해 재활의 개념이 약하다고 한다. 탈북의사들은 재활의학적 치료는 잘 이루어지지 않으며, 요양을 간다는 개념은 있다고 한다. 그나마 요양도 경제적 사정이 허락하지 않으면 쉽지 않다고 한다.

> 북한은 재활 치료 같은 것이 없어요. 일을 하다가 다치게 되면 자기가 알아서 치료를 해야 해요(탈북의사 6).

> 병원마다 물리치료과라는 게 있어요. 물리치료를 받게 돼 있어요. 열, 전기, 운동, 작업치료, 기능치료 이런 식으로 세분화가 안 되어 있고요, 그냥 형식으로만 돼 있어요. 재활에 대한 게 거의 없다고 보면 되죠. 크게 필요성도 안 느끼고요. 노동력이 남아돌아 가는데(탈북의사 4).

> 재활의학과가 없어요. 그런 시설, 프로그램이 없고 요양치료를 하고 있어요. 어떤 요양지역에만 있어요. 물 좋고 공기 좋은 지역. 여행비도 들어야 되고 여행증 발급해야 되고 가서 먹고사는 거 내가 다 해야 되고. 상황이 안 좋으면 못 가요. 집에서 가족들이 있으면 도움을 받아서 복귀운동도 하고, 안 되면 본인이 해야 되고. 본인도 의지가 안 되면 그냥 주저앉아요(탈북의사 5).

### 6) 죽음과 임종

많은 관련 전문가들은 북한주민이나 북한이탈주민이 죽음에 대한 공포를 별로 드러내지 않는다고 묘사하고 있다. 주변의 죽음을 흔하게 보면서 담담한 느낌으로 죽음을 대하는 것 같다고 한다. 다른 사람의 생명이든 자신의 생명이든 크게 연연하지 않는 태도를 느꼈다고 한다.

> 백혈병 애의 부모한테 얘기했을 때 피암(백혈병)이 걸리면 그냥 죽는 걸로 받아

들인다고 하더라는 거에요(대북지원가4).

죽음을 별로 두려워하는 거 같지는 않아요. 97년도 그때는 골목골목에 죽은 사람이 있었다고. 범상한 일이었겠죠. 여기보다 죽음에 대한 공포는 없는 것 같아요. 자기를 너무 안 아끼지요(탈북의사1).

남한 사람에 비해 (죽음에 대해) 더 담담한 느낌도 들었어요. 북한에서 형제들도 굶어 죽고 그래서 그런지. 오히려 죽을 사람은 죽고 살 사람은 살고 이렇게 생각하는 것 같아요. 공포스럽게 받아들이기보다(북한이탈주민 지원가1).

병이 걸려도 치료를 못 하고 죽어가는 사람을 많이 봤기 때문에 죽으면 죽나 보다. 병원에서 암이나 이런 것으로 진단을 받아도 대게 담담하게 받아들여요. 우리(남한 사람들)는 암하면 울고불고, 식음을 전폐하고 힘든 게 너무 심하잖아요. (북한이탈주민은) 그냥 아픈가 보다, 내가 이렇게 힘들게 살아서 암이 생겼나 보다, 하나의 질병처럼만 받아들이지 우리가 갖는 공포처럼 심하지는 않아요. 놀랍더라고요. 무덤덤하기까지는 아니더라도 기분은 슬프겠지만 죽음에 대한 공포나 죽는 것에 대해서 여태까지 어떻게 살았는데 그런 것은 없는 거 같아요(북한이탈주민 지원가5).

탈북자들은 죽음에 대해서는 두려워하지 않는 것 같아요. 생명줄을 쉽게 묻는 것 같아요. 나 하나 없어지면 된다는. 삶을 더 살고 오래 행복하게 살고 그런 게 아니라, 생명 경시라 할까 어떻게 표현해야 할지 모르지만 죽음에 대해서는 크게 안 하는 것 같아요(북한이탈주민 지원가11).

북한주민이 죽음을 담담하게 받아들이는 것은 당장 편안하고 행복할 수 있는 것을 추구하기 때문이라는 의견도 있었다. 이 의견에 따르면 북한에서는 오래 살고 싶은 욕망 자체가 그리 크지 않아서 죽음에 대해 상당히 담담하게 느낀다는 것이다.

북한 사람들은 하루를 살아도 좀 잘 먹고, 잘 살다가 병이 나면 죽어야지 뭐. 북한은 식량이 없으니까 일단 환자 1명만 있으면 북한은 정말 식구 다 굶어 죽어야 되거든요. 쌀을 사서 그 환자한테 주면 그 환자 1명 때문에 그 집 식구가 결국은 3~4일을 굶어야 해요. 오래 살고 싶어 하는 사람이 없어요. 하루를 살아도 좀 먹을 거 다 먹고 좀 편하게 살아 보다 죽었으면 좋겠다는 게 있죠(탈북의사2).

어르신들은 나이 먹은 사람이 병원에 가면 의사들이 미워하고 살만큼 다 살았다고 속으로 이렇게 생각한다고 하면서(탈북의사9).

탈북자들은 긴 안목을 모르는 것 같아요. 이 사람들의 삶이라는 건 그때그때 앞의 문제들을 어떻게 비켜나가는 것. 노후에 대한 생각도 거의 없어요. 내가 하나원에 가서 강의할 때 남한 사람들은 남자는 80세까지 살고 여자는 90세까지 산다. 당신이 25세면 90세까지 살 거니 60년 넘게 더 살아야 된다. 그러면 사람들이 놀래요. 언제까지 살지 생각을 안 해 보니까. 북한에서는 50세가 넘으면 노인네잖아요. 거기서는 그 나이면 인생이 끝. 죽음만 기다리는 거라고 생각하지요. 경제활동을 하는 건 말이 안 된다고 생각하는 거죠. 앞으로 40년 넘게 남은 것을 계획하고 우리가 일깨워 주면 그때 놀라는 거죠(북한이탈주민 지원가11).

반면 일부 북한이탈주민 전문가들은 북한이탈주민이 죽음에 대해 쉽게 이야기하는 것은 표면적인 태도일 뿐이며, 실제로 자신의 죽음에 대한 불안, 주변의 죽음에 대한 슬픔, 삶에 대한 애착 등이 약한 것은 아니라고 한다. 즉, 죽음에 대한 다양한 감정을 표현하지 않고 묻어 놓고 있을 뿐 크게 느끼지 않는 것은 아니라는 것이다.

자기의 죽음에 대해서 쉽게 이야기해요. 죽으면 되지. 누가 죽었다 해도 막 슬퍼하거나 그런 거는 잘 안 보이는 거 같아요. 다만 가족이 누가 죽었다거나 이런 슬픔들을 말을 하기보다는 속으로 삭히는 거 같아요(북한이탈주민 지원가6).

우리한테 말로는 죽으면 그만이지라고 하는데. 아니에요. 삶에 대한 애착은 있어요. 이렇게 고생해서 왔는데 열심히 살아야지 그러면 되겠어요. 그런 말을 우리에게 듣고 싶어 하는 것 같아요(북한이탈주민 지원가4).

말로는 그런 말(죽고 싶다는 말) 잘해요. 외롭고 힘드니까. (그러나) 실제 의도가 있고, 계획을 세워서 한다는 거랑은 다른 이야기라서, 죽고 싶다는 이야기는 많이들 해요(북한이탈주민 지원가10).

북한에서는 난치성 환자의 임종에 대해 주로 가족들에게만 알리고, 본인에게는 알리지 않는 편이라는 탈북의사가 많았다. 반면 최근 본인에게도 이야기하라는 지침이 내려왔으며, 본인도 마음의 준비를 하게 이야기한다는 탈북의사도 있었다. 북한에서도 말기 환자에게 고식적인 치료를 하기도 한다고 한다. 그러나 환자의 임종을 체계적으로 돌보는 호스피스와 같은 시스템은 없다고 하였다.

본인한테는 될수록 얘기하지 말고 가족들에게 얘기하라고 해요. 지금은 바뀌었을지도 몰라요. 2006년까지는 그렇게 교육을 했어요. 당장 죽지 않을 사람인데도 의사가 암이다 당장 죽을 거야 이러면 수명이 단축된대요. 그래서 당신 괜찮아질 거라고 편해질 거라고 위로하라는 거래요(탈북의사5).

환자가 죽어도 가족이 알아서 하는 거고 본인이 알아서 하는 거에요. 임종을 위해서 이렇게 노력해야 되고 옆에서 봐드려야 되고 그런 거 없어요(탈북의사5).

가족에게 알려 주죠. 얼마 못 간다고. 가족에게 맡겨요. 어떻게 할지 가족이 요구하죠. 의사선생님께 알려 주지 말아 주세요 하면 안 알려 주고, 알려 줘도 괜찮다고 하면 알려 주고(탈북의사7).

본인은 잘 받아들이고 못할지도 모르니까 대신에 가족들한테는 자세히 설명해 주죠(탈북의사9).

죽음을 앞둔 사람이 있으면 가족에게 이야기하죠. 암 같은 경우 바로 말을 해 주거든요. 가족한테도 환자한테도. 미리 마음의 준비를 하게 하거든요. 필요 없는 약을 주고 거짓말 쓰는 놈들도 있거든요. 비싸게 받고. 불필요한 약은 쓰지 말고 얼마나 생명을 연장할 수 있겠는지 말해 주는 게 좋거든요. 위암은 위가 막히면 음식을 못 먹어 죽기도 하거든요. 그땐 위를 뚫어서 생명을 연장시켜 주고 그런 건 하거든요(탈북의사8).

얼마 전부터는 환자에게 직접 임종이 얼마 남지 않았다고 말을 하라고 정부 지침이 왔어요. 남한에 와서 호스피스에 감동을 많이 받았어요. 죽음을 그렇게 맞이해야 하겠다는 생각이 들었어요(탈북의사6).

말기 환자는 병원에서 임종을 맞기보다는 집으로 돌아가 임종을 맞는 경우가 많다고 한다. 이러한 결정은 대부분 환자의 가족에 의해 이루어진다고 한다.

가족하고 토론을 해서 원하는 대로 해요. 선생님이 보호자 쪽에 말씀을 해요. 희망이 없고 하면 병원에서 하게 해 주세요 하면 병원에서 합니다. 모시고 나간다고 하면 모시고 나가도 되고(탈북의사10).

가족이 결정을 하죠. 병원에 있으면 돈을 내야 하니까 대부분 집으로 모셔가서 임종을 맞죠(탈북의사6).

병원에서 생을 마감하고 그렇게 안 하죠. 병원에서는 장례식장도 따로 없어요. 시체실이라는 게 있는데 혹시 보호자가 없거나 아들이 군대를 가서 못 오거나 하는 사람들 보관하는 특수한 경우고 장례식장 같은 건 없어요(탈북의사9).

## 8. 기타

북한이탈주민 전문 의료진들은 북한이탈주민에게서 더 흔한 질환들을 볼 수 있었다고 한다. 이 중 일부는 북한의 사회상을 반영할 수 있다. 북한이탈여성 중 일부는 자궁 내 피임장치를 어린 나이부터 갖고 있었으며, 성병에 대한 우려도 높다고 한다. 폭력으로 인해 고막 파열이 있는 경우도 흔하다고 한다.

(북한이탈주민은) 자궁 내 장치(피임장치)를 아주 어릴 때부터, 10대부터 이용하는 것 같았어요. 성병에 대한 우려도 북에서부터 높은 것 같아요(북한이탈주민 지원가3).

맞아서 고막이 터진 사람이 많아요. 폭력이 난무하니까 폭력으로 인해서 생기는 상처들이 많다는 이야기죠. 가부장적인 사회잖아. 여자들이 남편에게 많이 맞아요. 고막이 터지면 제때 빨리 가서 치료해야 하는데 치료하지 않는 연유는 질병에 대한 개념이 없는 거죠(북한이탈주민 지원가6).

일부 북한이탈주민은 자신의 질병을 치료하기 위해 남한으로 온 경우가 있다고 한다. 즉 북한의 낙후된 의료를 떠나 남한의 최신 의료 기술로 자신의 병을 고치려는 것이다. 그러나 지나친 환상이나 기대 때문에 크게 실망하는 경우도 있었다.

병을 고치기 위해서 탈북하는 사람들도 가끔 있어요. 어떤 자기 지병을 고치기 위해서. 목숨을 걸고. 한국에 오면 내가 살 수 있지만 북한에서는 병을 못 고쳐서 내가 죽을 것이다(북한이탈주민 지원가5).

자기가 간경화인 줄 알고 있는데 간이식을 받을 수 있다는 정보를 얻고 그걸 위해서 내려오시는 분들도 있어요. 실제로 내려와 보면 간이식이 그렇게 쉽게 접할 수 있는 게 아닌 걸 알고 낙담하는 경우도 있죠(북한이탈주민 지원가7).

제4장

# 북한이탈주민의 질병관과 질병행태 설문 결과분석

## 1. 설문 참가자의 인구학적 정보

**표 4-1** 설문 참가 북한이탈주민(n=200)의 인구학적 특성

| 나이 | 38.63±10.15세 | |
|---|---|---|
| 성별 | 남성 | 44명(22.0%) |
| | 여성 | 156명(78.0%) |
| 현재 직업 | 사무직 | 39명(19.5%) |
| | 전문직 | 13명(6.5%) |
| | 일용노동직 | 21명(10.5%) |
| | 학생 | 28명(14.0%) |
| | 주부 | 9명(4.5%) |
| | 무직 | 60명(30.0%) |
| | 자영업 | 2명(1.0%) |
| 결혼 여부 | 기혼 | 81명(40.5%) |
| | 미혼 | 80명(40.0%) |
| | 이혼 | 13명(6.5%) |
| | 사별 | 11명(5.5%) |
| | 기타 | 1명(0.5%) |
| 남한에서의 수입 | 전혀 없음 | 53명(26.5%) |
| | 월 100만 원 이하 | 80명(40.0%) |
| | 월 100-200만 원 | 56명(28.0%) |
| | 월 200-400만 원 | 1명(0.5%) |

양적 연구를 위한 설문연구에는 200명의 북한이탈주민과 200명의 남한 주민이 참여하였다. 설문에 참여한 북한이탈주민의 평균 연령은 38.63세였으며 여성 156명, 남성 44명이 참여하였다. <표 4-1>에 설문에 참가한 북한이탈주민의 인구학적 특성에 대해 기술하였다.

<표 4-2>에 설문에 참여한 북한이탈주민이 북한에서 거주할 당시의 인구학적 특성에 대해 기술하였다. 참여자의 59.5%가 함경북도 13.5%가 양강도 출신으로 함경북도와 양강도 출신이 70%에 달했다. 북한에서 평균 10.79년의 교육을 받았으며, 9.5%가 군복무 경험이 있었고, 11.5%가 노동당원 이었다.

**표 4-2** 설문 참가 북한이탈주민(n=200)의 북한 거주 시 인구학적 특성

| | | |
|---|---|---|
| 고향 | 평양 | 2명(1.0%) |
| | 강원도 | 16명(8.0%) |
| | 평안남도 | 3명(1.5%) |
| | 평안북도 | 2명(1.0%) |
| | 함경북도 | 119명(59.5%) |
| | 함경남도 | 19명(9.5%) |
| | 양강도 | 27명(13.5%) |
| | 황해북도 | 3명(1.5%) |
| | 황해남도 | 2명(1.0%) |
| 학교 교육 기간 | 10.79±1.71년 | |
| 군복무 경험 | 있음 | 19명(9.5%) |
| | 없음 | 169명(84.5%) |
| 당원 경험 | 있음 | 23명(11.5%) |
| | 없음 | 165명(82.5%) |
| 북한 직업 | 사무직 | 13명(6.5%) |
| | 전문직 | 11명(5.5%) |
| | 일용직 | 23명(11.5%) |
| | 학생 | 16명(8.0%) |
| | 주부 | 7명(3.5%) |
| | 무직 | 12명(6.0%) |

<표 4-3>에 설문 참가 북한이탈주민은 탈북한지 평균 79.14개월이 지났으며, 경유국가 체류기간은 평균 31.81개월이었다. 참가자의 94.0%가 중국을 거쳐 입국하였으며, 71.5%가 경제적 이유로 탈북을 결행하였다.

**표 4-3** 설문 참가 북한이탈주민(n=200)의 탈북과정 정보

| | | |
|---|---|---|
| 최종 탈북 이후 기간 | 79.14±59.54개월 | |
| 경유국가 체류 기간 | 31.81±41.48개월 | |
| 경유국가 | 중국 | 188명(94.0%) |
| | 기타 | 1명(0.5%) |
| | 없음 | 7명(3.5%) |
| 강제송환 횟수 | 있음 | 34명(17.0%) |
| | 없음 | 165명(82.5%) |
| 탈북 이유 | 경제적 이유 | 143명(71.5%) |
| | 정치적 이유 | 13명(6.5%) |
| | 가족의 권유 | 19명(9.5%) |
| | 주변의 권유 | 14명(7.0%) |
| | 기타 | 11명(5.5%) |

**표 4-4** 설문 참가 남한주민(n=200)의 인구학적 특성

| | | |
|---|---|---|
| 성별 | 남성 | 66명(32.8%) |
| | 여성 | 134명(66.7%) |
| 나이 | 44.57±10.67세 | |
| 학력 | 13.02±2.77년 | |
| 결혼 여부 | 기혼 | 185명(92.0%) |
| | 미혼 | 15명(7.5%) |
| 현재 직업 | 전문직 | 51명(25.4%) |
| | 사무직 | 28명(13.9%) |
| | 일용직 | 7명(3.5%) |
| | 학생 | 2명(1.0%) |
| | 주부 | 91명(45.3%) |
| | 무직 | 2명(1.0%) |
| | 자영업 | 19명(9.5%) |

북한이탈주민과의 비교를 위해 남한주민 200명이 설문에 응답하였다. 설문에 참여한 남한주민의 평균 연령은 44.57세였으며 여성 134명, 남성 66명이 참여하였다. <표 4-4>에 설문에 참가한 남한주민의 인구학적 특성에 대해 기술하였다.

## 2. 질병 및 건강 경험

우선 선행 문헌이나 인터뷰에서 북한에서 흔하다고 추정되는 질환을 중심으로 과거 질환을 앓은 경험에 대한 설문을 진행하였다. 북한에서의 경험은 의사로부터 진단을 받은 경우와 병원에서 치료받은 경험으로 나누어 기술하도록 하였으며, 남한에서의 경험은 의사로부터의 진단과 치료 과정 및 결과에 대해 기술하도록 하였다.

북한이탈주민이 북한에서 앓은 질환과 남한에서 앓은 질환에 대해 표로 정리하였다. 실제 북한에서 거주한 기간이 남한 입국 후의 기간에 비해 긴 경우가 많아 단순한 비교는 어렵지만, 북한에서 겪었던 감염성질환(폐렴, 장티푸스, 파라티푸스, 말라리아)과 영양 관련 질환(빈혈, 영양실조)의 비율은 남한에서 급격히 감소하는 추세를 보였다. 생리불순 역시 남한에 입국하여 감소하였다. 다만 혈색소 검사를 할 수 없는 북한의 실정을 생각할 때 빈혈이 영양 및 철분 섭취 부족으로 인한 정확한 진단인지, 어지러움 증상을 표현한 것인지는 명확하지 않다.

다음 <표 4-5>와 <표 4-6>은 북한이탈주민과 남한주민이 과거 질환을 앓은 경험에 대한 설문 결과이다. 남한주민과 북한이탈주민의 남한에서의 질환 경험을 비교하였다. 남한주민에게는 고혈압, 당뇨, 고지혈증, 골다공증과 같은 무증상 만성질환이 북한이탈주민에 비해 더 흔했다. 그 외에도 위장관 장애와 요통도 더 흔했다. 자궁근종과 질염 역시 남한주민에게 더 흔했다. 위장관 장애나 자궁근종, 요통에 대한 진단은 내시경이나 초음파,

**표 4-5** 북한이탈주민(n=200)이 북한과 남한에서 경험한 질환과 치료 경험†

| 경험한 질환 | 북한 | | 남한 | | | |
|---|---|---|---|---|---|---|
| | 의사에게 진단받음 | 병원치료 경험 | 의사에게 진단받음 | 완치됨 | 낫지 않았지만 치료중단 | 치료 중 |
| 결핵 | 15명(7.5%) | 11명(5.5%) | 5명(2.5%) | 8명(4.0%) | 0 | 0 |
| 폐렴, 기관지염, 천식 | 20명(10.0%) | 15명(7.5%) | 2명(1.0%) | 5명(2.5%) | 0 | 1명(0.5%) |
| 골절 | 12명(6.0%) | 9명(4.5%) | 2명(1.0%) | 3명(1.5%) | 1명(0.5%) | 0 |
| 간염 | 18명(9.0%) | 13명(6.5%) | 4명(2.0%) | 6명(3.0%) | 1명(0.5%) | 3명(1.5%) |
| 파라티푸스 | 29명(14.5%) | 17명(8.5%) | 3명(1.5%) | 8명(4.0%) | 0 | 0 |
| 장티푸스 | 23명(11.5%) | 14명(7.0%) | 3명(1.5%) | 5명(2.5%) | 0 | 0 |
| 콜레라 | 13명(6.5%) | 12명(6.0%) | 7명(3.5%) | 9명(4.5%) | 1명(0.5%) | 0 |
| 감기 | 88명(44.0%) | 80명(40.0%) | 80명(40.0%) | 103명(51.5%) | 3명(1.5%) | 2명(1.0%) |
| 위염, 십이지장염 | 14명(7.0%) | 11명(5.5%) | 7명(3.5%) | 12명(6.0%) | 1명(0.5%) | 4명(2.0%) |
| 장염, 대장염 | 18명(9.0%) | 9명(4.5%) | 10명(5.0%) | 13명(6.5%) | 0 | 1명(0.5%) |
| 요통 | 2명(1.0%) | 4명(2.0%) | 4명(2.0%) | 2명(1.0%) | 1명(0.5%) | 1명(0.5%) |
| 비뇨기질환(신장염, 방광염) | 2명(1.0%) | 1명(0.5%) | 8명(4.0%) | 7명(3.5%) | 0 | 2명(1.0%) |
| 뇌졸중(중풍) | 1명(0.5%) | 1명(0.5%) | 1명(0.5%) | 0 | 0 | 1명(0.5%) |
| 영양실조 | 10명(5.0%) | 6명(3.0%) | 0 | 2명(1.0%) | 1명(0.5%) | 0 |
| 빈혈 | 29명(14.5%) | 8명(4.0%) | 6명(3.0%) | 9명(4.5%) | 1명(0.5%) | 4명(2.0%) |
| 말라리아 | 11명(5.5%) | 10명(5.0%) | 0 | 1명(0.5%) | 0 | 0 |
| 고혈압 | 4명(2.0%) | 2명(1.0%) | 2명(1.0%) | 2명(1.0%) | 0 | 3명(1.5%) |
| 당뇨병 | 0 | 0 | 2명(1.0%) | 0 | 0 | 1명(0.5%) |
| 고지혈증(동맥경화증) | 0 | 0 | 0 | 0 | 0 | 0 |
| 협심증 · 심근경색 · 심장질환 | 3명(1.5%) | 3명(1.5%) | 4명(2.0%) | 1명(0.5%) | 0 | 3명(1.5%) |
| 골관절염(퇴행성관절염) | 2명(1.0%) | 2명(1.0%) | 3명(1.5%) | 2명(1.0%) | 0 | 5명(2.5%) |
| 골다공증 | 0 | 0 | 1명(0.5%) | 1명(0.5%) | 0 | 0 |
| 성병 | 0 | 0 | 0 | 0 | 0 | 0 |
| 암 | 0 | 0 | 0 | 1명(0.5%) | 0 | 0 |
| 임신관련 질환† | 0 | 0 | 0 | 0 | 0 | 0 |
| 출산관련 응급수술† | 4명(2.6%) | 5명(3.2%) | 3명(1.9%) | 3명(1.9%) | 0 | 0 |
| 부인과질환† | 3명(1.9%) | 3명(1.9%) | 5명(3.2%) | 2명(1.3%) | 1명(0.6%) | 0 |
| 생리불순/무월경† | 12명(7.7%) | 10명(6.4%) | 3명(1.9%) | 1명(0.6%) | 0 | 3명(1.9%) |
| 질염† | 4명(2.6%) | 2명(1.3%) | 4명(2.6%) | 2명(1.3%) | 0 | 0 |
| 골반내 염증† | 0 | 0 | 0 | 1명(0.6%) | 0 | 0 |
| 자궁근종† | 0 | 0 | 0 | 1명(0.6%) | 1명(0.6%) | 2명(1.3%) |
| 불임† | 2명(1.3%) | 2명(1.3%) | 1명(0.6%) | 0 | 0 | 0 |

† 여성(n=156)만 응답

**표 4-6** 남한주민(n=200)이 북한과 남한에서 경험한 질환과 치료 경험

| 경험한 질환 | 의사에게 진단받음 | 완치됨 | 낫지 않았지만 치료중단 | 치료 중 |
|---|---|---|---|---|
| 결핵 | 5명(2.5%) | 7명(3.5%) | 0 | 1명(0.5%) |
| 폐렴, 기관지염, 천식 | 11명(5.5%) | 9명(4.5%) | 0 | 3명(1.5%) |
| 골절 | 23명(11.4%) | 18명(9.0%) | 1명(0.5%) | 3명(1.5%) |
| 간염 | 11명(5.5%) | 8명(4.0%) | 0 | 2명(1.0%) |
| 파라티푸스 | 0 | 0 | 0 | 0 |
| 장티푸스 | 1명(0.5%) | 2명(1.0%) | 0 | 0 |
| 콜레라 | 4명(2.0%) | 2명(1.0%) | 0 | 2명(1.0%) |
| 감기 | 114명(56.7%) | 90명(44.8%) | 5명(2.5%) | 5명(2.5%) |
| 위염, 십이지장염 | 35명(17.4%) | 28명(13.9%) | 1명(0.5%) | 4명(2.0%) |
| 장염, 대장염 | 25명(12.4%) | 22명(11.0%) | 1명(0.5%) | 1명(0.5%) |
| 요통 | 30명(14.9%) | 16명(8.0%) | 2명(1.0%) | 7명(3.5%) |
| 비뇨기질환(신장염, 방광염) | 17명(8.5%) | 8명(4.0%) | 0 | 5명(2.5%) |
| 뇌졸중(중풍) | 1명(0.5%) | 1명(0.5%) | 0 | 1명(0.5%) |
| 영양실조 | 0 | 0 | 0 | 0 |
| 빈혈 | 7명(3.5%) | 6명(3.0%) | 0 | 0 |
| 말라리아 | 0 | 0 | 0 | 0 |
| 고혈압 | 22명(11.0%) | 2명(1.0%) | 1명(0.5%) | 19명(9.5%) |
| 당뇨병 | 12명(6.0%) | 1명(0.5%) | 0 | 11명(5.5%) |
| 고지혈증(동맥경화증) | 12명(6.0%) | 1명(0.5%) | 4명(2.0%) | 7명(3.5%) |
| 협심증 · 심근경색 · 심장질환 | 2명(1.0%) | 0 | 0 | 2명(1.0%) |
| 골관절염(퇴행성관절염) | 6명(3.0%) | 2명(1.0%) | 2명(1.0%) | 2명(1.0%) |
| 골다공증 | 10명(5.0%) | 1명(0.5%) | 1명(0.5%) | 8명(4.0%) |
| 성병 | 0 | 0 | 0 | 0 |
| 암 | 5명(2.5%) | 3명(1.5%) | 0 | 1명(0.5%) |
| 임신관련 질환† | 4명(3.0%) | 3명(2.2%) | 1명(0.8%) | 0 |
| 출산관련 응급수술† | 5명(3.7%) | 3명(2.2%) | 1명(0.8%) | 0 |
| 부인과질환† | 7명(5.2%) | 4명(3.0%) | 1명(0.8%) | 2명(1.5%) |
| 생리불순/무월경† | 6명(4.5%) | 2명(1.5%) | 1명(0.8%) | 3명(2.2%) |
| 질염† | 18명(13.4%) | 15명(11.2%) | 2명(1.5%) | 2명(1.5%) |
| 골반내 염증† | 2명(1.5%) | 1명(0.8%) | 0 | 2명(1.5%) |
| 자궁근종† | 7명(5.2%) | 4명(3.0%) | 0 | 3명(2.2%) |
| 불임† | 5명(3.7%) | 1명(0.8%) | 1명(0.8%) | 1명(0.8%) |

† 여성(n=134)만 응답

방사선 촬영으로 확진되는 경우가 많다. 이러한 결과들은 북한이탈주민의 질병행태로 인해 증상이 없는 질환이나, 진단을 위해서는 추가적인 검사가 필요한 질환의 경우 북한이탈주민이 제대로 진단받지 못할 가능성을 시사한다.

북한이탈주민에게 북한과 남한에서의 건강과 질병에 관한 본인의 생각이나 행동, 상황들에 대해 질문하였다. 척도의 내용은 문헌 고찰과 전문가 면담 결과를 확인한 후 연구진 회의를 거쳐 도출하였다. 설문은 5점 척도로 각 문항 당 1점(전혀 그렇지 않다)부터 5점(정말 그렇다)까지 기입하도록 하였다.

＜표 4-7＞에 북한이탈주민의 건강과 질병에 대한 개인적 경험에 대해 기술하였다. 건강 및 질병에 대한 경험은 남한에서의 경험과 북한에서의 경험을 모두 기술하게 하였다. 설문에 참가한 북한이탈주민은 남한에서보다 북한에서 의사 오진을 더 경험하였으며($t=4.77$, $p<0.0001$), 치료를 받아도 병이 낫지 않았던 경험도 많았다($t=2.61$, $p<0.01$). 또한 남한보다는 북한에서 치료비의 경제적 부담을 더 느낀 것으로 나타났다($t=2.52$, $p=0.01$). 이는 북한의 진료수준이 열악한 상황이며, 무상의료제도의 붕괴하에서 진료를 위해서는 경제적 부담이 절실하다는 것을 시사한다. 북한에서보다 남한에 와서 건강에 큰 이상이 있다고 더 많이 느꼈으며($t=4.08$, $p<0.0001$), 자신의 건강에 대해서도 더 걱정을 했고($t=3.15$, $p=0.002$), 질병으로 고통스러웠던 경험도 많았다($t=2.25$, $p=0.03$). 남한의 의료수준이 앞서는데도 불구하고, 질병에 대한 불안과 고통을 더 많이 호소하는 이유는 명확하지 않다. 추정하면 나이가 더 들어서 남한으로 오게 된 요인도 있겠으나, 남한사회의 적응 과정에서 나타나는 신체적, 정신적 스트레스 반응과 연결이 되어 있을 수도 있으며, 북한에서보다 남한에서 건강과 질병에 대한 염려나 관심이 늘어났기 때문일 가능성도 있다. 다른 건강이나 질병 관련 경험은 북한에서나 남한에서나 통계적으로 유의한 차이가 없었다.

나이가 많을수록 남한 거주 시와 북한 거주 시 모두 건강에 큰 문제가 있었다고 생각하였으며(r[1]$=0.23$, $p=0.001$; $r=0.18$; $p=0.01$), 동시에 병으로

**표 4-7** 북한이탈주민(n=200)의 북한에서의 건강/질병에 대한 경험과 남한에서의 건강/질병에 대한 경험 비교

| 질병에 대한 경험 | 북한 경험 | 남한 경험 | T | P |
|---|---|---|---|---|
| 건강에 대해 많이 걱정했다. | 3.15±1.03 | 3.48±1.02 | 3.15 | 0.002 |
| 내 건강에 큰 이상이 있다고 생각했다. | 2.77±1.05 | 3.12±1.02 | 4.08 | 〈0.0001 |
| 병이 생겨서 고통스러웠다. | 2.98±1.16 | 3.18±1.16 | 2.25 | 0.03 |
| 아프지 않다면 걱정이 다 없어질 것 같았다. | 3.23±1.17 | 3.34±1.12 | 1.12 | 0.26 |
| 다른 사람보다 아픈 것을 잘 참지 못했다. | 2.96±0.97 | 2.98±1.03 | 0.15 | 0.88 |
| 의사도 원인을 모르는 병을 앓은 적이 있다. | 2.38±1.18 | 2.34±1.12 | 0.82 | 0.41 |
| 의사가 잘못 진단한 적이 있다. | 2.60±1.13 | 2.14±1.04 | 4.77 | 〈0.0001 |
| 치료해도 병이 잘 낫지 않았다. | 2.96±1.01 | 2.75±1.06 | 2.61 | 〈0.01 |
| 아플 때에도 사람들과 쉽게 어울린다. | 3.13±0.88 | 3.09±0.89 | 0.23 | 0.81 |
| 내가 아프면 주변 사람들은 잘 이해해 준다 | 3.23±0.86 | 3.34±0.77 | 1.74 | 0.08 |
| 몸이 아파서 돈을 벌고 일하기가 어려웠다. | 3.40±0.99 | 3.38±1.11 | 0.24 | 0.81 |
| 치료비 때문에 경제적으로 어려웠다. | 3.58±1.12 | 3.30±1.27 | 2.52 | 0.01 |

인한 고통을 느꼈다고 답하였다($r=0.23$, $p=0.001$; $r=0.15$, $p=0.03$). 나이가 많을수록 북한에서 건강에 대한 걱정이 많았고($r=0.20$, $p=0.01$), 몸이 아파서 돈을 버는 데 어려움이 있었다고 회상하였고($r=0.21$, $p=0.004$), 아프지 않다면 걱정이 없어진다고 믿었다($r=0.17$, $p=0.02$), 나이가 많은 사람은 남한에서도 질병 치료의 효과를 보지 못한 편이었다($r=0.26$, $p<0.001$). 이는 대부분 고령이 건강에 미치는 효과 자체로 간주된다.

---

**1** r은 상관분석 결과로 표에는 기술하지 않았고, 이후에도 보조적인 결과들은 표에 기술하지 않았다. 이하, 이에 대한 설명은 생략하기로 한다.

북한에 있을 때는 남성이 여성보다 건강에 대해 많이 걱정하는 편이었다($t=2.07$, $p=0.04$). 남한에 입국한 이후에는 남성들이 여성보다 의사의 오진을 더 많이 경험했으며($t=2.02$, $p=0.04$), 치료해도 병이 잘 낫지 않았다고 답하였고($t=2.23$, $p=0.03$), 치료비로 인한 경제적 어려움을 겪은 적도 많았다($t=2.72$, $p=0.01$). 북한과 남한에서 모두 의사가 원인을 모르는 질환을 앓은 병력도 남성에게 더 흔했다($t=2.25$, $p=0.03$; $t=2.22$, $p=0.03$). 전반적으로 남성은 북한에서부터 건강에 대한 걱정을 많이 하고, 내과적으로 설명되지 않는 신체증상을 많이 앓은 것으로 보인다. 남한에 입국한 후에도 남성이 여성에 비해 건강 때문에 경제적 어려움을 겪는 경우가 흔하고, 진료 효과도 높게 느끼지 못하고 있다. 내과적으로 설명되지 않는 신체증상이나 건강염려증 호소가 남한에서 지속되는 경우도 남성에게 더 흔한 것으로 보인다. 이러한 결과는 일반적으로 여성보다 남성이 이주 후 정착이 어렵다는 것과 관련이 있을 수 있다.

결혼하지 않은 이들은 북한에서의 경험과 남한에서의 경험 차이가 있었다. 결혼하지 않은 이들은 북한에서는 아플 때에도 다른 사람들과 쉽게 어울리는 모습을 보였다($t=2.12$, $p=0.04$). 반면, 남한에서 혼자 사는 이들은 자신의 건강에 큰 이상이 있다고 생각하고($t=2.35$, $p=0.02$), 건강에 대해 걱정을 많이 하고($t=2.20$, $p=0.03$), 질병으로 인한 고통이 컸으며($t=2.59$, $p=0.01$), 병이 낫는다면 걱정이 다 없어질 것이라고 생각하며($t=2.04$, $p=0.04$), 아픔을 잘 참지 못하고($t=2.11$, $p=0.04$), 치료해도 병이 잘 낫지 않았으며($t=2.93$, $p=0.04$), 치료비 때문에 경제적 곤란을 겪는다($t=2.68$, $p=0.01$). 이러한 결과는 사회적 지지를 제공할 수 있는 북한의 공동체에서는 결혼 여부가 질병에 의한 문제를 심각하게 일으키지 않으나, 북한이탈주민이 새로이 적응해야 하는 남한 사회에서 질병이나 증상이 생길 때 배우자가 없는 경우 질병으로 인한 고통이 더욱 크다는 것을 시사하고 있다.

북한에서 교육수준이 높을수록 북한에서 아플 때에도 사람들과 쉽게 어울렸다($r=0.16$, $p=0.03$). 반면 교육수준이 낮으면 의사도 원인을 모르는 병을 앓은 적이 많았다($r=0.15$, $p=0.03$). 이는 북한에서 교육수준이 높을수록 질병이 있어도 사회생활을 잘 유지할 수 있다는 것을 시사한다. 위 결과는 내과적으로 설명할 수 없는 증상이나 신체화 증상이 교육수준이 낮은 이들에게 흔할 가능성을 시사한다.

탈북한 지 오래된 사람은 최근 탈북한 사람에 비해 북한에서 치료비로 인해 경제적 곤란을 더욱 심하게 겪었다($r=0.27$, $p<0.001$). 그에 반해 더 최근 탈북한 사람은 북한에서 원인을 알 수 없는 병을 앓은 적이 많았으며($r=0.20$, $p=0.01$), 질병으로 인한 고통이 심했다($r=0.15$, $p=0.04$). 이는 북한에서 치료비로 인한 경제적 곤란은 최근 줄어들고 있으나, 의학 진단기술의 저하나 신체화 증상의 만연이 최근 늘어나고 있음을 시사한다. 탈북한 지 오래된 사람은 남한에서 아프더라도 다른 사람들이 이해해 주었다($r=0.19$, $p=0.01$). 그에 반해 더 최근에 탈북한 사람은 남한에서는 건강에 문제가 있다고 생각했고($r=0.16$, $p=0.03$), 의사가 잘못 진단한 경험이 있었다($r=0.24$, $p=0.001$). 게다가 치료해도 효과가 적었으며($r=0.26$, $p<0.001$), 몸이 아파서 일하기 어려웠으며($r=0.16$, $p=0.03$), 병으로 인한 아픔을 참기 힘들어했다($r=0.27$, $p<0.001$). 이는 탈북 후 남한 정착 과정이 지나갈수록 아플 때 사회적 지지를 쉽게 받을 수 있으나, 정착 초기에는 의료 이용을 효율적으로 하지 못하고, 건강관리가 잘되지 않는 것으로 해석할 수 있다.

제3국 체류 기간이 긴 사람은 북한에서 치료비 때문에 어려움을 겪었다($r=0.25$, $p=0.002$). 경제적 곤란이 심했던 이들은 제3국 체류를 오래 했을 가능성이 있다. 반면 제3국 체류 기간이 짧은 사람은 자신의 건강에 큰 문제가 있다고 여겼으며($r=0.20$, $p=0.01$), 원인이 불분명한 병을 앓은 적이 있었다($r=0.16$, $p=0.05$). 북한이탈주민이 제3국에서 적절한 의료기관을 이용하기는 어렵다. 따라서 건강에 문제가 있다고 느끼거나 빨리 치료를 원하는 경우 빠른 남한 행을 선택했기 때문에 나타난 결과일 가능성이 있다. 체류 기간이 짧은 사람은 남한에서도 자신의 건강에 큰 문제가 있다고 여겼으며($r=0.21$, $p=0.01$), 원인이 불분명한 병을 앓은 적이 있었다고 보고하였다(r=0.19, p=0.02). 체류 기간이 짧은 이들은 남한에서도 치료해도 잘 낫지 않았고(r=0.19, p=0.02), 아파서 일하기 어려웠던 경험이 있었으며(r=0.19, p=0.02), 치료비의 부담을 느낀 적이 있었다(r=0.19, p=0.02). 이는 빠른 체류를 거쳐 입국하는 경우 남한 사회의 적응이 더욱 어려워 의료 이용을 효율적으로 하지 못하고, 건강관리가 잘되지 않는 것으로 해석할 수 있다. 종합하면 건강에 문제가 있거나 빠른 치료를 원하는 이들이 제3국 체류를 최소화하는 경향이 있지만, 막상 체류기간이 짧은 이들이 오히려 남한에서도 치료 효과를 크게 보지 못하는 경우가 많은 것으로 나타났다.

북한에 강제 송환된 경험이 있는 사람이 남한에서 의사도 원인을 모르는 병을 앓은 적이 적었고(t=2.43, p=0.02), 의사가 잘못 진단한 적이 적었다고 하였다(t=2.92, p=0.004). 이 결과는 강제 송환의 경험이 내과적 원인을 알 수 없는 신체 증상을 유발할 것이라는 예상과는 상반되는 것이다. 이 결과의 이유를 정확히 알기는 어려우나 강제 송환 등의 과정에서 입게 되는 신체적 외상 등으로 확실한 원인이 있는 질환이 생기는 것을 이유로 추정할 수는 있다.

## 3. 의료기관 이용

북한주민이 건강에 이상을 느끼는 경우 병원과 장마당 중 어느 곳을 찾는지를 확인하기 위해 이에 대한 설문을 진행하였다. 연구진 회의를 거쳐 의료기관을 찾을 수 있는 8가지의 다양한 사항을 서술하고, 설문대상자는 서술된 상황에 처한 경우 병원, 장마당을 찾는지 또는 아무 데도 가지 않는지를 기입하게 하였다. 추가로 약을 구하지 못해도 진료소를 찾거나, 진료소에서 약을 구할 수 있어도 장마당을 찾는 경우가 있는지, 있다면 어떤 경우인지 물어보았다.

<표 4-8>에서 보듯이 북한이탈주민은 생명이 위험할 수 있는 병이 생

**표 4-8** 북한이탈주민(n=200)이 북한에서 건강에 이상을 느낀 경우 먼저 방문했던 기관

| 건강에 이상을 느낌 | 병원(진료소) | 장마당(약 구입) | 아무 데도 가지 않음 |
|---|---|---|---|
| 며칠 전부터 기침이 나고 열이 조금 있다. | 22명(11.0%) | 139명(69.5%) | 36명(18.0%) |
| 팔에 상처가 생겨 피가 난다. | 37명(18.5%) | 104명(52.0%) | 55명(27.5%) |
| 어제부터 설사를 한다. | 33명(16.5%) | 134명(67.0%) | 31명(15.5%) |
| 생명이 위험할 수 있는 병이 생긴 것 같다. | 154명(77.0%) | 32명(16.0%) | 9명(4.5%) |
| 이빨이 아프다. | 54명(27.0%) | 95명(47.5%) | 48명(24.0%) |
| 아이가 배가 아프다고 한다. | 61명(30.5%) | 86명(43.0%) | 51명(25.5%) |
| 몇 달째 계속 무릎이 아프다. | 58명(29.0%) | 90명(45.0%) | 50명(25.0%) |
| 약을 먹어도 효과가 없다. | 62명(31.0%) | 71명(35.5%) | 63명(31.5%) |

긴 경우를 제외하고 북한에서는 장마당을 우선적으로 찾았던 것으로 드러났다. 대부분의 증상에서 장마당에 의존하는 성향이 높았다. 특히 감기와 상처 등의 가벼운 증상에서는 병원이나 진료소를 방문하는 사람은 아무데도 가지 않는 사람보다 적을 정도로 우선순위가 밀리는 것으로 보인다.

상황에 따라 남성과 젊은 사람이 진료소를 방문하는 경우가 많았다. 남성이 출혈 시($\chi^2=5.02$, $p=0.03$)와 무릎이 아플 때($\chi^2=5.60$, $p=0.02$) 진료소를 더 찾는 편이었다. 젊은 사람들은 설사할 때($t=2.51$, $p=0.01$), 약을 먹어도 효과가 없을 때($t=2.06$, $p=0.04$) 진료소를 방문하는 경우가 많았다. 반면 나이가 많은 사람들은 아무런 치료를 하지 않는 경우가 많았다. 나이가 많을수록 출혈이 있을 때($t=2.36$, $p=0.02$)나 약을 먹어도 효과가 없을 때($t=2.44$, $p=0.02$)에도 병원도 장마당도 방문하지 않았다. 이는 근로능력이 있는 남성과 젊은이들이 조금 더 적극적인 치료를 받으며, 노인의 경우 적극적인 치료를 받지 않으려고 하는 경향이 반영된 것으로 볼 수 있다.

교육수준이 낮은 사람은 병원도 장마당도 방문하지 않는 경우가 흔했다. 감기($t=2.74$, $p=0.01$), 출혈($t=2.01$, $p=0.046$), 치통($t=2.13$, $p=0.03$), 관절염($t=3.40$, $p<0.001$), 약이 효과가 없을 때($t=2.81$, $p=0.005$)에도 아무 곳도 방문하지 않았다. 반면 교육수준이 높은 사람은 진료소를 찾는 경우

가 많았다. 교육수준이 높은 사람은 설사($t=2.89$, $p=0.004$), 치통($t= 2.47$, $p=0.01$), 소아의 복통($t=1.99$, $p=0.048$), 무릎 통증($t=2.07$, $p=0.04$), 약을 먹어도 효과가 없을 때($t=2.58$, $p=0.01$) 진료소를 찾았다. 인민군 복무 경험이 있는 사람이나 노동당원도 진료소를 찾는 경우가 더 많았다. 인민군 복무 경험이 있는 사람은 출혈이 있을 때($\chi^2=5.77$, $p=0.02$) 진료소를 더 자주 찾았다. 노동당원이었던 사람은 감기($\chi^2=4.09$, $p=0.04$), 출혈($\chi^2=9.32$, $p=0.002$), 복통($\chi^2=5.17$, $p=0.02$), 관절염($\chi^2=6.92$, $p=0.01$) 증상이 보이면 진료소를 찾는 경우가 더 흔했다. 이는 교육수준이 높고, 당원이나 군복무 경험으로 북한에서의 사회적 지위가 있는 경우에 진료소를 찾는 경우가 더욱 흔하다는 것을 시사한다.

북한이탈주민이 병원(진료소)에 가지 못하는 이유를 살펴보기 위해 설문을 진행하였다. 설문은 연구진의 회의를 거쳐 기존 의료기관 접근성을 막는 요인을 추출하여 11가지 이유(기타 제외)를 제시하였다. 필요할 때 병원을 가지 못했다고 응답한 설문응답자에게는 병원을 방문하지 못한 가장 흔한 이유를 선택하여 기입하도록 하였다. 북한에 있을 때 병원에 가지 못한 이유와 남한 정착 이후 병원에 가지 못한 이유를 각각 2가지씩 선택하도록 하였다.

북한이탈주민 200명 중 병원에 가지 못한 경험이 있는 사람은 176명(88.0%)이었다. 북한에서는 병원에서 치료받아도 효과가 없어서($\chi^2=61.70$, $p<0.001$), 병원에 가도 치료받을 수 없어서($\chi^2=41.69$, $p<0.001$), 경제적인 이유로($\chi^2=29.33$, $p<0.001$), 교통편이 불편해서($\chi^2=27.83$, $p<0.001$), 병의원 등에서 오래 기다리기 싫어서($\chi^2=5.14$, $p=0.02$) 등이 병원에 가지 못한 가장 큰 이유였다. 반면 남한에서는 큰 병으로 진단받는 것이 두려워서($\chi^2=37.21$, $p<0.001$), 직장이나 학교를 비울 수가 없어서($\chi^2=3.70$, $p=0.05$)가 흔한 이유였다.

북한에서는 병원에 가지 못한 이유로 나이가 많을수록 거동이 불편한 것을 이야기하였으며($t=2.74$, $p=0.01$, 젊을수록 예약의 불편($t=2.11$, $p=0.04$),

**표 4-9** 북한이탈주민(n=200)이 북한에서 병원에 가지 못한 이유와 남한에서 병원에 가지 못한 이유 비교

| 병원(진료소)에 가지 못한 이유 | 북한에서 | 남한에서 | $\chi^2$ | P |
|---|---|---|---|---|
| 경제적인 이유로 (돈이 없어서) | 120명(60.0%) | 65명(32.5%) | 29.33 | <0.001 |
| 병의원 등에 예약을 하기가 힘들어서 | 17명(8.5%) | 9명(4.5%) | 2.02 | 0.16 |
| 교통편이 불편해서 | 37명(18.5%) | 4명(2.0%) | 27.83 | <0.001 |
| 갈 수 있는 시간에 병의원이 문을 열지 않아서 | 22명(11.0%) | 16명(8.0%) | 0.73 | 0.39 |
| 병의원 등에서 오래 기다리기 싫어서 | 33명(16.5%) | 17명(8.5%) | 5.14 | 0.02 |
| 증상이 가벼워서 (참을 수 있어서) | 35명(17.5%) | 32명(16.0%) | 0.07 | 0.79 |
| 직장이나 학교를 비울 수가 없어서 | 36명(18.0%) | 53명(26.5%) | 3.70 | 0.05 |
| 거동이 불편해서 | 11명(5.5%) | 11명(5.5%) | 0.00 | 1.00 |
| 큰 병으로 진단받을까 봐 두려워서 | 26명(13.0%) | 81명(40.5%) | 37.21 | <0.001 |
| 병원에서 치료받아도 효과가 없어서 | 68명(34.0%) | 6명(3.0%) | 61.70 | <0.001 |
| 병원에 가도 치료받을 수 없어서 | 42명(21.0%) | 1명(0.5%) | 41.69 | <0.001 |
| 기타 | 13명(6.5%) | 5명(2.5%) | 2.85 | 0.09 |

교통의 불편(t=2.74, p=0.01), 진료 시간 불편(t=3.14, p=0.002), 중병에 대한 공포(t=2.62, p=0.01) 등의 이유를 드는 경우가 많았다. 남한에서 병원을 방문하지 못한 이유로는 여성들은 남성보다 중병에 대한 공포를 꼽는 경우가 많았다($\chi^2$=5.11, p=0.02). 젊을수록 경제적 이유(t=2.30, p=0.02), 중병에 대한 공포(t=2.56, p=0.01) 때문에 남한에서 병원에 가지 않았다. 남한에서 직장이나 학교를 비울 수 없어 병원에 가지 못하는 경우가 배우자가 없는 이들에게 더 많았다($\chi^2$=7.14, p=0.008).

군복무를 하지 않은 경우 북한에서 진료를 못 받은 경험이 많았다($\chi^2$=4.27, p=0.04). 군복무를 하지 않은 경우 북한에서 병원 치료의 효과 부족을 병원을 방문하지 않는 이유로 꼽는 경우가 많았으며($\chi^2$=6.22, p=0.01), 남한에서 중병에 대한 공포로 병원을 방문하지 않는 경우가 많았다($\chi^2$=4.41, p=0.04). 노동당원이 아닌 사람은 군복무를 하지 않은 사람과 마찬가지로 북한에서 병원 치료의 효과를 의심하며($\chi^2$=8.57, p=0.003), 남한에서 큰

병을 진단받기 싫어 병원에 가지 않는 경우가 많았다($\chi^2=4.93$, $p=0.03$). 즉 북한에서 노동당이나 인민군에 있는 이들이 병원을 방문하는 경우 일정 치료 효과를 볼 수 있으나 다른 이들은 이러한 효과를 보지 못하는 경우도 많은 것으로 추정할 수 있다. 북한에서의 교육수준이 높을수록 예약 불편($t=2.61$, $p=0.01$)과 대기 불편($t=2.65$, $p=0.01$)을 이유로 남한에서 병원을 방문하지 않는 이유로 꼽는 경우가 많았다.

최근 탈북한 사람과 제3국 체류기간이 짧은 이들이 경제적($t=2.55$, $p=0.01$) 직업적($t=4.20$, $p<0.001$; $t=2.84$, $p=0.01$) 이유로 남한에서 병원을 가지 않았다. 반면 탈북한 지 오래된 이들은 거동의 불편이 병원에 가지 못하는 이유가 되는 경우가 흔했다($t=2.55$, $p=0.01$; $t=4.07$, $p<0.001$). 이는 남한 정착을 시작한 지 얼마 되지 않고 제3국의 완충경험을 오래 겪지 못한 이들이 경제적 곤란과 안정된 직장 유지에 어려움이 있음을 시사한다.

북한이탈주민이 남한주민보다 병원에 가야 할 때 가지 못한 경험이 월등히 많았다($\chi^2=32.96$, $p<0.001$). <표 4-10>은 아파도 병원을 가지 못하는

**표 4-10** 남한에서 북한이탈주민(n=200)과 남한주민(n=200)이 병원에 가지 못한 이유 비교

| 병원(진료소)에 가지 못한 이유 | 북한이탈주민 | 남한주민 | $\chi^2$ | P |
|---|---|---|---|---|
| 경제적인 이유로 (돈이 없어서) | 65명(32.5%) | 17명(8.5%) | 34.16 | <0.001 |
| 병의원 등에 예약하기가 힘들어서 | 9명(4.5%) | 31명(15.4%) | 12.13 | <0.001 |
| 교통편이 불편해서 | 4명(2.0%) | 20명(10.0%) | 9.89 | 0.002 |
| 갈 수 있는 시간에 병의원이 문을 열지 않아서 | 16명(8.0%) | 21명(10.4%) | 0.46 | 0.50 |
| 병의원 등에서 오래 기다리기 싫어서 | 17명(8.5%) | 26명(12.9%) | 1.62 | 0.20 |
| 증상이 가벼워서 (참을 수 있어서) | 32명(16.0%) | 48명(23.9%) | 3.42 | 0.06 |
| 직장이나 학교를 비울 수가 없어서 | 53명(26.5%) | 56명(27.9%) | 0.04 | 0.85 |
| 거동이 불편해서 | 11명(5.5%) | 5명(2.5%) | 1.65 | 0.20 |
| 큰 병으로 진단받을까 봐 두려워서 | 81명(40.5%) | 21명(10.4%) | 46.17 | <0.001 |
| 병원에서 치료받아도 효과가 없어서 | 6명(3.0%) | 16명(8.0%) | 3.85 | 0.05 |
| 병원에 가도 치료받을 수 없어서 | 1명(0.5%) | 4명(2.0%) | 0.80 | 0.37 |
| 기타 | 5명(2.5%) | 3명(1.5%) | 0.13 | 0.72 |

이유를 북한이탈주민과 남한주민을 비교한 것이다. 북한이탈주민은 남한주민과 비교할 때 경제적인 이유로($\chi^2=34.16$, $p<0.001$), 큰 병으로 진단받을까 봐 두려워서($\chi^2=3.85$, $p=0.05$) 남한에서도 아파도 병원에 가지 않는 경향이 있었다.

이에 반해 남한주민은 병의원 등에 예약을 하기가 힘들어서($\chi^2=12.13$, $p<0.001$), 교통편이 불편해서($\chi^2=9.89$, $p=0.002$), 병원에서 치료받아도 효과가 없어서($\chi^2=3.85$, $p=0.05$) 병원을 찾지 않는다고 보고하였다.

북한이탈주민이 북한 및 남한에서 의료기관을 방문하지 않고 자가진단, 자기치료 및 민간요법을 실시하였는지 여부와 각각의 내용이 무엇인지를 조사하였으며, 북한에서의 경우에 남한에서 보기 어려운 특유의 민간요법이 있는지, 진단서나 소견서를 받은 적이 있는지를 조사한 내용을 <표 4-11>에 기술하였다.

자기진단($\chi^2=17.05$, $p<0.001$), 자기치료($\chi^2=25.91$, $p<0.001$), 민간요법($\chi^2=29.34$, $p<0.001$)이 세 가지 모든 경우에 대해 남한보다 북한에서 뚜렷하게 더 많은 사람이 경험이 있는 것으로 드러났다. 북한에서 자기진단을 한 이들이 20.5%, 자기치료를 한 이들이 32.5%, 민간요법을 활용하는 이들이 17.0%에 달하였다. 그러나 북한 특유의 민간요법을 보고하는 이는 3.5%에

**표 4-11** 북한이탈주민(n=200)의 북한과 남한에서의 치료에 대한 경험 비교

| 치료에 대한 경험 | 북한 | 남한 | $\chi^2$ | P |
|---|---|---|---|---|
| 의사에게 물어보지 않고 스스로 병을 진단한 경우가 있다. | 41명(20.5%) | 12명(6.0%) | 17.05 | <0.001 |
| 의사에게 물어보지 않고 스스로 치료를 하거나 약을 먹은 적이 있다. | 65명(32.5%) | 22명(11.0%) | 25.91 | <0.001 |
| 병원이 아닌 다른 곳에서 민간요법을 받은 적이 있다. | 34명(17.0%) | 2명(1.0%) | 29.34 | <0.001 |
| 남한에서 보기 어려운 특유의 민간 요법이 있다.† | 7명(3.5%) | | | |
| 진단서나 소견서(교환병력서)를 받은 적이 있다.† | 18명(9.0%) | | | |

† 북한에서의 경우만 응답

불과하였으며, 진단서 발급 경험도 9.0%에 불과하였다. 자기치료를 한 이들의 비율이 자기진단을 한 이들의 비율을 초과하는 것으로 보아 스스로도 진단을 모르는 상태에서 증상만으로 스스로 치료하는 경향이 시사되었다.

북한에서 병을 스스로 진단했던 이들의 진단은 감기가 26명으로 가장 많았고, 위장관질환 8명, 출혈 4명, 파라티푸스 2명, 기타 1명 순으로 나타났다(복수 응답 가능). 북한에서 자기치료를 한 사람들이 65명에 달함에도 불구하고 전통편을 복용한 2명과 민간요법을 이용한 1명 외에는 대부분 자기치료 시 복용한 약의 성분을 정확히 기억하지 못하였다. 민간요법을 받은 사람들의 민간요법 종류는 침 15명, 뜸 10명, 부항 6명, 약초 3명, 식품 1명, 기타 2명이었다(복수 응답 가능). 진단서를 발급받은 이들의 발급 이유를 살펴본 결과, 5명은 직장 제출용으로, 5명은 더 큰 병원으로 파송가기 위해, 3명은 치료를 위해서 발급받은 것으로 드러났다. 남한에서 자기진단을 했던 사람 중 10명은 감기를, 2명은 요통, 1명은 위장관, 1명은 기타 질병을 진단하였다. 남한에서도 북한이탈주민은 자기치료 내용을 잘 기억하지 못하고 1명만이 파스를 이용하였다고 답하였고 대부분이 치료방법을 기억하지 못하였다.

자기치료 경험이 없는 사람은 북한에서의 교육수준이 높았으며($t=1.98$, $p=0.049$), 또한 경유국 체류 기간이 길었다($t=2.06$, $p=0.04$). 민간요법 치료 경험이 있는 사람은 나이가 많았고($t=3.57$, $p<0.001$), 교육수준이 낮은 편이었다($t=2.19$, $p=0.03$). 나이가 젊을수록 진단서를 발급 받은 경험이 흔했다($t=2.96$, $p=0.003$). 즉 교육수준이 낮고 다른 경험이 부족할수록 자기치료나 민간요법 의존도가 높았다.

## 4. 건강-질병 믿음

설문 참여자들에게 총 18가지의 질병을 일으킬 수 있다고 알려진 요인들이 자신의 질병 발생이나 예방에 얼마나 중요하다고 생각했는지에 대해 질문하였다. 설문 내용은 질병 인식 설문(Illness Perception Questionnaire, IPQ) 중 질병 원인 부분을 차용하였다. 각 문항당 1점(전혀 중요하지 않다)부터 5점(매우 중요하다)까지 기입하게 하였다. 북한이탈주민과 남한주민 모두 설문을 작성하였으며, 북한이탈주민에게는 북한에서 어떻게 생각했는지, 남한에서 어떻게 생각했는지 각각 나누어 질문하였다.

<표 4-12>에서 보듯이 북한이탈주민은 18가지의 모든 질병 요인에 대해서 북한에 있을 때보다 남한에 입국한 후 중요성을 훨씬 더 크게 생각하였다. 이는 북한에서 어떠한 질병 요인도 별로 중요하게 생각하고 있지 않았다는 것을 의미한다. 특히 스트레스와 걱정($t=11.06$, $p<0.0001$), 식사습

**표 4-12** 북한이탈주민(n=200)의 북한과 남한에서의 질병 발생 요인 중요성 평가 비교

| 질병 발생 요인 | 북한에서 | 남한에서 | T | P |
|---|---|---|---|---|
| 스트레스나 걱정 | 2.89±1.20 | 4.04±0.81 | 11.06 | <0.0001 |
| 유전 | 3.09±1.07 | 3.53±1.00 | 6.10 | <0.0001 |
| 병균이나 바이러스 | 3.16±1.10 | 3.83±0.97 | 8.10 | <0.0001 |
| 식사 습관 | 2.83±1.12 | 3.69±0.99 | 8.84 | <0.0001 |
| 운(재수)이 없음 | 2.83±1.05 | 3.08±1.16 | 3.88 | <0.001 |
| 병원의 실수 | 3.61±1.15 | 4.02±0.95 | 5.03 | <0.0001 |
| 환경 오염 | 3.12±1.29 | 3.65±1.06 | 5.65 | <0.0001 |
| 나의 행동 | 3.12±1.16 | 3.58±1.04 | 6.81 | <0.0001 |
| 나의 정신 상태나 태도 | 3.31±1.08 | 3.64±1.01 | 5.40 | <0.0001 |
| 가족 문제 | 3.41±1.07 | 3.88±0.92 | 6.72 | <0.0001 |
| 과로(지나친 노동) | 3.48±1.11 | 3.79±0.89 | 3.48 | <0.001 |
| 마음(슬픔, 외로움, 불안, 허전함) | 3.22±1.03 | 3.92±0.89 | 8.70 | <0.0001 |
| 나이가 듦(늙어감) | 3.19±1.21 | 3.78±1.03 | 5.94 | <0.0001 |
| 술 | 3.61±1.15 | 3.91±1.06 | 4.51 | <0.0001 |
| 담배 | 3.69±1.24 | 4.05±1.12 | 4.97 | <0.0001 |
| 사고나 다침 | 4.07±1.20 | 4.25±0.99 | 2.46 | 0.02 |
| 성격 | 3.27±1.30 | 3.64±1.11 | 5.06 | <0.0001 |
| 면역력 저하 | 3.56±1.11 | 3.95±1.01 | 5.36 | <0.0001 |

관($t=8.84$, $p<0.0001$), 마음 상태($t=8.70$, $p<0.0001$)에 대한 중요도 변화가 더욱 두드러졌다. 이러한 요인들은 남한에서 스트레스나 식습관, 정서상태가 건강에 영향을 주는 것을 더욱 뚜렷이 느끼거나 교육을 받았기 때문일 것으로 보인다. 다만, 사고나 다침($t=2.46$, $p=0.02$)은 중요도 변화가 가장 작았다. 이는 원인과 결과가 눈에 보이는 요인에 대해서는 북한주민도 어느 정도 중요성을 느끼고 있기 때문일 수 있으며, 사고나 신체적 외상이 북한에서 더 흔히 건강 문제가 되기 때문일 수도 있다.

젊을수록 북한에서는 환경오염과 질병의 관계를 강하게 보았으며($r=0.17$, $p=0.02$), 남한에서는 스트레스와 질병의 관계를 강하게 보았다. 남자들이 여성에 비해 스트레스($t=2.42$, $p=0.02$), 식사습관($t=2.42$, $p=0.02$)이 질병을 일으킬 수 있는 큰 요인이라고 북한에서 생각했다. 반면 남한 입국 후에는 여성들이 병원의 실수($t=2.99$, $p=0.003$)와 과로($t=2.11$, $p=0.04$)를 질병의 주요 요인으로 간주하였다. 배우자가 없는 사람들은 북한에서나($t=2.86$, $p=0.005$) 남한 입국 후($t=2.22$, $p=0.03$) 모두 성격을 질병 요인으로 생각하였다. 또한 남한에서는 운이 없는 것($t=2.39$, $p=0.02$)이 질병의 주요 요인이라고 남한에서도 생각하는 경향이 강했다.

북한에서의 교육 정도가 높을수록 스트레스나 걱정($r=0.21$, $p=0.004$), 유전($r=0.26$, $p<0.001$), 병균이나 바이러스($r=0.18$, $p=0.01$), 병원의 실수($r=0.28$, $p<0.001$), 자신의 정신 상태나 태도($r=0.16$, $p=0.03$), 과로($r=0.18$, $p=0.01$), 술($r=0.28$, $p<0.001$), 담배($r=0.22$, $p=0.003$), 사고나 다침($r=0.23$, $p=0.001$), 면역력 저하($r=0.17$, $p=0.02$)를 질병의 주요 요인이라고 북한에서 생각했다. 북한에서의 교육 정도가 높을수록 유전($r=0.16$, $p=0.03$), 식사 습관($r=0.15$, $p=0.04$), 나이가 듦($r=0.16$, $p=0.03$), 술($r=0.21$, $p=0.004$), 담배($r=0.21$, $p=0.004$), 사고나 다침($r=0.18$, $p=0.014$), 면역력 저하($r=0.19$, $p=0.01$)가 질병 발생이나 예방에 중요하다고 남한에서도 생각했다고 답하였다. 이는 교육 정도에 따라 질병 발생 요인의 중요성을 많이 알고 있음을 시사한다.

군복무를 하지 않은 경우 식사습관($t=2.42$, $p=0.02$)이 질병 요인이라고 북한에서 생각하는 경향이 강했다. 또한 군복무를 하지 않은 이들은 입국 후에는 스트레스를 질병의 주요 원인으로 생각하는 경향이 강했다($t=2.69$, $p=0.008$). 노동당원이 아닌 사람은 북한에서나($t=2.85$, $p=0.005$) 남한 입국 후($t=2.14$, $p=0.03$) 모두 스트레스를 질병에 중요하다고 생각했다. 강제 송환된 적이 없는 사람은 남한에서 스트레스($t=2.22$, $p=0.03$)가 질병의 요인이라고 보았다.

탈북한 지 오랜 시간이 지난 사람일수록 병원의 실수($r=0.19$, $p=0.01$)나 마음의 문제($r=0.15$, $p=0.05$)로 질병이 생긴다는 생각을 남한에서도 가졌다. 반면 최근 탈북한 사람이 스트레스나 걱정($r=0.15$, $p=0.04$), 식사습관($r=0.17$, $p=0.02$), 환경 오염($r=0.23$, $p=0.001$), 자신의 행동($r=0.15$, $p=0.03$), 자신의 정신 상태나 태도($r=0.15$, $p=0.04$), 술($r=0.18$, $p=0.01$), 담배($r=0.25$, $p<0.001$), 사고나 다침($r=0.16$, $p=0.02$), 성격($r=0.22$, $p=0.002$)을 북한에서부터 중요시하였다. 최근 탈북한 이들은 입국 후에는 남한에서도 스트레스($r=0.20$, $p=0.005$)와 불운($r=0.2$, $p=0.005$)이 질병 발생에 중요하다고 하였다. 최근 탈북한 이들이 이상의 요소들이 건강에 중요하다는 것을 더 많이 알고 있다는 것은 최근에 북한 사회에서도 질병의 위해 요인에 대한 인식이 일정 부분 늘어난다는 것을 시사한다. 경유국 체류기간이 길수록 병원의 실수($r=0.17$, $p=0.04$), 과로($r=0.21$, $p=0.01$), 마음($r=0.18$, $p=0.03$)이 중요하다는 생각을 남한 입국 후 많이 하였다. 반면 체류기간이 짧을수록 운($r=0.21$, $p=0.01$)을 중시하였다.

다음 <표 4-13>은 질병 발생 원인에 대한 북한이탈주민과 남한주민의 설문 결과를 비교한 것이다. 각 항목에 대해서 북한이탈주민과 남한주민 모두 3점(대체로 그렇다)~4점(상당히 그렇다)으로 평가하고 있다. 북한이탈주민의 북한, 남한 간 비교와는 달리 통계적으로 유의한 차이가 적었다. 따라서 질병의 원인에 대한 인식은 북한이탈주민이 남한 환경에 적응하여 남한

**표 4-13** 남한에서 북한이탈주민(n=200)과 남한주민(n=200)의 질병 발생 요인 중요성 평가 비교

| 질병 발생 요인 | 북한이탈주민 | 남한주민 | T | P |
|---|---|---|---|---|
| 스트레스나 걱정 | 4.04±0.81 | 3.79±0.96 | 2.77 | 〈0.01 |
| 유전 | 3.53±1.00 | 3.69±0.92 | 1.63 | 0.10 |
| 병균이나 바이러스 | 3.83±0.97 | 3.71±0.91 | 1.24 | 0.22 |
| 식사 습관 | 3.69±0.99 | 3.63±0.95 | 0.59 | 0.55 |
| 운(재수)이 없음 | 3.08±1.16 | 2.91±1.12 | 1.51 | 0.13 |
| 병원의 실수 | 4.02±0.95 | 3.53±1.02 | 4.85 | 〈0.0001 |
| 환경 오염 | 3.65±1.06 | 3.63±0.99 | 0.16 | 0.88 |
| 나의 행동 | 3.58±1.04 | 3.60±0.96 | 0.21 | 0.83 |
| 나의 정신 상태나 태도 | 3.64±1.01 | 3.58±0.95 | 0.57 | 0.57 |
| 가족 문제 | 3.88±0.92 | 3.53±0.95 | 3.71 | 〈0.001 |
| 과로(지나친 노동) | 3.79±0.89 | 3.98±0.90 | 2.12 | 0.03 |
| 마음(슬픔, 외로움, 불안, 허전함) | 3.92±0.89 | 3.83±0.98 | 0.95 | 0.34 |
| 나이가 듦(늙어감) | 3.78±1.03 | 3.88±1.00 | 0.92 | 0.36 |
| 술 | 3.91±1.06 | 4.05±1.03 | 1.37 | 0.17 |
| 담배 | 4.05±1.12 | 4.02±1.05 | 0.29 | 0.77 |
| 사고나 다침 | 4.25±0.99 | 4.08±0.94 | 1.70 | 0.09 |
| 성격 | 3.64±1.11 | 3.71±1.04 | 0.61 | 0.54 |
| 면역력 저하 | 3.95±1.01 | 3.98±0.99 | 0.30 | 0.76 |

주민과 생각이 유사해진 것으로 볼 수 있다. 이는 북한에서보다 남한에서 의료 지식, 질병 정보에 대한 접근이 쉬운 것이 그 원인이라 할 수 있다. 즉, 북한주민과 남한주민의 질병 발생 요인에 대한 인식 차이는 북한과 남한의 교육과 사회적 분위기에 기인한 것이며, 다른 문화적 배경과 달리 상대적으로 단기간에 변화하는 것으로 추정할 수 있다. 이는 다른 질병관이나 질병행태가 정서적, 가치적 요소가 포함되는 데 비해 질병 원인 판단은 인지적 요소가 많이 좌우하기 때문이라고 볼 수 있다.

그러나 질병 발생 요인 인식에서 유의한 차이를 보이는 항목도 있다. 북한

이탈주민이 남한주민보다 병원의 실수(t=4.85, p<0.0001), 가족(t=3.71, p<0.001), 스트레스(t=2.77, p<0.01)를 질병 발생의 주요 원인으로 평가하였다. 반면에 남한주민은 북한이탈주민보다 병을 일으키는 요인으로 과로(t=2.12, p<0.001)를 꼽았다. 이는 북한이탈주민이 타인에 대한 불안감, 가족 문제, 각종 스트레스로 받는 어려움이 큼을 간접적으로 시사한다. 아직 남한 사회에 직업적 정착을 하지 못한 북한이탈주민이 포함된 경우 과로의 영향을 낮게 평가할 수도 있을 것이다.

북한이탈주민과 남한주민을 대상으로 건강과 질병에 대한 믿음에 대한 설문을 시행하였다. 설문은 18문항으로 이루어진 다차원적 건강통제감 척도(Multidimensional Health Locus of Control, 이하 MHLC)를 이용하였다. 다차원적 건강통제감 척도는 내적 통제감(Internal Health Llocus Control, 이하 IHLC), 우연에 의한 통제감(Chance Health Locus Control, 이하 CHLC), 강력한 외부 요인에 의한 통제감(Powerful Others Health Locus Control, 이하 PHLC)이 세 가지 요인으로 구성되어 있다. 각 문항은 5점 척도로 구성된다. IHLC는 자기 자신이 건강에 얼마나 중요한 영향을 끼치는지를 표현한 수치로 설문 항목의 1, 6, 8, 12, 13, 17번을 포함한다. PHLC와 CHLC는 각각 외부 요인과 운(우연)이 자신의 건강에 얼마나 영향을 끼치는지를 수치화한 것으로 3, 5, 7, 10, 14, 18번과 2, 4, 9, 11, 15, 16번을 포함한다. MHLC의 세 가지 척도 이외에 연구진은 건강 믿음과 관련된 6가지 항목을 추가하였다. 추가된 항목은 연구진 회의를 거쳐 도출되었으며 인터뷰에서 보고된 북한이탈주민의 특성을 고려하여 구성되었다. 추가된 항목은 의사 지시 순응도, 의사 신뢰도, 예방 필요성 인지, 선호 의료기관, 휴식에 대한 태도, 비전문가 신뢰도, 한의학 신뢰도 등이었다.

다음 <표 4-14>에서 볼 수 있듯이 IHLC(t=3.37, p<0.001)와 PHLC(t=3.44, p<0.001)는 통계적으로 유의하게 남한주민이 높았다. 다만 CHLC는 북한이탈주민과 남한주민 사이에 차이가 없었다. 이는 남한주민이 북한이탈주민에 비해 질병의 원인을 자신이나 외부 요인에서 찾는 경향은 높으나,

**표 4-14** 북한이탈주민(n=200)과 남한주민(n=200)의 건강통제척도 비교

| 건강통제척도 | 북한이탈주민 | 남한주민 | T | P |
|---|---|---|---|---|
| 병에 걸렸을 때, 스스로 회복시킬 힘을 가지고 있다. | 3.41±1.13 | 3.92±1.05 | 4.70 | <0.0001 |
| 병에 걸리게 될 것이라면 내가 무얼 하든 간에 병에 걸릴 것이라는 느낌이 때때로 든다. | 3.20±1.10 | 3.64±1.02 | 4.11 | <0.0001 |
| 훌륭한 의사를 정기적으로 만난다면 건강상의 문제가 별로 없을 것이다. | 3.82±0.95 | 3.97±0.96 | 1.57 | 0.12 |
| 우연히 일어나는 일들이 내 건강에 상당한 영향을 미치는 것 같다. | 3.71±3.02 | 3.55±1.09 | 0.70 | 0.48 |
| 건강 전문가에게 의뢰하는 것만이 내 건강을 유지할 수 있는 길이다. | 3.66±1.05 | 3.74±1.08 | 0.77 | 0.44 |
| 나는 내 건강에 직접적인 책임이 있다. | 4.13±1.01 | 4.12±1.00 | 0.16 | 0.88 |
| 내가 건강하거나 병에 걸리게 되는 이유에는 다른 사람들이 큰 비중을 차지한다. | 3.11±1.21 | 3.57±1.11 | 3.98 | <0.0001 |
| 내 건강에 어떠한 문제가 생기든 간에 그것은 나의 잘못이다. | 3.68±1.01 | 4.02±0.95 | 3.45 | <0.001 |
| 병에 걸렸을 때, 나는 그저 하늘의 뜻에 맡길 뿐이다. | 3.07±1.23 | 3.07±1.30 | 0.04 | 0.97 |
| 건강 전문가가 나의 건강을 지켜 준다. | 3.28±1.11 | 3.63±1.15 | 3.14 | <0.01 |
| 내가 건강할 때는 단지 운이 좋아서이다. | 3.26±1.13 | 3.16±1.23 | 0.80 | 0.42 |
| 나의 신체적 안녕은 얼마나 내 자신을 스스로 잘 돌보는가에 달려 있다. | 4.07±1.01 | 4.22±0.92 | 1.59 | 0.11 |
| 내가 아픈 것은, 내 자신을 적절히 돌보지 않았기 때문이라는 것을 안다. | 3.96±0.91 | 4.20±0.94 | 2.50 | 0.01 |
| 다른 사람들에게 어떠한 간호를 받았는가는 내가 병으로부터 얼마나 잘 회복되는가에 영향을 미친다. | 3.73±0.93 | 4.02±0.87 | 3.13 | <0.01 |
| 내 자신을 잘 관리하더라도 병에 걸리기가 쉽다. | 3.46±1.01 | 3.65±0.99 | 1.97 | 0.05 |
| 내가 병에 걸리게 되는 것은 운명의 소관이다. | 3.27±1.06 | 3.12±1.22 | 1.36 | 0.18 |
| 내 자신을 잘 관리함으로써 충분히 건강한 생활을 유지할 수 있다. | 4.05±0.92 | 4.24±0.98 | 1.98 | 0.047 |
| 의사의 지시에 따르는 것이 건강을 유지하는 최선의 방법이다. | 4.04±0.99 | 4.15±0.83 | 1.20 | 0.23 |
| 심하게 아파도 의사가 아무런 이상이 없다고 하면 안심할 수 있다. | 3.41±1.27 | 4.06±3.81 | 2.29 | 0.02 |
| 지금은 전혀 아프지 않은 데도 의사가 예방을 위해 치료를 받아야 한다면 받을 것이다. | 4.08±1.07 | 4.03±0.95 | 0.46 | 0.65 |
| 작은 병원보다 큰 병원의 진료가 더 믿을 수 있다. | 4.11±1.20 | 4.24±0.83 | 1.19 | 0.23 |
| 아프면 푹 쉬는 것이 회복에 큰 도움이 된다. | 4.15±1.08 | 4.4 ±0.92 | 2.99 | <0.01 |
| 의사나 간호사가 아닌 가족이나 친구가 주장하는 치료법도 믿을 만하다. | 3.66±1.17 | 3.91±1.01 | 2.24 | 0.03 |

**표 4-14** 계속

| 건강통제척도 | 북한이탈주민 | 남한주민 | T | P |
|---|---|---|---|---|
| 한의학(동의학) 치료는 확실히 효과가 있다. | 4.36±1.01 | 3.90±1.06 | 1.69 | 0.09 |
| 내적 통제감 | 23.21±3.75 | 24.67±4.57 | 3.37 | 〈0.001 |
| 강력한 외부 요인에 의한 통제감 | 21.62±3.54 | 23.02±4.47 | 3.44 | 〈0.001 |
| 우연에 의한 통제감 | 19.98±5.28 | 20.24±4.71 | 0.50 | 0.62 |

불운에 의해 생긴 것으로 해석하는 경향은 높지 않다는 것을 시사한다.

그리고 휴식의 효과에 대한 믿음($t=2.99$, $p<0.01$) 역시 남한주민이 높았다. 그리고 남한주민은 의사 진단($t=2.29$, $p=0.02$)과 비의료인 주장($t=2.24$, $p=0.03$) 모두에 대해 신뢰도가 높았다. 거의 모든 항목에 대해 남한주민의 점수가 높았다. 예외적으로 한의학에 대한 신뢰도는 통계적으로 유의하지는 않았으나 북한이탈주민에서 더 높았다($t=1.69$, $p=0.09$).

북한이탈주민 중에서 남성이 여성보다 PHLC가 높았다($t=2.30$, $p=0.02$). 배우자가 없는 북한이탈주민이 CHLC가 높았다($t=2.65$, $p=0.01$). 북한에서의 교육수준이 높을수록 IHLC($r=0.17$, $p=0.03$)가 높았다. 탈북한 지 얼마 되지 않고, 제3국 체류시간이 짧은 사람일수록 CHLC가 높았다($r=0.21$, $p=0.004$; $r=0.24$, $p=0.003$). 이는 교육수준이 높은 북한이탈주민이 질병을 자기의 책임으로 돌리는 경우가 많고, 남성들이 질병을 다른 이들의 탓으로 돌리는 경우가 많다는 것을 시사한다. 또한 배우자가 없거나 북한에서 온 지 얼마 되지 않은 상황에서는 자신의 질병을 그냥 운명으로 생각하는 경우가 더 많다는 것을 시사한다.

북한이탈주민은 나이가 많을수록 큰 병원을 더 선호하였다($r=0.15$, $p=0.03$). 배우자가 없는 이들이 한의학에 대한 신뢰가 강했다($t=2.58$, $p=0.011$). 인민군이나 노동당에 있었던 사람들, 교육수준이 높았던 사람들은 의사 진단에 대한 신뢰도가 높았다($t=3.11$, $p=0.002$; $t=2.28$, $p=0.02$; $r=0.16$, $p=0.03$). 탈북한 지 얼마 되지 않고, 제3국 체류시간이 짧은 사람일수록 의사 진단($r=0.14$, $p=0.046$; $r=0.21$, $p=0.01$)과 비의료인 주장($r=0.35$, $p<0.001$; $r=0.41$, $p<0.001$) 모두에 대해 신뢰도가 높았으며, 한의학에 대한 신뢰도도 높았다($r=0.24$, $p=0.001$; $r=0.26$, $p=0.001$).

## 5. 의사–환자 관계

북한주민의 의사-환자 관계를 보기 위해 이에 대한 설문을 진행하였다. 설문은 9문항으로 이루어진 의사-환자 관계 척도를 이용하였다. 의사-환자 척도(Patient-Doctor Relationship Questionnaire-9, PDRQ-9)는 정신치료의 치료자-환자 동맹을 평가하기 위한 치료동맹설문(Helping Alliance Questionnaire)을 근간으로 의사와 환자의 관계를 평가하기 위해 만들어진 설문이다(Van der Feltz-Cornelis CM). 설문은 5점 척도로 각 문항 당 1점(전혀 그렇지 않다)부터 5점(매우 그렇다)까지 기입하게 하였다. 북한주민에게는 선행된 인터뷰 분석 결과에서 답변이 일관되지 않았던 의사의 친절성과 권위적 태도에 대한 2가지 설문을 추가하였다.

다음 <표 4-15>에서 보듯이 북한이탈주민은 북한에서의 의사-환자 관계에 문항에 대해 2점(약간 그렇다)~3점(대체로 그렇다)이라고 답변하고 있으며, 남한에서의 의사-환자 관계에 대해서는 3점(대체로 그렇다)~4점(상당히 그렇다)으로 평가하고 있다. 거의 모든 문항에서 통계적으로 남한에서의 의사환자 관계를 높게 평가하고 있었으며, 의사-환자 관계 총점의 차이도 컸다($t=8.64$, $p<0.001$). 그러나 의사의 권위적 태도에 대해서는 북한에서의 경험과 남한에서의 경험이 통계적으로 유의한 차이가 없었으며, 산술적으로는 오히려 남한에서 의사가 권위적이라고 느끼고 있었다. 반면 북한의사에 비해 남한의사가 친절하다고 표현하였다($t=8.98$, $p<0.001$). 이러한 결과는 전반적으로는 남한에서 의사-환자 관계를 높게 평가하고 있으나, 남한 의사의 사회적 지위를 높게 평가하는 것으로 추정할 수 있다.

**표 4-15** 북한이탈주민(n=200)의 북한에서의 의사-환자 관계와 남한에서의 의사-환자 관계 비교

| 의사-환자 관계 | 북한 경험 | 남한 경험 | T | P |
|---|---|---|---|---|
| 의사는 나를 잘 도와준다. | 2.37±1.09 | 3.45±0.97 | 9.39 | 〈0.0001 |
| 의사는 나에게 충분히 시간을 써 준다. | 2.45±1.04 | 3.31±1.20 | 6.43 | 〈0.0001 |
| 나는 의사를 잘 믿는다. | 2.59±1.06 | 3.50±1.01 | 7.56 | 〈0.0001 |
| 내 의사는 나의 상태를 잘 이해한다 | 2.54±0.98 | 3.44±1.06 | 7.76 | 〈0.0001 |
| 내 의사는 나를 도와주려고 정성을 다한다. | 2.46±1.09 | 3.41±1.14 | 7.61 | 〈0.0001 |
| 나와 내 의사는 나의 병에 대해 생각이 비슷하다. | 2.45±1.09 | 3.27±1.05 | 6.80 | 〈0.0001 |
| 나는 의사에게 쉽게 말할 수 있다. | 2.49±1.16 | 3.37±1.13 | 6.74 | 〈0.0001 |
| 나는 의사의 치료에 만족한다. | 2.39±1.15 | 3.51±1.05 | 9.02 | 〈0.0001 |
| 나는 내 의사에게 쉽게 갈 수 있다. | 2.34±1.15 | 3.49±1.20 | 8.07 | 〈0.0001 |
| 의사는 친절했다. | 2.57±1.05 | 3.71±1.10 | 8.98 | 〈0.0001 |
| 의사는 권위적이었다. | 3.11±1.12 | 3.29±1.16 | 1.81 | 0.07 |
| 의사-환자 관계 총점 | 21.95±8.36 | 30.56±8.62 | 8.64 | 〈0.0001 |

기혼인 경우 북한에서의 의사-환자 관계가 좋지 않았고(t=2.72, p=0.01), 북한 의사가 불친절하다고 생각하였다(t=2.18, p=0.03). 반면 교육 기간이 길수록 북한에서 의사와의 관계가 좋았으며(r=0.20, p=0.01), 북한 의사가 친절하다고 생각하였다(r=0.19, p=0.01). 북한에서 탈북한 지 얼마 되지 않은 이들이 북한에서의 의사-환자 관계가 좋았고(r=0.22, p=0.002), 북한 의사, 남한 의사 모두 친절하다고 생각하였다(r=0.31, p<0.001; r=0.16, p=0.03). 경유국 체류 기간이 긴 사람이 북한에서의 의사-환자 관계가 좋지 않았고(r=0.30, p<0.001), 북한 의사, 남한 의사 모두 불친절하다고 생각하였다(r=0.33, p<0.001; r=0.19, p=0.02).

다음 <표 4-16>에서 보듯이 의사-환자 관계 척도의 모든 항목에서 북한이탈주민이 남한주민보다 남한 의사들과의 의사-환자 관계가 더 좋았다(총점: t=4.57, p<0.0001). 이러한 결과는 북한이탈주민이 입국 이전에 비해 훨씬 나은 의료서비스를 받으면서, 남한 의료진에 대해 호감이 상승한

**표 4-16** 남한에서의 의사-환자 관계에 대한 북한이탈주민(n=200)과 남한주민(n=200)의 비교

| 의사-환자 관계 | 북한이탈주민 | 남한주민 | T | P |
|---|---|---|---|---|
| 의사는 나를 잘 도와준다. | 3.45±0.97 | 3.13±0.85 | 3.47 | 〈0.001 |
| 의사는 나에게 충분히 시간을 써준다. | 3.31±1.20 | 2.86±0.97 | 4.11 | 〈0.0001 |
| 나는 의사를 잘 믿는다. | 3.50±1.01 | 3.05±0.85 | 4.79 | 〈0.0001 |
| 내 의사는 나의 상태를 잘 이해한다. | 3.44±1.06 | 3.01±0.84 | 4.47 | 〈0.0001 |
| 내 의사는 나를 도와주려고 정성을 다 한다. | 3.41±1.14 | 2.97±0.89 | 4.26 | 〈0.0001 |
| 나와 내 의사는 나의 병에 대해 생각이 비슷하다. | 3.27±1.05 | 2.96±0.90 | 3.06 | 〈0.01 |
| 나는 의사에게 쉽게 말할 수 있다. | 3.37±1.13 | 3.08±0.84 | 2.96 | 〈0.01 |
| 나는 의사의 치료에 만족한다. | 3.51±1.05 | 3.07±0.85 | 4.52 | 〈0.0001 |
| 나는 내 의사에게 쉽게 갈 수 있다. | 3.49±1.20 | 2.99±0.94 | 4.59 | 〈0.0001 |
| 의사-환자 관계 총점 | 30.56±8.62 | 27.05±6.54 | 4.57 | 〈0.0001 |

결과 때문일 가능성이 높다. 그 외에도 의사를 존경하는 북한 사회적 분위기의 영향 때문일 가능성도 있다.

## 6. 건강행태

북한이탈주민의 북한과 남한에서의 건강 습관에 대해 금연, 금주, 운동의 세 가지 항목을 조사하였다. 척도의 내용은 연구진의 회의를 통해 결정하였다. 흡연과 음주는 처음부터 술이나 담배를 하지 않는다는 항목을 포함한 네 가지 항목, 운동은 세 가지 항목으로 구성되었다. 금연과 금주는 원래부터 술과 담배를 하지 않는 사람은 제외하고 통계분석을 하였다. 금연, 금주, 운동은 실제 수행하는가에 대한 분석과 의도가 있는지에 대한 분석을 별도로 시행하였다.

금연 시도나 금연 의지는 북한에서나 남한 입국 이후에 통계적으로 유의한 차이가 없었다. 술을 끊으려는 시도 역시 북한에서나 남한 입국 이후에 차이

가 없으나, 단주 의도는 남한 입국 이후에 증가하였다($\chi^2=4.53$, $p=0.03$). 운동에서는 운동 시도($\chi^2=5.41$, $p=0.02$)와 운동 의도($\chi^2=14.48$, $p<0.001$) 양쪽 모두 남한 입국 이후 북한에서 보다 증가하였다. 흡연의 경우 중독성이 강해 북한과 남한에서 모두 끊기 어렵고, 끊을 생각조차 하지 않는 경우가 많다. 그러나 술의 경우 금주를 시도하지는 못하였으나, 금주에 대한 생각은 하고 있었다. 운동에 대해서는 많은 북한이탈주민이 운동을 하거나 하려는 생각을 하고 있으며, 남한 입국 이후 이러한 시도나 생각이 더 늘어나는 것으로 드러났다. 다만 인터뷰에서 나타났듯이 북한이탈주민의 운동에 대한 개념이 남한주민이 생각하는 운동에 대한 개념보다 넓어 해석에 주의를 요한다.

남성이 여성보다 북한에서나 남한에서나 모두 운동을 한 경우($\chi^2=32.65$, $p<0.001$; $\chi^2=7.86$, $p<0.01$)가 많았다. 남성은 남한에서 운동을 하려는 의도 역시 강했다($\chi^2=4.31$, $p=0.04$). 이는 남녀 간의 활동성 차이로 보인다. 군복무를 한 사람과 당원이 북한에서 운동을 한 경험이 많았다($\chi^2=5.19$, $p=0.02$; $\chi^2=4.16$, $p=0.04$).

**표 4-17** 북한이탈주민(n=200)의 북한과 남한에서의 건강을 위한 습관 비교

| 건강을 위한 습관 | | 북한에서 | 남한에서 |
|---|---|---|---|
| 담배 | 끊으려고 했다. | 10명(5.0%) | 15명(7.5%) |
| | 생각만 해 보았다. | 9명(4.5%) | 13명(6.5%) |
| | 끊을 생각이 없었다. | 11명(5.5%) | 7명(3.5%) |
| | 처음부터 피지 않았다. | 165명(82.5%) | 162명(81.0%) |
| 술 | 끊으려고 했다. | 8명(4.0%) | 16명(8.0%) |
| | 생각만 해 보았다. | 3명(6.5%) | 27명(13.5%) |
| | 끊을 생각이 없었다. | 19명(9.5%) | 7명(3.5%) |
| | 원래 잘 마시지 않았다. | 155명(77.5%) | 139명(69.5%) |
| 운동 | 운동을 했다. | 56명(28.0%) | 79명(39.5%) |
| | 생각만 해 보았다. | 86명(43.0%) | 95명(47.5%) |
| | 건강 때문에 할 생각은 없었다. | 56명(28.0%) | 25명(12.5%) |

북한에서나 남한에서나 운동을 한 사람들($t=2.41$, $p=0.02$; $t=2.16$, $p=0.03$)이나 운동을 하려는 사람들($t=2.78$, $p<0.01$; $t=1.98$, $p<0.05$)이 경유국 체류 기간이 짧았다. 북한에서나 남한에서나 술을 끊으려는 사람들($t=2.15$, $p=0.04$; $t=2.20$, $p=0.03$)이 경유국 체류 기간이 짧았다. 전반적으로 건강 습관에 대한 의지가 높은 것으로 체류국 경유 기간이 짧은 경향성이 있는 것으로 보인다.

## 7. 경제난 이후 질병행태 변화

북한이 극심한 경제난에 시달렸던 1990년대 중, 후반 고난의 행군이 북한이탈주민의 병원(진료소) 이용에 어떠한 변화를 끼쳤는지 조사하였다. 설문은 5점 척도로 각 문항 당 1점(전혀 그렇지 않다)부터 5점(매우 그렇다)까지 기입하게 하였다.

다음 <표 4-18>에서 보듯이, 북한주민은 고난의 행군 이후의 변화에 대해 평균적으로 3점(대체로 그렇다)에서 4점(상당히 그렇다)으로 보고하였

**표 4-18** 북한이탈주민(n=200)의 고난의 행군 이후 질병행태 변화

| 질병행태 | 북한이탈주민 |
|---|---|
| 고난의 행군 이후 예전보다 병원(진료소)에 대한 믿음이 줄었다. | 3.56±1.21 |
| 고난의 행군 이후 예전보다 병원(진료소)에 대한 불만이 커졌다. | 3.67±1.14 |
| 고난의 행군 이후 아파도 병원에 가지 않고 바로 장마당에 가는 경우가 늘었다. | 3.77±1.19 |
| 병원에서 치료나 약을 받으면 선물이나 대가를 주었다. | 3.55±1.10 |
| 병원에서 병에 대한 설명만 듣고 약을 받지 못해도 선물이나 대가를 주었다. | 3.22±1.24 |
| 장마당에서 약을 사도 병이나 약에 대한 설명을 들을 수 있다. | 3.17±1.02 |
| 장마당에서 사는 약도 대체적으로 믿을 수 있다. | 2.87±0.92 |
| 고난의 행군 이후 자택진료(가정입원)이 늘었다. | 3.55±1.18 |

다. 즉 북한이탈주민은 고난의 행군 이후 장마당에 가거나 자택진료를 하는 경우가 늘었고, 병원을 신뢰하지 않게 되었다. 병원에서 치료의 대가를 요구한 것은 경제적 어려움을 겪는 환자들에게 부담이 되었다. 고난의 행군은 환자를 병원(진료소)에서 장마당으로 이동시키는 계기가 되었던 것으로 보인다. 다만 장마당에서 사는 약의 신뢰도나 장마당에서 제대로 된 설명은 다른 부분에 비해 올라가지 않은 것으로 보아 장마당에서 이루어지는 사적 의료 행위에 명확한 한계는 있는 것으로 보인다.

오래 전 탈북한 이들은 병원보다 장마당을 먼저 찾는 경향이 늘었다고 보고하고 있다($r=0.17$, $p=0.02$). 반면에 최근 탈북한 이들은 장마당 약에 대한 신뢰도가 높았고($r=0.19$, $p=0.01$), 자택 진료의 증가를 보고했다($r=0.15$, $p=0.03$).

# 제5장

# 결론

## 1. 북한주민의 질병관과 질병행태 연구 결과

관면담에서 북한주민은 증상이 아주 심하지 않으면 진료소(병원)를 방문하지 않는다고 보고되었다. 북한주민은 증상이 생기면 병원에 가지 않고 스스로 자기 질병을 진단하고 치료하려는 경우가 많다. 가벼운 질병이나 만성질환의 경우에는 민간요법을 사용하거나 간단하게 장마당에서 알아서 약을 구해서 치료하는 경우가 많다. 양적 연구에서도 북한주민은 위독한 중병 외에는 모든 증상에서 병원보다 장마당을 우선적으로 찾는 것으로 나타났다. 감기와 상처 등의 가벼운 증상에서는 이러한 경향은 더욱 두드러져서 아무런 조치를 취하지 않는 경우가 많았다. 남한보다 북한에서 자기진단, 자기치료, 민간요법을 더 자주 경험하는 것으로 드러났다. 면담에서는 병원에 가지 않는 이유가 주로 약이 없기 때문이라고 조사되었으며, 양적 연구에서는 경제적 이유, 치료 부족, 치료 불가능, 교통 불편 등이 제시되었다. 이러한 양상은 많은 빈곤 국가 국민의 의료행태와 유사하다. 빈곤 국가에서는 경제성과 편리성 때문에 의약품을 자기처방하거나 약품 판매상에게 구입하는 경우가 많다. 면담에 따르면 최근의 북한주민은 의약품을 일종의 재산 가치로 파악하는 경향이 있는 것으로 보인다. 경제난에 의해 약품 부족이나 교통 불편도 초래되므로 북한주민의 병원이나 진료소 방문이 줄어든 것에는 경제적인 요인이 결정적인 것으로 추정된다.

면담에 따르면 북한 정부는 위생선전 등의 교육과 홍보를 통해 질병에 대한 정보를 제공하려고 하였으나, 고난의 행군 이후 이에 대한 주민들의 관심이 줄어든 것으로 보인다. 북한주민은 그 외에도 장마당의 약품 판매상에게 정보를 얻거나 자신이나 주변의 경험을 통해 건강 정보를 얻는 경우가 흔하다고 한다. 약품 판매상이 의료인의 역할을 하는 것 역시 다른 빈곤 국가에서 볼 수 있는 일이다. 결국 중앙의 지도와 교육을 통해 보건정보를 전달하던 사회주의 국가의 특성이 약화되면서 빈곤 국가에서 나타나는 형태와 유사하게 사적 네트워크를 통한 보건의료 정보 유통이 만연한 것으로 보인다.

면담에 따르면 북한주민은 민간요법을 많이 행한다고 한다. 이중 일부 민간요법은 비과학적이거나 비위생적이기도 하며, 주술적인 측면을 가지는 것으로 추정된다. 정부의 금지에도 불구하고 무당이나 점집을 찾아가는 북한주민도 적지 않다고 한다. 양적 연구에서도 북한에서 민간요법을 더 많이 경험한 것으로 드러났다. 북한이탈주민은 질병의 원인을 자신이나 타인에게 있다고 생각하지 않으며, 우연이나 운의 영향을 받는 것으로 간주하는 경향이 있었다. 빈곤 국가에서는 경제적, 지리적, 사회적 접근성 때문에 전통적 치료를 선호하는 경우가 있다. 또한 근대 이전까지 한국인들은 질병에 대해 종교적이고 주술적인 해석과 처방을 하였다. 북한에서의 민간요법의 만연은 경제적인 요소가 가장 중요한 것으로 추정된다. 또한 북한 민간요법의 주술적 특성은 한국의 전통적인 모습이 투영된 것으로 추정된다.

사회주의에 근간한 북한에서는 무속적인 질병행태는 금지하지만, 한의학(고려의학)은 장려하였다. 고려의학이 북한에서 인정받는 것은 양약을 구하기 어렵다는 경제적 이유와 북한의 국가적 자존심을 올리기 위한 정치적 이유가 제시되었다. 양적 연구에서도 다른 건강정보에 대한 신뢰감은 남한주민이 유의하게 높았지만, 한의학에 대한 신뢰감은 북한이탈주민이 높은 경향성이 있었다. 면담에서 북한주민은 한약에 대한 신뢰도보다는 침이나 뜸과 같이 빠른 효과를 보이는 치료를 선호하는 경향이 높다고 하였다. 뜸의 경우 비전문적 자기치료가 만연한 것으로 보인다.

북한에서는 정성의학 교육 및 홍보를 통해 의료진의 희생과 봉사를 강조해 왔다. 북한에서는 호 담당의사제도로 인해 주민과 의사의 친밀도가 높다. 면담에 따르면 의사는 질병에 대해 지도하고 지시하고, 북한의 환자들은 의사들의 이야기에 신뢰하고 순응하는 관계가 주로 묘사되었다. 이 과정에서 환자가 의사를 존경하고 친밀하게 느낄 수는 있으나 기본적인 관계는 수직적인 편이다. 수직적 의사-환자 관계는 구 사회주의 국가에서 많이 나타났다. 남북한 의사의 권위적 태도에 대해서는 면담에서 상반된 답변이 나왔으며, 양적 연구에서는 남북한 의사의 권위적 태도는 차이가 없는 것으로 나타났다. 그러나 남한 의사가 친절도가 높다고 나오는 것으로 보아, 남한 의사의 권위적 태도는 사회경제적 지위가 높음에서 나오는 것이고, 북한 의사의 권위적 태도는 사회주의 전형의 수직적 의사-환자 관계(흔히 부모-자식 관계에 비교된다)에 의한 것으로 추정된다. 사회주의 국가에서는 환자들이 의존적이고 수동적인 태도를 보이는 경우가 많다.

면담에 따르면 고난의 행군 이전에는 의사들이 정성의학 정신과 희생정신이 강했으나, 고난의 행군 이후 의사들 역시 생존을 위해서 움직이게 되면서 의사들의 정성의학 정신이나 열정이 과거에 비해 확연히 떨어졌다고 한다. 경제난 이후 의사들에 대한 주민들의 신뢰도도 크게 하락하였다고 보고되었다. 양적 연구에서도 남한에서보다 북한에서 의사-환자 관계가 좋지 않은 것으로 드러났다. 남한보다 북한에서 오진도 많았으며, 치료 효과도 떨어지며, 치료에 대한 경제적 부담도 컸던 것으로 드러났다. 의사들이 자신의 생존이나 수익을 위해 움직이는 모습은 빈곤 국가에서 흔히 볼 수 있다. 정성의학 정신의 쇠퇴는 결국 경제난에 의한 것으로 추정된다. 또한 고난의 행군 이후 북한주민은 과거처럼 건강에 대해 의존적이고 수동적인 태도를 보이기보다는 자기치료 등 개인 스스로 자신의 건강을 챙기는 모습이 나타나기 시작한 것으로 보인다. 부적절한 자기치료로 인한 부작용도 늘어난 것으로 보인다. 즉 사회주의 보건의료제도의 붕괴와 경제난이 복합적으로 나타나며 의사-환자 관계와 병원에 대한 신뢰도를 떨어트린 것으로 추정된다.

면담에 따르면 북한주민은 주관적인 증상과 진단을 혼용해서 사용하기도 한다고 하였다. 즉 어떤 증상이 나타나면 곧 어떤 병이라고 생각하는 것이다. 때문에 증상 호소가 더 극적인 경우가 많다고 한다. 양적 연구에서도 증상이 잘 나타나지 않는 병은 인지하지 못해 무증상 만성질환은 남한주민이 더 많이 보고하였다. 증상과 진단의 혼용은 한의학적 세계관에서 영향을 받은 부분도 있으나 결국 의료진에 의한 의학적 진단 시스템이 붕괴한 영향이 더 큰 것으로 추정된다. 질병의 원인에 대해서도 거의 생각하지 않아 양적 연구에서 모든 질병 유발 요인의 중요성을 남한에서 더 크게 인식하였다. 이는 질병의 원인에 대한 비과학적 오해도 있을 수 있으나, 질병의 원인에 대한 관심 자체가 크지 않음을 시사한다.

질병과 건강에 대한 북한주민의 사고방식에서 두드러지는 부분 중 하나는 지금 당장 느끼는 부분을 중시하면서, 장기적인 결과는 고려하지 않는 것이었다. 면담에 따르면 북한주민은 당장 느끼는 증상이 없으면 건강에 관심을 가지지 않는다고 하였다. 정신과적 장애에서도 심리적 증상보다는 신체적 증상에 중점을 둔다고 한다. 또한 증상을 느낄 때만 약을 먹고, 증상이 없어지면 합병증 예방을 위해 필요한 경우에도 치료를 받지 않는 경우가 많다고 한다. 안전한 치료보다는 주사나 수술과 같은 빠르고 강력한 효과가 있는 치료를 선호한다고 한다. 빠르고 강력한 효과를 위해 즉각적인 효과를 보이는 항생제, 진통제, 수면제, 소화제 등을 과다 복용하는 경우가 많다고 한다. 금연이나 금주, 운동과 같은 건강 습관에 큰 관심이 없다고 하며, 신체를 움직이는 것이 건강에 좋지 않다는 개념을 가지기도 한다. 죽음에 대해서도 당장 편안한 것이 중요하므로 크게 공포스러워하지 않는다는 보고도 있었다. 이러한 현재 중심 사고의 이유로는 북한주민이 장래를 생각할 경제적, 심리적 여유가 없기 때문이라는 주장이 제시되었다.

문헌고찰, 설문조사 그리고 심층면담을 종합적으로 분석할 때, 북한주민이 질병을 앓을 때 신뢰하고 선호하는 의료서비스 순위는 다음과 같이 추정할 수 있다. ① 2차 이상의 상급병원, ② 가정진료 또는 장마당에서의 약 구매, ③ 민간요법, ④ 1차 의료 호 담당의사 순이다. 다만 가벼운 질환인 경우에는 편리성 때문에 가정 진료나 장마당을 상급병원보다 선호할 수도 있다. 북한주민이 실제 이용하는 의료는 경제적 요인과 질병의 중증도에 의해 결정되는 것으로 추정된다.

본 연구에서는 장마당 진료가 1차 의료서비스의 중심을 차지하고 있다는 것을 확인하였다. 이는 고난의 행군 이후 지역 사회에서 1차의료를 담당하던 호 담당의사의 기능은 약화되었고, 시장 경제의 중심인 장마당에서의 서비스 제공기능이 강화되었음을 보여 준다. 이는 고난의 행군 이후 지역사회에서 1차 의료서비스의 구도가 변화되었다는 중요한 단서이다.

1차 의료를 책임지는 호 담당의사에 대한 신뢰가 감소한 근본적 원인은 진료수준 저하와 의사-환자 간 친밀도 약화로 볼 수 있다. 이 두 가지 요인은 긴밀한 연관성을 가지고 있다. 약품 부족과 이에 따른 1차 의료 진료수준 저하가 장마당의 이용과 자택진료가 증가를 유발하였고, 1차 의료 이용이 줄어들수록 호 담당의사와 환자의 친밀도를 떨어트린 것으로 추정된다. 의료서비스 수준의 낙후가 의사-환자 관계를 악화시키는 상황은 빈곤 국가에서도 흔하게 볼 수 있는 현상이다. 또한 고난의 행군 이후 북한 의사들의 정성의학 정신 역시 약화되고 있었다. 즉, 의료수준의 저하와 정성의학 정신의 쇠퇴는 북한에서의 의사-환자 관계를 악화시키고, 병원에 대한 신뢰도를 떨어트린 것으로 추정된다.

북한주민의 1차 의료기관에 대한 신뢰도 변화는 주민들의 의료 지식수준에도 영향을 주었다. 과거 북한에서는 1차 의료기관과 호 담당의사가 위생선전 등을 통해 건강 정보를 주민에게 제공하였다. 그러나 1차 의료기관에 대한 신뢰가 떨어지면서 북한주민은 의료기관이나 의료인이 아닌 장마당의 약품 판매상이나 주변의 경험자들을 통해 건강정보 및 의학정보를 얻게 되었다. 결국 1차 의료기관의 신뢰도 감소는 주민들이 적절한 건강정보를 습득하는 통로를 차단하는 결과로 귀결되었다. 구 사회주의 국가에서 볼 수 있었던 국가의 지도와 교육을 통해 보건정보를 전달하던 방식이 북한에서 약화되고, 빈곤 국가에서 볼 수 있는 약품 판매상이나 사적 네트워크를 통한 보건정보를 얻는 방식이 늘어나고 있음을 시사한다.

의료기관에서 사적 네트워크로 건강정보원이 이동하는 구조적 변화는 북한주민 기저에 내재되어 있던 전통적 질병관, 특히 초자연적인 질병관과 증상 중심적 질병관을 강화시켰을 가능성이 있다. 이로 인해 비과학적이거나 비위생적이며, 주술적인 민간요법을 수용하는 문화적 환경이 북한에 생겨났을 가능성이 있다. 사회주의 국가 국민들에게서 볼 수 있는 질병의 진단과 치료에 대한 수동적 태도 역시 북한주민에게 질병의 원인에 대한 깊은 고민을 방해하고, 결국 왜곡된 의학 정보를 비판 없이 수용하는 성향을 강화시켰을 수 있다.

북한 국민총생산과 국민총의료비 감소는 무상의료체제를 마비시켰고, 환자의 지불 능력에 따라 받을 수 있는 의료서비스가 차이가 나게 되었다. 경제력이 중요한 장마당이 지역사회 의료서비스의 중심이 되면서 경제적 요인에 따른 서비스의 차별적 접근을 촉진시켰다. 장마당의 약품유통과 자택진료의 활성화는 더 나아가 북한주민이 이 구조에 친숙하고 익숙해지도록 새로운 의료문화를 형성하였다. 응급 상황이나 증상이 심한 경우, 진단서가 필요한 경우에만 병원을 가게 되었다. 언제 병원을 내원할지의 판단은 환자 자신의 자기진단에 의해 내려진다. 질병에 대한 정확한 지식이 없고, 적절한 의료 정보를 얻기 어렵고, 주관적 증상과 의학적 진단을 혼동하고 있는 상황에서 이러한 자기진단은 질병의 진단과 치료를 지연시킬 수 있다. 따라서 진단 지연, 부적절한 치료, 약물 오남용, 불규칙한 치료 순응도와 같은 질병행태는 북한의 변화된 의료시장의 구조와 문화에 의해 발생되었으며, 이러한 구조가 지속되는 경우 이러한 행태 역시 점점 고착화되어갈 가능성이 있다.

이러한 북한주민의 질병행태는 다양한 건강지표들의 악화로 귀결된다. 가장 가시적으로 확인되는 문제는 감염성질환의 유행이다. 진단이 지연되고, 치료도 적절치 못하고, 위생관리가 안 되는 환경에서 감염성질환은 쉽게 전파된다. 감염성질환의 유행은 다양한 원인에 의해 촉발되지만, 이에 대한 방역과정에서 주민의 협조는 전파 방지를 위해 중요한 결정요인이다. 북한에서 1990년대 중반 이후 감염성질환의 대유행이 반복적으로 보고되었다. 촉발요인은 영양, 위생, 약품과 관련이 있겠지만, 반복적으로 지속되고 있는 현상은 질병행태와 깊은 연관성을 갖는다고 여겨진다.

장기적 관점에서 우려되는 보건문제는 만성질환의 관리이다. 만성질환들은 특성상 신체 증상이 초기에는 자각되지 않으나 지속적 관리가 수반되지 않았을 경우 합병증으로 인해 심각한 후유증이나 사망을 초래한다. 북한의 질병부담과 사망원인에 대한 통계자료를 살펴보면 2000년부터 심혈관계 질환이 위험성이 점차적으로 증가하고 있으며 현재 가장 중요한 질병영역으로 보고되고 있다. 현재의 북한주민의 질병행태가 고착화된다면 심혈관계 질환과 같은 만성질환의 위해성은 더욱 증가할 것이다.

내재되어 있던 전통적 질병관과 사회주의적 수동적 환자 행태 위에 고난의 행군 이후 빈곤으로 인한 의료시설의 낙후와 보건체계의 붕괴는 북한주민 특유의 질병관과 질병행태를 만들었다. 특히 의료기관과 의사의 신뢰도 하락은 규제 없는 장마당의 활성화를 유발하였고, 정제되지 않은 건강 정보가 유통되게 하여서 결국 지역사회 보건의료에서 사적 네트워크에 의한 진료문화가 중심이 되게 만들었다. 이는 결국 부적절한 질병행태로 이어지고 있는 것으로 보이며 향후 북한주민의 건강에 더 큰 위협을 가하는 요인이 될 가능성이 있다.

## 2. 본 연구의 한계점

본 연구는 북한에 현재 거주하고 있는 주민을 대상으로 실태를 조사할 수가 없었다는 내재적인 한계점이 있다. 이는 현실적으로 북한주민으로부터 자료를 수집하기 어려운 실정이기 때문이다. 따라서 본 연구는 직접 조사가 아닌 다른 간접적인 정보원들을 통해 북한주민의 질병관과 질병행태를 추정할 수밖에 없었다. 특히 면담이나 설문에 응한 대상자들의 특성이 응답 결과에 상당한 영향을 주었을 가능성이 있어 이를 감안하여 결과를 해석할 필요가 있다. 특히 면담의 경우 사실적 내용 이외에도 면담에 응한 대상자의 느낌이나 주관에 많은 영향을 받을 수 있으며, 설문의 경우 북한을 떠나고 남한을 선택한 북한이탈주민이라는 특성을 고려해야 한다. 향후 질병관과 질병행태를 북한주민에게 직접 조사하는 연구를 진행할 수 있다면, 본 연구에서 제기된 내용들을 실제로 검증할 수 있을 것이다.

다만 본 연구는 이러한 제한점을 극복하기 위해 문헌고찰, 심층면접, 설문조사의 다각적 방법을 이용하여 통합적으로 북한주민의 질병관과 질병행태를 살펴보려고 노력하였다. 기존의 북한 보건에 대한 연구들이 주제에 있어 개별 분야만으로 이루어지거나, 연구대상이 북한이탈주민 만을 대상으로 하거나, 북한 내 또는 남한 정착과정만을 주목하거나, 구체적인 행태보다 제도적인 측면을 주목한 데 비해 본 연구는 제도와 실제, 북한과 남한을 포괄하여 질병관과 질병행태를 종합적으로 분석하고 있다는 점에서 의의가 있다고 하겠다.

## 3. 향후 변화 방향에 대한 예측과 대비

질병관이나 행태는 변화의 속도가 느려 제도적, 경제적 회복 이후에도 현재의 질병관과 질병행태가 상당기간 지속될 가능성이 높다. 그러나 향후 북한의 경제 회복과 의료 체제 재건에 따라 북한주민의 질병관과 질병행태는 분명히 다시 변화할 것으로 보인다. 만약 의료 체제가 개선되지 않고, 경제난이 지속될 경우 장마당 약품 구입이나 자기치료는 더욱 활성화될 것이며, 의사-환자 관계는 더욱 악화될 가능성이 높다. 부정확한 건강 정보가 떠돌고, 주술적이거나 의학적으로 위험한 민간요법이 더욱 횡행할 가능성도 있다. 그러나 북한이 경제력을 회복하고 의료제도를 재건하는 경우 질병관과 질병행태가 다시 회복될 수도 있을 것이다. 이 경우 예방과 교육을 강조하는 사회주의 국가의 질병행태와 정성의학, 의사의 헌신, 환자의 존경에 기반을 둔 수직적 의사-환자 관계가 다시 회복될 가능성도 있다.

통일 이후에도 통일 한국의 경제상황과 채택한 의료제도에 따라 남북한 주민의 질병관과 질병행태는 변할 수 있을 것이다. 그러나 어떠한 의료제도하의 통일이 되든 간에 북한주민의 질병행태를 고려할 때 다음과 같은 문제는 대비해야 한다.

우선 북한주민의 자기진단, 자기처방, 즉각적이고 강력한 효과 선호, 의약품에 대한 정보 부족 등으로 인해 약품 오남용이 심각해질 가능성을 예방해야 한다. 특히 이로 인한 항생제 내성, 신경안정제 습관성, 기타 심각한 약물 부작용 등이 늘어날 가능성에 대비해야 한다. 또한 비위생적이거나 비과학적인 민간요법의 부작용을 대비해야 한다. 과학적인 방법이라도 비전문가나 자기 스스로 치료를 하는 경우에 생길 부작용도 대비해야 한다. 이를 위해서는 주민들 사이에 퍼져 있는 잘못된 질병에 대한 지식을 교정해야 한다.

자기가 느끼는 증상 위주로 건강이나 질병을 판단하지 않도록 교육해야 한다. 이 때문에 증상이 있으면 과도한 치료를 해서 건강을 악화시키고, 당장 증상이 없으면 꼭 필요한 치료를 받지 않기도 한다. 남한으로 입국한 북한이탈주민 역시 만성질환의 관리나 치료가 잘되지 않는다. 북한주민의 궁극적 건강을 위해 증상과 질병의 차이에 대한 교육과 자기진단의 위험성에 대한 교육이 필요하다.

적절한 의료 이용에 대한 교육도 필요하다. 북한에 거주하고 있는 주민과 달리 남한의 북한이탈주민은 의료기관 방문 빈도가 낮지 않다고 한다. 또한 북한주민이나 북한이탈주민 모두 큰 병원을 선호하고, 검사를 받고 싶어 한다고 보고되었다. 북한이탈주민이 불안과 우울 증상이 있을 때도 정신건강의학과 진료를 거부하고 각종 검사를 반복하는 경우도 많다고 보고되었다. 이는 통일 이후 의료수준이 높은 남한의 의료시설을 불필요할 정도로 이용할 가능성을 시사한다. 이는 북한주민의 건강에도 도움이 되지 않으며, 보건재정에 큰 타격을 줄 가능성도 있다.

주민 및 환자에 대한 교육과 함께 수반되어야 할 노력은 1차의료에 대한 신뢰회복과 접근성 향상이다. 북한주민의 인식 속에 지역사회에서 동네의원의 진료에 대한 신뢰도는 매우 낮으며, 병원 자체에 대한 접근성이 구조적으로 불균등하다. 신뢰 회복은 의료서비스의 질적 수준과 깊은 연관성을 갖기에 북한에서는 호 담당의사들의 의료수준을 향상시키기 위한 제도적 변화가 필요할 것이다. 현재 북한의 리 진료소에 근무하는 호 담당의사의 많은 비율이 6년의 교육이 아닌 4년의 의학교육을 수료한 준의에 의해 구성된다. 준의사는 무상의료와 의사담당제도를 적용하기 위해 의료인력 충원 방안으로 도입된 개념이며 다른 사회주의국가에서도 흔히 볼 수 있다. 그러나 북한에서는 상급병원으로의 이송이나 진료가 어려운 환경 속에서 호 담당의사의 역할이 중요함에도 불구하고 그 교육수준 향상을 위한 제도가 미비하다. 통일 이후 북한 지역의 1차의료를 담당하는 의사의 질적 수준 향상을 위한 교육제도 및 1차의료 관리체계에 대한 재정비가 필요할 것이다.

북한주민의 질병행태는 가난과 사회주의적 특성, 한국적 전통의 영향을 받아서 변화되어왔으며, 남한주민의 질병행태와는 상당한 차이를 보였다. 통일 이후를 대비하기 위해서는 여기에 대한 대비가 필요하다.

# 참고문헌


국가안보전략연구소, 「남북 보건의료협력 추진방안 연구」, 국가안보전략연구소, 2009.

국경없는 의사회, 「한국 내 북한인을 위한 심리지원」, 2005년도 연간보고서, 국경없는 의사회, 2006.

권미영, 「북한이탈주민 여성의 구강건강상태와 삶의 질에 관한 연구」, 한양대학교 보건대학원 석사논문, 2012.

김개영, 「북한 주민의 의료이용 만족도 연구: 중국 내 북한이탈주민을 대상으로」, 연세대학교 보건대학원, 2006.

김경철, 「남한내 북한이탈주민의 건강 상태 및 의료 이용 만족도 분석」, 연세대학교 보건대학원, 2005.

김나연, 「북한이탈주민의 지각된 스트레스 및 자존감이 우울에 미치는 영향: 차별감과 억제형 대처양식의 조절효과를 중심으로」, 서울대학교 석사논문, 2012.

김미영, 「북한이탈주민의 건강관련특성과 공공보건의료기관 이용실태에 관한 연구: 보건소를 중심으로」, 단국대학교 석사논문, 2012.

김병창, 「북한이탈주민의 정신건강」, 정신건강정책포럼, 2010;4(1).

김석주, 「북한이탈주민의 신체건강과 정신건강의 관계」, 『사회정신의학』, 2011;16.

김석주 · 김효현 · 김정은 · 조성진 · 이유진, 「북한 이탈 주민의 신체질환과 우울증상의 연관성에 관한 연구」, 『정신신체의학』, 2011;19.

김석주 · 박영수 · 이혜원 · 박상민, 「북한 의사들이 바라보는 북한의 정신의학 현황」, 『정신신체의학』, 2012;20.

김석향, 「북한 장애인의 일상생활 현황: 북한이탈주민의 인식을 중심으로」, 『북한연구학회지』, 2011;15.

김연희 · 전우택 · 조영아, 「북한이탈주민의 정신건강문제 유병률과 영향 요인: 2007년 입국자 중심으로」, 『통일정책연구』, 2010;19.

김예영, 「북한이탈 아동 건강상태 평가」, 이화여자대학교 석사논문, 2005.

김윤경, 「광주전남지역 북한이탈주민의 건강실태」, 전남대학교 석사논문, 2005.

김정곤, 「한국에서의 양방과 한방의 일원화 방안」, 우석대학교 경영행정문화대학원: 보건복지학과, 2008.

김종배, 『공중구강보건학개론』, 고문사, 1997.

김진숙, 「북한 약학부문사업과 보건의료 연구」, 북한대학원대학교 박사논문, 2012.

김창엽, 「통일한국의 의료보장과 보건의료체계」, 통일한국의 보건의료세미나, 1997.

김철한, 『북한이탈주민 건강 증진방안에 관한 세미나: 하나원에 입소한 북한이탈주민의 건강특성』, 통일부, 2009.
김현경, 『북한이탈주민의 고문으로 인한 외상 후 충격에 영향을 미치는 요인』, 『사회복지연구』, 2010;41(3).
김호, 「18세기 후반 거경 사족의 위생과 의료: 『흠영』을 중심으로」, 『서울학연구』, 1998;11.
노용환, 「북한의 보건의료기능 평가와 대북지원정책 기본방향」, 『남북한 보건의료』, 2000;1.
맹호영, 「남·북한 보건의료체계 비교분석을 통한 통합방안 연구」, 국방대학교 안전보장대학원 석사논문, 2005;21.
무라야마 지쥰, 노성환 옮김, 『조선의 귀신』, 민음사, 1990.
문옥륜, 「남북한 보건의료체계의 비교고찰」, 『보건학논집』, 서울대학교 보건대학원, 1993.
______, 「북한의 보건의료정책」, 『대한의학협회지』, 1995;38(3).
______, 「북한의 보건의료제도 운영: 탈북자 증언을 중심으로」, 『남북한보건의료』, 2001;3.
______, 「북한의 보건의료현황과 욕구」, 보건복지포럼, 2005.
미키 사카에, 『조선의서지』, 오오사카 학술도서간행회, 1973.
민성길·전우택·김동기, 「탈북자의 남한에서의 삶의 질」, 『신경정신의학』, 2006;45(3).
박상민, 「남한에 정착한 북한이탈주민을 위한 사회-보건의료 지원체계」, 『북한이탈주민 건강 증진방안에 관한 세미나』, 통일부, 2009.
______, 『북한의 보건의료체계 현황조사 및 균형적 질평가』, 서울대학교 통일평화연구소, 2012.
박재형 외, 『북한의 의학교육』, 서울대학교출판부, 2003.
박종연 외, 「북한 주민의 질병양상 및 보건의료서비스 충족 실태」, 『남북한 보건의료』, 2000;1.
배상수, 「국민 건강의 결정 요인 3: 질병예방 및 의료이용 행태」, 『예방의학회지』, 1993;26(4).
______, 「북한의 보건의료조직 및 관리」, 『대한의학협회지』, 1995;38(3).
배성윤, 「보건의료체계에 대한 주민의 태도와 관련요인에 관한 연구」, 서울대학교 보건대학원 석사논문, 1999.
배화숙, 「동유럽 국가의 의료보장 변화를 통해서 본 남북한 통일 후 의료보장제도의 과제」, 『통일문제연구』, 2005;17(1).
백지은, 『북한이탈주민을 대상으로 한 북한보건의료제도 인식도 조사』, 서울대학교 보건대학원, 2004.
변정환, 「조선시대의 역병에 관련된 질병관과 구료시책에 대한 연구」, 서울대학교 박사논문, 1984.
변종화 외, 『남북한 보건의료제도 비교연구』, 한국보건사회연구원, 1993.
보건복지부, 『2000년 국민구강건강실태조사 요약본』, 보건복지부, 2000.
______, 『2010년 국민구강건강실태조사 요약본』, 보건복지부, 2010.
사회과학원·력사연구소, 『조선전사』 제31권, 과학백과사전출판사, 1982.
서일 외, 「중국 내 북한 난민 건강실태」, 『통일연구』, 1999;3(1).

성기호, 「북한의 의료실태」, 『남북한 통일의료제도 정책개발 심포지움 최종보고서』, 대한의학회, 1998.
손택, 수전, 이재원 역, 『은유로서의 질병』, 이후, 2002.
승창호, 『인민보건사업 경험』, 사회과학출판사, 1986.
신동원, 『한국근대보건의료사』, 한울아카데미, 1997.
______, 「호열자 조선을 습격하다」, 『몸과 의학의 한국사』, 역사비평사, 2004.
신미녀, 「북한이탈주민을 위한 의료지원 연구: "새조위"의 의료지원 사례를 중심으로」, 동국대학교 박사논문, 2012.
알렌, H. N., 신복룡 옮김, 『조선견문기』, 평민사, 1986.
어린이의약품지원본부, 『북녘어린이와 희망을 나눠온 어린이의약품지원본부 10년의 발자취와 내일의 비전(1997~2006)』, 어린이이약품지원본부, 2008.
______, 『2012년 북한 보건의료 연차 보고서』, 어린이의약품지원본부, 2012.
언더우드, 릴리어스 호튼, 김철 옮김, 『언더우드부인의 조선 생활』, 뿌리깊은나무, 1984.
엄태완 · 이기영, 「북한이탈주민의 우울과 사회적 문제해결능력 및 사회적 지지와의 관계」, 『정신보건과 사회사업』, 2004;18.
에비슨, 에비슨 기념사업회 옮김, 『구한말비록(하)』, 영남대학교출판부, 1984;35.
연하청, 「북한의 보건의료 현황과 통일전후 정책과제」, 『KDI 북한경제리뷰』, 2001;3(8).
외국문출판사 편, 『조선민주주의인민공화국 인민보건의료법』, 외국문출판사, 1992.
유시은 · 김연희 · 김창오 · 안나영, 『북한이탈주민을 위한 정신건강 증진프로그램 가이드북』, 아름다운 생명사랑, 2006.
유정자, 「재중 북한이탈주민의 정신건강에 대한 연구: 보호기관 대상자를 중심으로」, 연세대학교 석사논문, 2006.
윤인진 · 김숙희, 「국내 탈북자의 건강 및 의료」, 『보건과 사회과학』, 2005;17.
윤재영, 「북한이탈주민 여성의 건강특성」, 『북한이탈주민 건강 증진방안에 관한 세미나』, 통일부, 2009.
이기동, 「사회주의 체제전환전략과 전환비용: 폴란드와 헝가리의 초기 전략을 중심으로」, 『통일정책연구』, 1997;6.
이세영, 「출산 전후 여성의 구강건강 인지도 및 실천도가 잇몸 건강에 미치는 영향」, 단국대학교 석사논문, 2010.
이소래, 「남한이주 북한이탈주민의 문화적응 스트레스에 관한 연구」, 이화여자대학교 석사논문, 1997.
이요한, 「북한이탈주민과 남한주민 간 건강상태 비교」, 고려대학교 석사논문, 2011.
이윤환, 「북한보건의료분야의 인도적 지원방향」, 아주대학교 통일부 인도지원국 인도지원기획과 보고서, 2002.
______, 『북한보건의료의 인도적 지원: 정책방향과 과제』, 아주남북한보건의료연구소, 2003.
이윤환 외, 「북한이탈 식량난민의 정신건강 실태조사」, 『남북한 보건의료』, 2000;1.
이종찬, 『한국에서 의를 논하다』, 조합공동체소나무, 2000.

이현숙, 「몸, 질병, 권력: 통일전쟁기 신라의 군진의학」, 『역사와 문화』, 2003;6.
이화여자대학교 통일학연구원, 「지속적인 협력과 발전을 통한 북한보건의료체계 발전 방안 연구 결과보고서」, 보건복지부, 2008.
장남수 외, 「문헌과 이탈 귀순자 설문 조사를 통해 본 북한인의 보건 영양상태」, 『한국영양학회지』, 1998;31(8).
전우택, 「탈북자들의 주요 사회배경에 따른 적응과 자아정체성에 관한 연구」, 『통일연구』, 1997.
전우택 · 윤덕용 · 엄진섭. 「탈북자들의 남한사회 적응생활 실태조사」, 『통일연구』, 2003;7.
전정희, 「북한이탈주민의 건강, 의료」, 북한이탈주민서비스 전문인력 향성 기초교육, 통일부, 2009.
______, 「북한이탈주민의 건강신념이 건강행위에 미치는 영향」, 한국방송통신대학교 석사논문, 2010.
정정욱 · 김태영, 「OECD에 소속된 동유럽국가와 다른 유럽국가간의 건강행태 비교 연구」, 『동유럽발칸학』, 2010;12(2).
조영아 · 전우택 · 유정자 · 엄진섭, 「북한이탈주민의 우울 예측 요인: 3년 추적 연구」, 한국심리학회지 상담 및 심리치료, 2005;7.
조선중앙통신사, 『조선중앙년감』, 조선중앙통신사, 1963.
______, 『조선중앙년감』, 조선중앙통신사, 1970.
______, 『조선중앙년감』, 조선중앙통신사, 2001.
조재국 · 신종각, 「북한의 보건의료특징 및 지표 등에 관한 연구」, 보건사회연구원 정책보고서, 2001.
최명애 · 김금순 · 박영숙 · 이명선 · 이인숙 · 하양숙 · 김정은 · 홍승권 · 노국희, 「북한이탈주민의 건강상태와 이들을 통해서 본 북한주민의 치료행위에 관한 연구」, 서울대학교 통일평화연구소, 2008.
최영인, 「'정성운동'이 북한 보건의료에 미친 영향」, 서울대학교 대학원, 2005.
통일부, 『북한인권백서』, 통일부, 1998.
______, 『북한개요』, 통일부, 2012.
통일원, 『북한경제통계집』, 통일원, 1996.
통일의학센터, 『북한보건의료백서』, 한국국제보건의료재단, 2013.
한인영, 「북한이탈주민의 우울 성향에 관한 연구」, 『정신보건과 사회사업』, 2001;11.
홍대식, 『사회심리학』(개정판), 박영사, 1986.
홍순원, 『조선보건사』, 청년세대, 1989.
홍창형, 「북한이탈주민의 외상 후 스트레스 장애에 대한 3년 추적연구」, 『스트레스연구』, 2005;16(4).
홍창형 · 유정자 · 조영아 · 엄진섭 · 구현지 · 서승원 · 안은미 · 민성길 · 전우택. 「북한이탈주민의 외상 후 스트레스 장애에 대한 3년 추적 연구」, 『신경정신의학』, 2006;45.
황상익, 『1950년대 사회주의 건설기의 북한 보건의료』, 서울대학교출판부, 2006.

______, 『근대의료의 풍경』, 푸른역사, 2013.
황정현, 「북한이탈주민의 보건의료 이용실태 및 주관적 건강자각증상」, 가톨릭대학교 임상간호대학원, 2011.

Abe SK, Stickley A, Roberts B, Richardson E, Abbott P, Rotman D, McKee M. Changing patterns of fruit and vegetable intake in countries of the former Soviet Union. Public Health Nutr. 2013;16(11):1924-1932.

Abbott PA, Turmov S, Wallace C. Health world views of post-Soviet citizens. Soc Sci Med. 2006;62(1):228-238.

Abbott PA, Wallace C. Talking about health and well-being in post-soviet Ukraine and Russia. Journal of Communist Studies and Transition Politics. 2007;23(2):181-202.

Abosede OA. Self-medication: an important aspect of primary health care. Soc Sci Med. 1984;19(7):699-703.

Aday LA, Andersen R. Development of Indices of Access to Medical Care. Ann Arbor, MI: Health Administration Press. 1975.

Andersen R. A behavioral model of families' use of health services. Research Series No. 25. Chicago, IL: center for Health Administration studies, The University of Chicago. 1968.

Annis S. Physical access and utilization of health services in rural Guatemala. Soc Sci Med D. 1981;15(4):515-523.

Barr DA. The ethics of Soviet medical practice: behaviours and attitudes of physicians in Soviet Estonia. J Med Ethics. 1996;22(1):33-40.

Becker MH. The health belief model and personal health behavior. Health Education Monohraphs. 1974;2:324-473.

Becker MH, LA Maiman. Models of health-related behavior. In: Mechanic D (ed). Handbook of Health, Health care, and the Health Professions. New York: The Free Press. 1983:539-568.

Belcher DW, Wurapa FK, Neumann AK, Lourie IM. A household morbidity survey in rural Africa. International Journal of Epidemiology. 1976;5(2):113-120.

Benisovich SV, King AC. Meaning and knowledge of health among older adult immigrants from Russia: a phenomenological study. Health Education Research. 2003; 18(2):135-144.

Bhatia JC, Vir D, Timmappaya A, Chuttani CS. Traditional healers and modern medicine. Soc Sci Med. 1975;9(1):15-21.

Blumhagen D. Hyper-tension: A folk illness with a medical name. Culture, Medicine, and Psychiatry. 1980;4:197-227.

Buschkens WFL, Slikkerveer LJ. Illness behaviour of the Eastern Oromo in Hararghe. Recommendations for rural health planning in Ethiopia. Institute of Cultural and Social Studies, Univ of Leyden. 1980.

________. Health Care in East Africa: Illness Behaviour of the Eastern Oromo in Hararghe (Ethiopia). Assen: Van Gorcum. 1982.

Caldwell JC. Education as a factor in mortality decline an examination of nigerian data. Population Studies. 1979;33(3);395-413.

Christakis NA, Ware NC, Kleinman A. Illness behavior and the health transition in the developing world. In: Chen LC, Kleinman A, Ware NC (ed). Health and Social Change in International Perspective. Boston: Harvard University Press. 1994.

Cockerham WC. The social determinants of the decline of life expectancy in Russia and Eastern Europe: a lifestyle explanation. Journal of Health and Social Behavior. 1997: 117-130.

________. Health and Social Change in Russia and Eastern Europe. Psychology Press. 1999.

________. Health lifestyles in Russia. Social Science & Medicine. 2000;51(9):1313-1324.

Cockerham WC. Hinote BP, Abbott PA. Psychological distress, gender, and health lifestyles in Belarus, Kazakhstan, Russia, and Ukraine. Social Science & Medicine. 2006a;63(9): 2381-2394.

Cockerham WC, Hinote BP, Cockerham GB, Abbott P. Health lifestyles and political ideology in Belarus, Russia, and Ukraine. Social Science & Medicine. 2006b;62(7): 1799-1809.

Cominsky S, Scrimshaw M. Medical pluralism on a Guatemalan plantation. Soc Sci Med. 1980;14:267-278.

Counte MA, Cristman LP. Interpersonal Behavior and Health Care. Westview Press. 1981.

Ferguson A. Commercial pharmaceutical medicine and medicalization: a study from El Salvador. In: van Der Greet S, Whyte SR (ed). The Context of Medicine in Developing Countries, Studies in Pharmaceutical Anthropology. Boston: Kluver. 1988.

Fosu GB. Disease classification in rural Ghana: framework and implications for health behaviour. Soc Sci Med. 1981;15B:479-482.

Garrison V. Doctor, espiritista or psychiatrist?: health seeking behavior in a Puerto Rican neighbourhood of New York city. Med Anthropol. 1977;1:65-191.

Heider F. The Psychology of Interpersonal Relations. New York: John Wiley & Sons. 1958.

Hill S, Dziedzic K, Thomas E, Baker SR, Croft P. The illness perceptions associated with health and behavioural outcomes in people with musculoskeletal hand problems: findings from the North Staffordshire Osteoarthritis Project (NorStOP). Rheumatology (Oxford). 2007;46(6):944-951.

Ho SC, Lun KCm Ng WK. The role of Chinese traditional medical practice as a form of health care in Singapore. Soc Sci Med. 1984;18: 745-752.

Hochbaum GM. Public Participation in Medical Screening Programs: A Socio Psychological Study. Public Health Service Publication. 1958;572.

Ider BE, Adams J, Morton A, Whitby M, Clements A. Infection control systems in transition:

the challenges for post-Soviet Bloc countries. Journal of Hospital Infection. 2012;80(4): 277-287.

Jeon WT, Hong CH, Lee CH, Kim DK, Han M, Min SK. Correlation between traumatic events and Posttraumatic Stress Disorder among North Korean defectors in South Korea. J Trauma Stress. 2005;18(2):147-154.

Justice JA. International Planning and Health: An Anthropological Case Study of Nepal. Berkeley: Department of Anthropology, University of California. 1981.

________. Policies, Plans and People-Culture and Health Development in Nepal. Berkeley: University of California Press. 1986.

Kasl SV, Cobb S. Health behavior, illness behavior, and sick-role behavior. II. Sick-role behavior. Arch Environ Health. 1966a;12(4):531-541.

Kasl SV, Cobb S. Health behavior, illness behavior, and sick-role behavior. I. Health and illness behavior. Arch Environ Health. 1966b;12(2):246-266.

Kim JK, Sich DA. Study on traditional healing techniques and illness behavior in a rural Korean township. Seoul Univ. 1977;3:75-111.

Kleinman A. Culture, illness and care: Clinical lessons from anthropologic and cross-cultural research. Annals of Internal Medicine. 1976;88:251-258.

Kloos H, Chama T, Abemo D, Tsadik KG, Belay S. Utilization of pharmacies and pharmaceutical drugs in Addis Ababa, Ethiopia. Soc Sci Med. 1986;22(6):653-672.

Kloos H, Etea A, Degefa A, Aga H, Solomon B, Abera K, Abegaz A, Belemo G. Illness and health behavior in Addis Ababa and rural central Ethiopia. Soc Sci Med. 1987;25(9):1003-1019.

Kroeger A. Participatory evaluation of primary health care programmes: an experience with four Indian populations in Ecuador. Tropical Doctor. 1982a;12:38-43.

________. South American Indians between traditional and modern health services in rural Ecuador. Bulletin of the Pan American Health Organization. 1982b;16(3):242-254.

Kroeger A, Franken HP. The educational value of participatory evaluation of primary health care programmes: an experience with four indigenous populations in Ecuador. Soc Sci Med. B 1981;15(4):535-539.

Kroeger A, Zurita A, Berg H. Health interview survey in the province of Chaco. Argentina ongoing project. 1982.

Lavav I, Kohn R, Flaherty JA, Lemer Y, Aisenberg E. Mental health attitudes and practices of Soviet immigrants. Isr J Psychiatry Relat Sci. 1990;27(3):131-144.

Lee SK, Kim DH, Jung JH, Chung KS, Park SB, Choy LH, Hong SH, Rah JH. A study concerning health needs in rural Korea. Korean J Prev Med. 1974;7:Suppl 1:1-66.

Lee YH, et al. Trauma experience of North Korean refugees in China. Am J Prev Med. 2001;20(3):225-229.

Leslie C. Pluralism and integration in the Chinese medical systems. In: Kleinman A, Kunstadter P, Alexander ER, Gale JL (ed). Culture and Healing in Asian Societies. Cambridge MA: Schenkman Publishing Company. 1978.

Leventhal H, Benyamini Y, Brownlee S, Diefenboch M, Leventhal EA, Patrick-Miller L, Robitaille C. Illness representations: theoretical foundations. In: Petrie KJ, Weinman JA (ed). Perceptions of Health and Illness. Amsterdam: Harwood Academic. 1997:19-45.

Leventhal H, Brissette I, Leventhal EA. The common-sense model of self-regulation of health and illness. In: Cameron LD, Leventhal H (ed). The Self-Regulation of Health and Illness Behaviour. London: Routledge. 2003: 42-65.

Leventhal H, Jones S, Trembly G. Sex differences in attitude and behavior change under conditions of fear and specific instructions. J Exp Soc Psychol. 1966;2:387-99.

Leventhal H, Meyer D, Nerenz DR. The common sense representation of illness danger. In: Rachman S (ed). Contributions to Medical Psychology. New York: Pergamon Press. 1980;2:17-30.

Levi F, Chatenoud L, Bertuccio P, Lucchini F, Negri E, La Vecchia C. Mortality from cardiovascular and cerebrovascular diseases in Europe and other areas of the world: an update. Eur J Cardiovasc Prev Rehabil. 2009;16(3):333-350.

Locke M. East Asian Medicine in Urban Japan. Berkeley: University of California Press. 1980.

Mackenbach JP. Political conditions and life expectancy in Europe 1900-2008. Social Science & Medicine. 2012.

McClain C. Adaptation in health behavior: modern and traditional medicine in a West Mexican community. Soc Sci Med. 1977;11(5):341-347.

McLeroy Kr, Bibeau D, Steckler A, Glanz K. An ecological perspective on health promotion programs. Health Education Quarterly. 1988;15:351-377.

Melnyk KA. Barriers: a critical review of recent literature. Nurs Res. 1988;37(4):196-201.

Meyer D, Leventhal H, Gutmann M. Common-sense models of illness: the example of hypertension. Health Psychol. 1985;4:115-135.

Montano DE. Predicting and Understanding influenza Vaccination Behavior Alternatives to the Health Belief Model. Medical Care. 1986;24(5): 438-453.

Mouanoutoua VL, Brown LG. Hopkins symptom checklist-25, Hmong version: a screening instrument for psychological distress. Journal of Personality Assessment. 1995;64(2).

Mullen PD, Hersey JC, Iverson DC. Health Behavior Models Compared. Social Science Medicine. 1987;24:973-981.

Nerenz DR, Leventhal H. Self-regulation theory in chronic illness. In: Burish TG, Bradley LA (ed). Coping with Chronic Disease Research and Applications. New York: Academic Press. 1983:13-37.

Pedersen D, Coloma C. Traditional medicine in Ecuador: the structure of the non-formal health systems. Soc Sci Med. 1983;17(17):1249-1255.

Perlman F, Bobak M, Steptoe A, Rose R, Marmot M. Do health control beliefs predict behaviour in Russians? Preventive Medicine. 2003;37(2):73-81.

Puska P, Helasoja V, Prättälä R, Kasmel A, Klumbiene J. Health behaviour in Estonia, Finland and Lithuania 1994-1998 Standardized comparison. The European Journal of Public Health. 2003;13(1):11-17.

Rahaman MM, Aziz KM, Munshi MH, Patwari Y, Rahman M. A diarrhea clinic in rural Bangladesh: influence of distance, age, and sex on attendance and diarrheal mortality. Am J Public Health. 1982;72(10):1124-1128.

Rao NSN, Marwah SM, Tiwari IC, Murthy NS, Gupta VM, Dwivedi KN. Disabilities, morbidity and mortality in a community development block. Indian Journal of Medical Sciences. 1973;27(7):513-520.

Razvodovsky YE. The effects of beverage type on suicide rate in Russia. Psychiatria Danubina. 2011;23(4):378-383.

Rimer BK. Perspectives on intrapersonal theories in health education and health behavior. In: Glanz K, Lewis FM, Rimer BK (ed). Health Behavior and Health Education, Jossey-Bass. 1990:140-157.

Rosenstock IM. What research in motivation suggests for public health. Am J Public Health Nations Health. 1960;50:295-302.

________. Why people use health services. Milbank Mem Fund Q. 1966;44(3)Suppl 1: 94-127.

Salavecz G, Chandola T, Pikhart H, Dragano N, Siegrist J, Jöckel K-H, Kubinova R. Work stress and health in Western European and post-communist countries: an East-West comparison study. Journal of Epidemiology and Community Health. 2010;64(1):57-62.

Schulman BA. Active patient orientation and outcames in hypertensive treatment application of a socio-organizational perspective. Med Care. 1979;17:267-280.

Schulpen TWJ, Swinkels WJ. Machakos project studies XIX. The utilization of health services in a rural area of Kenya. Trop geogr Med. 1980;32:340-349.

Selwyn BJ. Information for appropriate allocation of ambulatory services in an urban area. Paper presented at the 2nd Intemat. Congress, World Federation of Publ. Hlth. Ass., Halifax/Canada. 1978.

Shaikh BT, Hatcher J. Health seeking behaviour and health service utilization in Pakistan: challenging the policy makers. J Public Health. 2005;27(1):49-54.

Spahija B, Qirjako G, Toçi E, Roshi E, Burazeri G. Socioeconomic and lifestyle determinants of obesity in a transitional southeast European population. Med Arh. 2012;66(3):Suppl 1:16-20.

Steptoe A, Wardle J. Health behaviour, risk awareness and emotional well-being in students from Eastern Europe and Western Europe. Social Science & Medicine. 2001;53(12):1621-1630.

Stock R. Distance and the utilization of health facilities in rural Nigeria. Soc Sci Med. 1983;17(9):563-570.

Subedi J. Modern health services and health care behavior: a survey in Kathmandu, Nepal. J Health Soc Behav. 1989;30(4):412-420.

Suchman EA. Stages of illness and medical care. Health Soc Behav. 1965;6:114-128.

Szasz TS. The myth of mental illness. American Psychologist. 1960;15(2):113.

Szasz TS, Marc MD, Hollender MD. A contribution to the philosophy of medicine: the basic models of the doctor-patient relationship. AMA Arch Intern Med. 1956;97(5):585-592.

Szasz TS, Hollender W. A contribution to the philosophy of Medicine the Basic Model of Doctor-Patient Relationship. Archive of Internal Medicine. 1967;97:585-592.

Teller CH. Access to medical care of migrants in a Honduran city. Journal of Health and Social Behavior. 1973;14(3):214-226.

Theodore C. The demand for health services. In: Andersen R (ed). A Behavioral Model of Families' Use of Health Services. Center for Health Administration Studies. Urbana: University of Illinois. 1968.

Tulchinsky TH, Varavikva EA. Addressing the epidemiologic transition in the former Soviet Union: strategies for health system and public health reform in Russia. American Journal of Public Health. 1996;86(3).

Ventevogle P, Vries GD, Scholte WF, Shinwari NR, Faiz H, Naxxery R, Brink W, Olff M. Properties of the Hopkins Symptom Checkllist-25(HSCL-25) and the self-reporting Questionnaire(SRQ-20) as screening instruments used in primary care in Afghanistan. Social Psychiatry and Psychiatric Epidemiology. 2007;42.

Weiss MG, Doongaji DR, Siddhartha S, Wypic D, Pathare S, Bhatawdekar M, Bhave A, Sheth A, Fernandes R. The Explanatory Model Interview Catalogue (EMIC): Contribution to Cross-cultural research methods from a study of leprosy and mental health. British Journal of Psychiatry. 1992;160:819-930.

Wheat ME, Brownstein H, Kvitash V. Aspects of medical care of Soviet Jewish emigrés. The Western Journal of Medicine. 1983;139(6).

Whitehead M, Dahlgren G, Evans T. Equity and health sector reforms: can low-income countries escape the medical poverty trap? Lancet. 2001;358(9284):833-836.

Wolffers I. Illness behaviour in Sri Lanka: results of a survey in two Sinhalese communities. Soc Sci Med. 1988;27(5):545-552.

Yayehyirad K. Drug hoarding and utilization in a developing country. Paper presented at the 9th Annual Conference of the Ethiopian Pharmaceutical Association, Addis Ababa.

1984.
Young JT. Illness behaviour: a selective review and synthesis. Sociology of Health & Illness. 2004;26(1):1-31.
Young JC. Non-use of physicians: methodological approaches, policy implications, and the utility of decision models. Soc Sci Med B. 1981;15(4): 499-507.

# 찾아보기

▌Abstract▐

# Illness Model and Illness Behavior of North Korean People

Seog Ju Kim, Wang Jae Lee, Sang Min Park, Haewon Lee, Hui Ran Choi

This book contains a research which aimed to investigate illness behavior and illness model of North Korean people. The research consists of three parts; (1) reviewing previous literatures indirectly indicating the illness behavior/model in North Korean people, (2) semi-structured interviews regarding the illness behavior/model with staffs working for medical aid for North Korean, health care provider for North Korean defectors, and North Korean medical doctors who have clinical experience in North Korea, and (3) survey of South Koreans and North Korean defectors on illness behavior/model. Based on these results, authors summarized the current status of the illness behavior/model of North Korean people and propose its probable changes.

## 저자 약력

**김석주**
현, 성균관대학교 의과대학 정신건강의학교실 부교수
서울대학교 의과대학 통일의학센터 부교수
서울대학교병원 정신건강의학과/의생명연구원 부교수
서울대학교 의과대학 학사
서울대학교 의과대학 석사, 박사(정신과학)
정신건강의학과 전문의

**이왕재**
현, 서울대학교 의과대학 해부학교실 교수
서울대학교 의과대학 통일의학센터 초대 소장
국가과학기술위위원회 운영위원
대한면역학회 회장
서울대학교 의과대학 학사
서울대학교 의과대학 석사, 박사(해부학)

**박상민**
현, 서울대학교 의과대학 통일의학센터 부교수
서울대학교 의과대학 의과학과/가정의학교실 부교수
서울대학교 의과대학 학사
서울대학교 보건대학원 석사(보건정책), 의과대학 박사(가정의학)
하버드대학교 보건대학원 국제보건 박사후과정
가정의학과 전문의

**이혜원**
현, 서울대학교 의과대학 통일의학센터 연구교수
서울대학교 의과대학 건강사회정책실 연구교수
건양대학교 의과대학 학사
존스 홉킨스 보건대학원 석사(국제보건)
존스 홉킨스 보건대학원 박사후과정
가정의학과 전문의

**최희란**
현, 서울대학교 의과대학 박사과정
서울대학교 의과대학 통일의학센터 연구원
평양의학대학 임상의학부 졸업
남북한 의사 면허 동시 보유

## 서울대학교통일학연구총서

01 **북한체제의 형성과 한반도 국제정치**
김세균·유홍림·임경훈·임종헌·신욱희·정재호·전재성·조동준

02 **북한 산업개발 및 남북협력방안 – 지리적 접근**
박삼옥·허우긍·박기호·박수진

03 **탈북 가족의 적응과 심리적 통합**
이순형·조수철·김창대·진미정

04 **남북한 환경정책 비교연구 1 – 자연환경, 자원 및 에너지**
윤여창 외 6인

05 **남북한 환경정책 비교연구 2 – 물환경, 대기, 폐기물, 도시계획**
김정욱 외 4인

06 **남북통합지수, 1989–2007**
김병연·박명규·김병로·정은미

07 **통일한국의 어린이 영양**
이연숙·윤지현·심재은·장수정

08 **북미 대립 – 탈냉전 속의 냉전 대립**
장달중·이정철·임수호

09 **네트워크 세계정치 – 은유에서 분석으로**
하영선·김상배 엮음

10 **김일성사회주의청년동맹과 조선민주녀성동맹 – 사회변동과 체제유지의 기제**
이온죽·이인정

11 **다플랫폼 다채널 시대의 통일방송**
윤석민·배진아·곽정래·이현우·채정화

12 **기초자료로 본 독일 통일 20년**
임홍배·송태수·정병기

13 **탈북인의 공·사적 관계와 의사소통**
이순형·김창대·진미정

14 **북한의 『조선어학전서』 연구**
권재일

15 판례로 보는 남북한관계
이효원

16 북한 경제에서의 시장과 정부
김병연 · 양문수

17 통일농업 성장보고서(1991-2009) - 남북농업 교류협력 평가와 발전방향
최정남 · 김완배 · 리금 · 최장호

18 남북한 교류협력 거버넌스의 구조와 동학
정근식 · 정은미 · 강동완

19 독일 통일과 여성 - 젠더 관점에서 조망한 독일의 분단과 재통일
한정숙 · 홍찬숙 · 이재원

20 북한사회와 굴절된 근대 - 인구, 국가, 주민의 삶
박경숙

21 북한이탈청소년과 남한청소년의 도덕성, 법의식과 권위 인식
이순형 · 김창대 · 진미정

22 남북 언어의 어휘 단일화
권재일

23 남북한 젊은 세대의 통일관
강원택 · 이재철 · 조진만 · 한정택 · 김새미

24 북한이탈주민의 종교경험
이순형 · 최연실 · 진미정